José María Merino

Antología de cuentos

AF721618

Lecturas Españolas Contemporáneas

Vol. 7

Lecturas Españolas Contemporáneas es una colección de textos literarios destinados a estudiantes que aspiran a hacer del español su segunda lengua. Su lectura, también, puede constituir un punto de partida para aquellos hispanohablantes que buscan una primera aproximación a la literatura actual en lengua española. Con esta finalidad, el texto, rigurosamente editado, va acompañado de una guía de lectura que sitúa al autor y la obra en su contexto y propone vías de comprensión e interpretación, a la vez que sugiere actividades para su utilización en clase.

Dirigen la colección:
Javier Blasco e Isaías Lerner

Comité Asesor
Pilar Celma
Víctor García de la Concha
José Ramón González
Jordi Gracia
José Manuel del Pino
Lia Schwartz
Darío Villanueva

José María Merino
Antología de cuentos

Edición, introducción y guía de lectura de
José Manuel del Pino

Cátedra Miguel Delibes
Iberoamericana Editorial Vervuert • 2013

Reservados todos los derechos

© José María Merino

© de esta edición:
Iberoamericana Editorial Vervuert, 2013
Amor de Dios, 1 — E-28014 Madrid
Tel.: +34 91 429 35 22 | Fax: +34 91 429 53 97
info@iberoamericanalibros.com
www.ibero-americana.net
y
Cátedra Miguel Delibes, Valladolid
www.catedramdelibes.com

ISBN 978-84-8489-754-5

Depósito Legal: M-18935-2013

Diseño de cubierta: Ruth Vervuert
Fotografía de cubierta: Vladislav Gajic (Shutterstock)

Impreso en España por Grafo S.A.

The paper on which this book is printed meets the requirements of ISO 9706

Índice

Presentación

Los cuentos del escritor José María Merino introducen al lector a una obra narrativa original muy relevante en el panorama de la literatura española contemporánea y de las letras hispánicas en general. Este prolífico autor de procedencia leonesa cuenta con una producción literaria extensa, en la que domina la novela, el cuento y el relato breve. Los estudiosos de su obra han destacado su capacidad para presentar ante el lector un mundo ficcional profundamente enraizado en la experiencia de la vida contemporánea que, sin embargo, se quiebra con la aparición de una dimensión fantástica que cuestiona las certezas sobre las que el sujeto moderno establece su identidad.

La obra narrativa de Merino sirve como muestrario de algunas de las preocupaciones más permanentes en la sociedad española desde el final de la Guerra Civil (1939) hasta nuestros días, al que se añaden profundos desasosiegos existenciales. Aunque el autor ha publicado novelas y cuentos que se desarrollan en épocas pasadas, como la trilogía *Las crónicas mestizas* (1992) o *Las visiones de Lucrecia* (1997), la mayoría de sus obras plantean reflexiones y vivencias ancladas en la sociedad e historia española reciente. Temas como la desaparición de la cultura rural —con sus usos y costumbres ancestrales—, la experiencia de la infancia en los pueblos o pequeñas ciudades españolas durante la posguerra, el ajetreo y los desencantos de la vida en la urbe y la experiencia de la soledad; así como la propia escritura como asunto novelístico, junto con la indagación sobre la necesidad de la ficción para un mejor entendimiento de la realidad están presentes en toda su obra narrativa, llegando a formar parte integral de sus inquietudes estéticas y morales.

Todo ello se plasma en un tipo de literatura que, aunque deudora de un concepto amplio de *realismo*, va más allá de las características y restricciones del movimiento decimonónico y de sus prolongaciones posteriores. La *generación* con la que Merino se identifica —unos críticos hablan de generación del 68; otros, del 75— abogó tanto por un rechazo del experimentalismo dominante en la década de los 50 y 60, en lo que dicho experimentalismo tenía de desconfianza en el lenguaje, como por una nueva poética realista que no dudaba en incorporar elementos fantásticos y metaficcionales con el propósito de ampliar el campo de acción de la novela para dotarla de renovado vigor. Así lo expresa el propio Merino en una entrevista:

> De lo que sí soy consciente es de formar parte de una generación a la cual acabó hartando aquello del experimentalismo y la destrucción del lenguaje; una generación literaria que vivió con mucho rechazo todas las teorías que había sobre la destrucción del lenguaje, el prestigio del experimentalismo, y que quiso recuperar, digamos, la narración, el gusto por contar (Gómez Domingo 37).

José María Merino se ha convertido en un exponente obligado de la mejor narrativa en español de las últimas décadas. Creador de un corpus novelístico extenso y de gran calidad, Merino ofrece al lector claves para entender la ficción y visiones perspicaces muy personales para que este se adentre en las complejidades del ser humano y de su mundo. A ello se suma su vasto conocimiento de la novela moderna más un dominio extraordinario de la lengua castellana y de su riquísima tradición cultural.

Estudio preliminar

1. Biografía y trayectoria literaria[1]

Aunque nacido en La Coruña en 1941, la infancia y primera juventud de José María Merino transcurrieron en la ciudad de León. Como bien sabemos, los lugares donde se experimentan las primeras vivencias tienen una importancia formativa esencial en cada ser humano. Ello es aún más destacable en el caso de Merino, pues como a otros escritores, artistas e intelectuales de su generación, le tocó vivir en un periodo de transición desde un mundo tradicional, aún muy anclado en la cultura rural y provinciana, a una civilización eminentemente urbana, la que comenzó a ser dominante en España en el último tercio del siglo xx. A este fenómeno —común en otros países del entorno español— hay que añadir las particulares condiciones sociopolíticas de un periodo dominado por la dictadura del general Franco (1939-1975), que, sobre todo en sus dos primeras décadas, ejerció un poder casi omnímodo sobre la vida colectiva de los españoles.

1. Agradezco a José María Merino su aportación de algunas sugerencias y precisiones sobre su vida y obra, que incorporo a este estudio.

José María Merino vivió en León desde 1941 a 1957, año en que se trasladó a Madrid a estudiar Derecho. En la capital de provincia experimentó de cerca las vicisitudes de una posguerra dolorosa en lo humano y aislada en lo social y cultural. En aquel ambiente se percibían, como en sordina, las conmociones de la Segunda Guerra Mundial y la reorganización de Occidente tras la victoria aliada sobre la Alemania nazi en 1945. Merino, aunque criado en la ciudad, estuvo muy conectado con pueblos de varias comarcas leonesas: la Montaña, las riberas de los ríos Esla (su padre provenía del pequeño pueblo de Villamañán), Torío y Porma, así como con lugares de Galicia y Asturias. Su conexión con el mundo rural agudizó en él una intensa inclinación hacia la naturaleza. Su abuelo paterno, que había ido de Villamañán a León y había construido en las afueras de la ciudad una especie de casa rural, le transmite todo un mundo desconocido y fascinante a través de las muchas historias que le contaba de viva voz.

El repliegue de la vida nacional hacia lo interior —auspiciado por la autarquía política y económica franquista— tuvo como consecuencia la continuidad de una rica cultura autóctona y de un ritmo vital provinciano casi decimonónico. Esos factores dejan un sello imborrable en la memoria del futuro escritor, cuya infancia está expuesta a lo que la crítica actual denominaría *prácticas culturales* del mundo agrario y provinciano: relatos orales (sus favoritos eran los cuentos de aparecidos y de fenómenos extraños), persistencia de usos y lenguaje campesino y artesanal, juegos y diversiones anteriores a la etapa de predominio de medios visuales, visitas al campo, etc. La educación primordial de Merino radica especialmente en estos juegos, cuentos, músicas y costumbres antiguas; sobre ellas, se superpone la rigurosa formación escolar y académica de los niños y jóvenes de una clase media cuya meta principal era la de conducir a sus hijos hacia la universidad. La biblioteca familiar, muy bien nutrida gracias al esfuerzo de su padre, le permitió conocer a los clásicos, el Siglo de Oro español, los siglos XVIII y XIX —escritores ingleses, franceses, rusos, españoles—, y a poetas como Antonio Machado y Federico García Lorca, apenas incluidos o incluso proscritos en los programas escolares de la época. Con los Maristas de León estudia la Educación Primaria y el Bachillerato.

De estos importantes años formativos contamos con una valiosísima muestra en el exquisito libro de prosa poética *Intramuros* (1998). En ella, Merino hace un recorrido impregnado de lirismo y nostalgia por el tiempo de la infancia. Identificado desde el comienzo con su ciudad, el autor la presenta no solo como el escenario de sus primeras vivencias, sino como una prolongación de sí mismo:

> Eres esta ciudad que, cuando luce el sol, se lame la piel de las calles, las largas orillas erizadas de chopos, las tierras arrugadas y rojizas sobre las que te estiras como sobre una presa, mirando a hurtadillas hacia las montañas blancas y a los páramos (7) [...] Y todos los días de tu infancia, todos los días de tu crecimiento primero, los inicios de la ciudad que has venido a ser y la que nunca has sido del todo, de la que irá cambiando y creciendo sin cesar, para que no puedas acabar de conocerte, esos

> nueve o diez años que son como pequeños siglos apretados de sucesos minúsculos, extienden bajo tus ojos sus parcelas de asfalto y de piedra, de aliento y de memoria, de pérdida y de olvido, con zaguanes desiertos y puertas cerradas y ventanucos en que un rostro te mira pasar de reojo.
>
> Y nadie ha muerto (*Intramuros* 9).

En ese reino personal leonés, presidido por la ubicua mole de la catedral, Merino reconstruye por medio de la memoria evocativa sus primeros años: la visita al mercado —muy de niño— de mano de su madre, las procesiones de Semana Santa con sus bandas de romanos, la presencia en la casa familiar de la criada de origen rural, su Primera Comunión, el mes de mayo en el Colegio de los Maristas, los compañeros de clase, las romerías a los pueblos cercanos, las sesiones de cine de aventuras, así como el aprendizaje de la lengua escrita y la capacidad para poder leer los primeros tebeos, historias en donde "tratar con las gentes que están hechas de palabras escritas" (49). Junto a todo ello se van colando también los recuerdos —reales o imaginarios— de una dimensión externa menos protectora, con referencias al ambiente de sospecha y vigilancia de los sufridos años cuarenta: los intentos de su padre por oír emisoras de radio foráneas o un registro policial de su casa familiar.

> El Hermano Martín es pequeño, rechoncho y apacible. También es el único hermano que a veces os habla de Franco para que conozcáis la vida frugal y sacrificada del Caudillo y cómo, mientras todos dormís, él se queda trabajando por España, iluminado por una lucecita.

> La desafección a Franco es uno de tus más sólidos secretos, una verdad familiar que no puedes compartir con nadie. Por eso tu perplejidad ante ese entusiasmo debe conciliarse dentro de ti con la simpatía que suscita el carácter bondadoso del Hermano Martín (*Intramuros* 95).

La rememoración de la infancia sirve al autor para reflexionar también sobre la naturaleza del tiempo, apoyado en la idea de que "El tiempo que vivimos se extingue mientras nos atraviesa. El tiempo solo existe de verdad en la memoria. Es ahí donde el tiempo se detiene, permanece, consigue una forma concreta" (*Intramuros* 25). En esta cita se halla una de las claves para entender la vocación de un escritor que necesita moldear el lenguaje con el propósito de atrapar y dar sentido a su mundo mediante el poder de la ficción. De particular interés resulta la remembranza de cuando un primo de su padre le regaló su primera novela y la fascinación que experimentaría con la historia de Heidi, la niña huérfana y pobre que vive temporalmente con su abuelo aislado en la montaña (*Intramuros* 97). En esta lectura iniciática descubre que "en las novelas hay también misteriosos espejos, y que en sus personajes puedes estar reflejado tú mismo [...], teniendo aventuras secretas que se ajustan suavemente a tus sueños y los recubren de una intensa sensación de vida verdadera" (*Intramuros* 98). Para un escritor como Merino, la vivencia tanto de la realidad como la de una dimensión ficcional conjurada por la lectura alcanza en la memoria —una vez pasado el tiempo— consistencia semejante. La hermandad de lo vivido con lo imaginado o soñado empapa toda la ficción del autor y ofrece una clave para entrar en su universo narrativo.

En Madrid, y por influencia del padre, que era abogado, estudió Derecho, aunque nunca ejerció la profesión al tener clara su vocación de escritor. Durante sus estudios universitarios descubrió nuevos autores: los novelistas norteamericanos, con William Faulkner a la cabeza, los existencialistas franceses, los realistas italianos; poetas como Neruda, Cernuda, Vallejo, Whitman; también algunos "raros", como Álvaro Cunqueiro; más los clásicos de la ciencia ficción, como Verne, Wells y Asimov, junto con Arthur Clarke, Fredric Brown, Philip K. Dick o J. G. Ballard. Vivió de cerca durante esa época formativa el mundo un poco novelesco —desde la distancia que dan los años— de colegios mayores, modestas pensiones de estudiante, tertulias de café y conspiraciones políticas. Militó en la clandestina oposición al franquismo, regando por las noches algunas calles con panfletos contra el régimen. Durante su etapa universitaria hizo amistad con Juan Pedro Aparicio y, más tarde, con Luis Mateo Díez. Con estos dos escritores leoneses ha colaborado a lo largo de los años en numerosos proyectos y mantenido una viva y duradera amistad. De este periodo quedan muchas huellas en la ambientación de *Cuentos del Barrio del Refugio*, por haber Merino vivido en este barrio del centro de Madrid durante esos años juveniles.

Para poder compaginar mejor la vida laboral con su actividad creadora hizo oposiciones como funcionario al Ministerio de Educación, en donde trabajó casi tres décadas antes de pedir una jubilación voluntaria en 1997 con objeto de dedicarse plenamente a la literatura. Durante unos pocos años, como consultor para la UNESCO en materia de Administración Educativa y como director del Centro de las Letras Españolas, viajó mucho por Centroamérica. En 1967 se casó con María del Carmen Norverto Laborda, catedrática de la Universidad Complutense, con quien ha tenido dos hijas, María y Ana, profesoras universitarias ambas y afamada poeta la segunda.

José María Merino ha obtenido numerosos premios y reconocimientos, entre los que destacan: Premio Novelas y Cuentos de 1976 por *Novela de Andrés Choz*, Premio Nacional de la Crítica (1986) por *La orilla oscura*, Premio Nacional de Literatura Infantil y Juvenil (1993) por *Los trenes del verano —No soy un libro—*, Premio Miguel Delibes (1996) por *Las visiones de Lucrecia*, VII Premio NH de Relatos (2002) por *Días imaginarios*, Premio Torrente Ballester (2006) por *El lugar sin culpa*, Premio Salambó (2007) por *La glorieta de los fugitivos*, Premio Castilla-León de las Letras en 2008 y Premio Fundación Germán Sánchez Ruipérez en 2009, fundación esta última dedicada al fomento del libro y la lectura. Ese mismo año ingresó en la Real Academia Española de la Lengua ocupando el sillón "m". Dentro de la RAE ejerce de tesorero de la Asociación de Academias de la Lengua Española.

José María Merino continúa muy activo como escritor y conferenciante, imparte talleres y seminarios en España, Estados Unidos y otros países. Es, a día de hoy, referente indispensable de la mejor narrativa española en castellano y uno de los novelistas más respetados y admirados en las letras hispánicas.

2. La producción literaria de José María Merino

José María Merino comenzó su tarea literaria con la poesía. Ha publicado varias colecciones de poemas bajo los títulos *Sitio de Tarifa* (1972), *Cumpleaños lejos de casa* (1973), *Parnasillo provincial de poetas apócrifos* (1975) —en colaboración con Luis Mateo Díez y Agustín Delgado—, y más adelante, *Mírame Medusa y otros poemas* (1984). Su labor poética ha dejado una huella visible en su forma de narrar. En sus relatos y novelas, se percibe una capacidad especial para atrapar una temporalidad de raigambre lírica, estados anímicos de gran condensación emocional, así como la voluntad y sabiduría para encontrar la palabra precisa.

Otro género que ha practicado es el de la crónica o relato de viajes, cuyo resultado es el libro *Los caminos del Esla* (1980) escrito junto a Juan Pedro Aparicio, en donde se recogen sus impresiones sobre la región bañada por dicho afluente del río Duero que recorre de norte a sur las provincias de Zamora y León. Junto con el propio Aparicio y Luis Mateo Díez (unidos por amistad e interés en temas leoneses) inventan la figura del escritor exiliado Sabino Ordás en una serie de artículos publicados en la sección cultural del desaparecido diario *Pueblo* entre 1977 y 1979, y que bajo el título *Las cenizas del Fénix* aparecerán en forma de libro en 1985. Fascinados por la figura literaria del apócrifo y movidos por un sentimiento de orfandad estética, estos tres escritores se inventan al mentor del que carecieron. Ordás se construye a partir de dichos artículos en un modelo de conducta ética y dedicación apasionada a la tarea literaria. Merino ha reflexionado sobre la figura del apócrifo (un claro ejemplo de doble y álter ego) en *Ficción continua* (38-42). Junto con Díez, Julio Llamazares, Antonio Pereira y Pedro Trapiello colaboró en la película de Chema Sarmiento *El filandón* (1984), en la que se recoge una versión cinematográfica de su relato "El desertor". Los filandones, populares antiguamente en la provincia de León y zonas limítrofes, eran reuniones nocturnas —inicialmente de mujeres que hilaban— de aldeanos en torno al hogar donde se recitaban poemas y contaban historias, sirviendo así de vehículo de transmisión oral del acervo popular. También sobre tema leonés publica *El caldero de oro* (1981), novela elaborada sobre una idea central en toda la obra narrativa larga y breve de Merino: el regreso del adulto a sus orígenes pueblerinos para enfrentarse a los efectos devastadores del paso del tiempo. A la desaparición del mundo rural se une la pérdida irrecuperable de una infancia pintada en ocasiones como un paraíso perdido.

Previamente, en 1976, Merino publicó su primera novela, titulada *Novela de Andrés Choz*, obra sobre la que asienta la base para su teoría sobre los mundos imaginarios con una noción de la literatura que suplanta a la vida y una vida transformada en literatura. El personaje protagonista, un enfermo terminal, da noticia a un amigo en una serie de cartas de la escritura de una novela titulada "Novela del Hermano

Ons" a la que quiere dedicar sus últimos días. La novela está protagonizada por un extraterrestre que acaba constituyéndose como una especie de doble del propio autor enfermo. De este modo, su relato, el de Andrés Choz, reproduce y parece llegar a suplantar la propia ficción de Merino. Metaficción (con el procedimiento de *mise en abyme* o imbricación de una narración dentro de otra)[2], ciencia ficción, la idea del caos originario en la naturaleza y su intento de ordenación por medio de la literatura trazan los rasgos principales de esta novela, cuyas líneas temáticas se expandirán en obras posteriores. Antonio Sobejano-Morán concluye su estudio sobre *Novela de Andrés Choz* afirmando que la "estructura circular de la misma la condiciona a un proceso iterativo en el que el paso del caos a la creación, y viceversa, recurre y se simultanea indefinidamente" (33). Como señala la crítica, la tendencia a la metaliteratura llega a su punto culminante con *La orilla oscura* (1985), vista como compendio o "suerte de preceptiva poética" de la narrativa de Merino, según Emilia Velasco Marcos (35). La obra —que curiosamente pero con intención está dedicada a Sabino Ordás— trata sobre un novelista que busca o encuentra a su otro yo en América. Cheng Chan Lee afirma en su libro sobre Merino que *La orilla oscura* es un ejemplo de novela sobre el tema de la novela y sobre su propia estructura y referencialidad. Señala que la "realidad se pierde entre una red de narradores y na-

2. En su libro sobre el tema, Lucien Dällenbach define la *mise en abyme* como un tipo de espejo interno que duplica una o más veces alguna parte del relato en el que se encuentra incluido.

rraciones que se reflejan unos a otros, eliminando así la convicción firme de una realidad única" (Lee 100). La novela ha sido reeditada en 2011 y cuenta con un valioso estudio introductorio de Ángeles Encinar.

El legado metaficcional de Cervantes y del Unamuno de *Niebla*, así como las ideas de Borges sobre la unidad del hombre en todos los hombres y el papel del sueño como elemento constitutivo de la realidad, funcionan como eje sobre el que se construye la novela *Los invisibles* (2000). En ella, Merino explora el concepto de *nivola*, reproduciendo igualmente un encuentro entre el personaje del novelista, José María Merino, y su criatura. La figura de un escritor que defiende su propia teoría literaria como parte de la elaboración de la novela que escribe ya estaba presente en *El centro del aire* (1991). Uno de los protagonista de esta última quiere escribir una novela sobre su infancia y a partir de ahí, según señala Santos Alonso, "la vida vuelve a transformarse en mito y aventura como si, de repente, al igual que en otras novelas del autor, la literatura suplantara a la vida o la vida imitara a la literatura" ("Introducción" 32).

Otras novelas destacables de Merino son *El heredero* (2003), *La sima* (2009) y la más reciente *El río del Edén* (2012), en donde ha construido —según sus propias palabras— "una historia de amor, traición y arrepentimiento, sentimental y dramática, desde un punto de vista en segunda persona". De *El heredero* ha aparecido en 2011 la edición crítica con un estudio introductorio muy relevante para la comprensión de la obra total de Merino. En dicho estudio,

Fernando Valls destaca tres temas esenciales que dan forma a la novela: memoria, identidad y destino (58). En esta "novela carrusel", como la denomina Valls, el autor se enfrenta a "la historia de todo un siglo, a caballo entre España y América, pero también a sus propios recuerdos de infancia, y a algunos fantasmas familiares. Y ello sin olvidar la tradición literaria y la cultura popular, valiéndose de las conquistas de la narración realista y de la literatura fantástica..." (57). El protagonista, un emblemático personaje de nuestro tiempo que es heredero de varias estirpes familiares y culturales, se presenta como un ser de identidad híbrida y cambiante cuya vida se proyecta hacia una nueva existencia lejos de su lugar de nacimiento. En la novela, Merino dedica unas páginas mordaces a criticar la impostura intelectual de ciertos profesores universitarios, principalmente en la *academia* americana, a los que la intransigencia ideológica, un lenguaje abstruso y las leyes del gremio les incapacita para entender el fenómeno artístico en toda su riqueza y complejidad. *La sima*, que elabora de nuevo los temas de la búsqueda de la identidad a través de la memoria o el regreso a los paisajes de la infancia, trata de un joven que vuelve a su pueblo de la montaña leonesa con el propósito de concluir una tesis doctoral sobre la Primera Guerra Carlista (1833-1840). Merino explora en esa novela el difícil asunto del cainismo español, con su sucesión de contiendas fratricidas y guerras civiles de los últimos dos siglos.

Nuestro autor ha publicado novelas infantiles y juveniles, entre las que destacan *El oro de los sueños* (1986),

La tierra del tiempo perdido (1987) y *Las lágrimas del sol* (1989), recogidas en la trilogía *Las crónicas mestizas*. Esta es una crónica ficcional de la Conquista protagonizada por Miguel Villacé Yolotl, hijo de uno de los compañeros de Hernán Cortés y una india mexicana. En el texto de la trilogía, Merino incluye al final una "Nota del novelista" en donde da noticia de la veracidad de las crónicas y la existencia real del joven protagonista, del que Merino dice saber que fue ascendiente de su propia familia. Mediante este procedimiento de raíz cervantina presenta todo el texto ficcional —un manuscrito— como relato verídico, con lo que nuevamente juega a borrar los límites entre lo real y lo ficticio. Otras aventuras literarias originales dentro de ese género son *Los trenes del verano —No soy un libro—* (1995) o sus tres obras *El cuaderno de hojas blancas* (1996), *Regreso al cuaderno de hojas blancas* (1997) y *Adiós al cuaderno de hojas blancas* (1998). De entre sus novelas cortas destacan *Cuatro nocturnos* (1999), que recoge los siguientes títulos: "El hechizo de Iris", "La Dama de Urz", "El mar interior" y "El misterio Vallota", así como *El lugar sin culpa* (2006). Esta última novela es parte de un proyecto de Merino sobre "Los espacios naturales", al que también pertenece *La sima* y *El río del Edén*, que se desarrolla en la comarca del Alto Tajo. En este ciclo novelístico, el autor quiere contraponer a la vida emocional y racional del ser humano la impasibilidad atemporal de la naturaleza. *El lugar sin culpa* trata sobre una bióloga que se refugia en una isla del Mediterráneo (Cabrera) para continuar un proyecto de investigación dentro de una zona natural protegida, pero también para escapar de la ajetreada vida en la ciudad y del drama familiar que la aflige. Su vida en la isla termina desvelándose en las páginas finales como "una ficción, una novela, un consuelo de la imaginación" (164). Los eventos que acontecen en ese espacio natural, que constituyen el tejido central de la novela, parecen haber sido la invención de esta investigadora traumatizada por la pérdida de su hija, que mientras espera en la consulta de un médico en su ciudad crea la historia a partir de la fotografía aérea, colgada en la pared, de una isla que se le antoja un espacio puro y sin culpa. En ese juego entre la ficción de lo deseado y la realidad de lo vivido, ninguna de las dos dimensiones acaba consolidándose como la dominante en la mente del lector, que dejado en la incertidumbre ante lo inconcluso de la trama es invitado a sopesar el papel de la ficción como herramienta para entender la realidad.

Merino también es autor de numerosos ensayos, memorias y artículos de prensa. Su constante interés por la América hispana y el género de aventuras se plasma en su reciente versión para la colección Odres Nuevos de la crónica de la conquista *Los naufragios*, de Álvar Núñez Cabeza de Vaca, aparecida en 2012.

3. El arte narrativo y la naturaleza de la ficción en José María Merino

De entre las distintas posibilidades de acercamiento a la práctica literaria y a las ideas sobre la ficción de José María

Merino voy a elegir una serie de textos suyos que, completados con otras opiniones del autor vertidas en artículos o entrevistas, servirán de guía para mi exploración sobre su arte narrativo. Obviamente, esta estrategia interpretativa se apoyará también en los numerosos trabajos críticos que dedicados a investigar su obra y su visión sobre la literatura se han publicado en los últimos años.

En abril de 2009, y con motivo de su ingreso en la Real Academia Española de la Lengua, José María Merino leyó el discurso titulado "Ficción de verdad", una significativa reflexión donde se compendian muy claramente muchas de sus ideas sobre el valor y función de lo literario, el oficio de inventor de ficciones y aquellos temas recurrentes que le han obsesionado durante toda su carrera de fabulador. Otros textos relevantes para mi propósito son: "Prólogo a *50 cuentos y una fábula*" (1997), que también aparece incluido en *Historias del otro lugar. Cuentos reunidos (1982-2004)* (2010); así como los ensayos "Un viaje al centro: cuento y novela corta", "La impregnación fantástica: una cuestión de límites", "Los parajes de la ficción" y "El cuento literario español en la frontera del siglo XXI", recogidos todos en *Ficción continua* (2004), libro que recopila muchos de los trabajos críticos del autor.

Organizaré esta sección en cuatro apartados diferentes en los que se recogen las preocupaciones principales de la obra de Merino. Otros temas también importantes pero que no cuentan con su apartado independiente están expuestos con mayor o menor énfasis en el presente estudio.

3.1. La ficción literaria ante la realidad: los mecanismos de la imaginación

> La ficción literaria me sirve para afrontar eso que llamamos realidad (*Ficción de verdad* 9).

> [L]a ficción es posiblemente la primera sabiduría de nuestra especie, el procedimiento mental originario para intentar entender, desde los símbolos, el mundo confuso y huraño en que los seres humanos inaugurales se encontraron inmersos, y sigue cumpliendo la misma función de desentrañar el caos de la realidad ("Un viaje al centro: cuento y novela corta" 74).

En la mayoría de sus reflexiones sobre el papel y el valor de la ficción artística —literaria en su caso—, José María Merino señala que su obra está enraizada de manera fundamental en la experiencia vital y conexión personal con la realidad, eso que llamaríamos "mundo real" o "realidad empírica". Sin embargo —y aquí se halla una de las claves de su concepción sobre lo literario—, la ficción se convierte en la herramienta clave para dar forma a dicha realidad. Según Merino, desde el comienzo de la humanidad, cuentos e historias, ya transmitidos de manera oral o escrita, han servido para ordenar el caos de la realidad externa. Acudiendo a una paradoja, declara que el ser humano no inventa la ficción, sino que la ficción inventa al ser humano. Con ello el autor quiere dar a entender que el acceso del individuo a su medio externo solo es posible gracias a la mediación de un elemento interpuesto: en un primer momento, la primigenia dimensión simbólica y, en una etapa posterior, el lenguaje humano. Como buen literato considera que el lenguaje excede su labor comunicativa para consolidarse como un medio fundamental de creación de otra realidad, que aunque carente de soporte material tangible no por ello tiene una importancia menor en la constitución del hombre, entendido este en su dimensión más compleja. Para acceder a esa otra realidad, que el ser humano no solo experimenta como algo externo a sí mismo sino que lo constituye como tal, la ficción se alza como mecanismo indispensable. Merino considera, en este sentido, que la "verdad poética" desentraña la realidad más profundamente que los meros datos que la constituyen. Y de los grandes maestros de la novela aprende que se entra mejor en el sentir humano por mediación de seres de ficción.

Tanto la memoria de la especie humana (encapsulada en mitos y consolidada en arquetipos culturales activos en leyendas, cuentos antiguos y también en relatos contemporáneos) como los sueños (envés del estado de vigilia) forman parte intrínseca del ser humano. Memoria colectiva y sueño individual, junto con todos los productos de la imaginación y de las ensoñaciones, conforman una realidad que es, de algún modo, superior a la empírica y que claramente se establece como la dimensión más completa y también enigmática de la experiencia humana. Sería esta una "realidad de lo imaginario", en términos del propio Merino, para cuyo acceso la ficción resulta el instrumento más adecuado. En uno de los primeros trabajos académicos sobre la narrativa de Merino, Eduardo Larequi García expuso con acierto crítico el papel fundamental que desempeñan el sueño y la imaginación dentro de su teoría sobre la ficción a partir precisamente de este concepto de la realidad de lo imaginario. La ficción, según Merino, tiene la capacidad de revelar una realidad propia y de rastrear la parte más enigmática y rara de lo que nos constituye como seres humanos. La intuición de lo extraño que se esconde en la experiencia cotidiana desencadena en la mente del escritor un procedimiento inventivo con el que penetrar en esa dimensión. De hecho, Merino asevera que sin esa alianza entre lenguaje e imaginación —es decir, sin un *lenguaje de la imaginación*— un componente fundamental de la realidad humana quedaría a oscuras, pues la razón y su lógica expresiva no alcanzan a darle consistencia:

> Pero es que yo creo que la literatura es un gran instrumento para ir más allá de esa realidad aparente, que yo llamo el estado de vigilia, y llegar a cuanto no es aprehensible: nuestros miedos, nuestros deseos convertidos en fantasmas, nuestras experiencias no racionalizadas... Todo cuanto también forma parte de nosotros y está allí bullendo y determinándonos. Desde mi punto de vista, la literatura debe ser la crónica de una realidad aparente, al tiempo que la de esa otra que no se deja ver pero que, sin duda, existe.[3]

3. Citado en "Documentos y juicios críticos", en José María Merino, *Cuentos,* Santos Alonso, ed., 280.

Los estudiosos de la obra de Merino y el propio autor se refieren a las fisuras de una *realidad quebradiza* por cuyos resquicios penetran los ecos de las experiencias no racionales y del mundo de los sueños, y a través de las cuales el escritor vislumbra otra dimensión menos evidente y más misteriosa de la psique humana. Precisamente y como consecuencia de esa noción compleja de realidad, la ficción de Merino incorpora, como parte intrínseca de su universo literario, todos los aspectos relacionados con la imaginación. En este sentido, el autor leonés inserta dentro del modelo de representación realista, una de las tendencias más influyentes en la literatura española durante sus años de formación como escritor, las corrientes del arte de la imaginación de raigambre romántica. Dichas corrientes, como es sabido, tuvieron gran influencia en la preeminencia de lo onírico que tanto marcó al surrealismo, movimiento concebido por sus creadores como una especie de sublimación realista, es decir, de un súper realismo.

Para examinar mejor la idea de que hay una realidad superior más abarcadora a la que debe aspirar la literatura de ficción, algunos críticos han acudido a la *teoría de los mundos posibles*, cuyos postulados permiten entender más claramente el alcance de dicha aspiración de tipo artístico-filosófica. En su iluminador estudio sobre esta cuestión aplicada a la obra de Merino, Cheng Chan Lee (basándose en trabajos de Ludomír Doležel y Tomás Albadalejo Mayordomo) considera que estos mundos posibles sirven para ampliar la noción de mundo empírico por medio de su apertura a unos mundos ficcionales que aun sin existencia material forman parte de la psique y de la imaginación del individuo, hasta tal punto que tienen capacidad para afectar, y de hecho lo hacen, al mundo real. Serían mundos metafísicamente posibles pero que no se concretan en el tiempo o el espacio que habita o ha habitado el ser humano. A dicha dimensión pertenecerían: a) los seres y objetos ficticios de las narraciones infantiles y de otro tipo de cuentos; b) personajes como Hamlet, don Quijote o Harry Potter,[4] entre otros muchos; c) el mundo alternativo de la ciencia ficción que ha popularizado la literatura y el cine, y d) el de los vídeo juegos, con su enorme variedad de tramas y vidas digitales. A pesar de no tener soporte físico, todos estos seres, más los espacios en los que habitan, poseen su propia ontología.

Los mundos posibles existen gracias a la imaginación de un creador que elabora una materia de tipo *textual*. El acceso a esa realidad alternativa se hace exclusivamente por medio de lo que los lingüistas y teóricos denominan "canales semióticos", es decir, mecanismos de procesamiento de textos como son la lectura o el visionado de imágenes. En consecuencia, el papel del lector o espectador es imprescindible para que los mundos posibles alcancen consistencia vital en la mente del receptor, dimensión donde la imaginación convive con la razón.

Para José María Merino, el género o modalidad fantástica de la ficción —por su capacidad de inventar objetos, seres y tramas que existen por encima de la realidad del creador y

---

4. A este personaje dedica Merino unas interesantes reflexiones en: "¿Para qué sirve Harry Potter?", en *Ficción continua*, 345-350.

del lector reales— se constituye, unida a lo metaficcional, en un procedimiento literario imprescindible para su tarea de cuestionar una noción reduccionista de la realidad humana y abrirla a todas sus posibilidades.

3.2. Lo fantástico en el centro de la literatura de la imaginación

> Pero en medio, entre el extremo del puro género fantástico y el del "sangrante testimonio de la realidad de la vida" se extiende el mar gigantesco de una ficción en que los límites entre lo fantástico y lo no fantástico ya no son tan evidentes, y donde, en muchas ocasiones, no es fácil marcar fronteras tajantes ("La impregnación fantástica: una cuestión de límites" 86-87).

José María Merino coincide con algunos de los estudiosos del género fantástico en lo que se refiere al origen, alcance y pervivencia de este tipo de literatura. Aunque nuestro autor defiende que la modalidad, género o subgénero fantástico ha formado parte de la ficción literaria desde muy antiguo –y para ello trae el ejemplo de los relatos de Luciano de Samósata en el siglo II– considera que este modo de ficción, de la manera en que hoy lo conocemos, nace durante el Romanticismo como resultado de una reacción o desconfianza esencial en la capacidad de la razón ilustrada para explicar el mundo y abarcar todos sus fenómenos. Algunos estudiosos españoles de la cuestión, entre otros Antonio Risco en sus influyentes estudios *Literatura y fantasía* (1982) y *Literatura fantástica de lengua española* (1987) y más recientemente David Roas, confirman este punto. Risco señala que durante el Romanticismo y a consecuencia de la reacción a unas poéticas pedagógicas y artes didácticas dominantes en el Siglo de la Luces "la fantasía se desboca un tanto y atrae poderosamente a escritores y lectores", y que por ello se empiezan a cultivar masivamente los géneros fantásticos (*Literatura fantástica*... 30-31). Con perspicacia crítica, Roas apunta por su lado que "hasta el siglo XVIII lo verosímil incluía tanto la naturaleza como el mundo sobrenatural" y que al expulsar el racionalismo dichos fenómenos sobrenaturales a un espacio marginal estos terminan refugiándose en la literatura. En consecuencia, la excitación emocional que lo desconocido provocaba en el ser humano se trasladó principalmente al mundo de la ficción (Roas 21-22).

Las opiniones de los citados críticos se sustentan en los clásicos estudios sobre lo fantástico de Roger Caillois y de Tzvetan Todovov, así como en las aportaciones hispanas de Jaime Alazraki y anteriormente de Jorge Luis Borges, Silvina Ocampo y Adolfo Bioy Casares, autores de una cartografía imprescindible sobre la cuestión en su célebre *Antología de la literatura fantástica* (1940). Es importante exhibir estos estudios para mostrar que el género fantástico, lejos de ser un tipo de ficción menor de carácter escapista, como algunos de sus detractores sugieren, posee una sustancia narrativa en donde residen importantes respuestas que han estimulado a los artistas modernos y contemporáneos a comprender mejor la naturaleza de lo real y de su representación artística. A esto se refiere Merino cuando afirma: "Se puede decir que todas las formas de expresión artística del siglo XX han estado empapadas en lo inquietante, lo insólito, cuando no en lo directamente fantástico" ("La impregnación fantástica…" 88).

Citando al propio Borges ante su duda sobre si el universo pertenece al género real o al fantástico, Merino reitera que lo fantástico moderno hace entrar tranquilamente en las peripecias de la vida cotidiana lo que antes parecía propio solo de los cuentos de miedo o de hadas (87). La noción de lo fantástico que a Merino más interesa se basa en las categorías ya señaladas de lo insólito, lo raro, lo desasosegante; es decir, todo aquello que socava la razón como la potencia humana sobre la que reposa la exclusividad para el entendimiento de la realidad externa. Se cuestiona pues la preeminencia de los estados de vigilia sobre otros posibles. La confluencia dentro de la narración del sueño y la vigilia en un plano de igualdad existencial, el predominio de los artificios de la imaginación sobre lo real objetivo, la comprensión de los fenómenos extraños no explicables por la razón, así como las incertidumbres que socavan un concepto fijado de identidad humana son cimientos en el edificio literario de Merino.

> Hablando desde mi propia experiencia, creo que la impregnación fantástica es una cuestión de límites entre el concepto de lo posible y de lo imposible, que pertenecen con toda naturalidad a la comprensión de lo real. Y que entre los factores que determinan la quiebra y modificación de esos límites están, por un lado, el sueño, con toda su carga de imágenes y relatos misteriosos; por otro lado, la mirada del autor, su asunción literaria, poética, de hasta dónde pueden llegar las

> convenciones de lo ordinario; por último, aunque no sé si con ello se agota el repertorio, el sutil vaivén entre identificación y desidentificación que, a través de la memoria, está en el fundamento mismo de nuestra personalidad individual y social ("La impregnación fantástica..." 89-90).

El valor que concede Merino al género fantástico —más allá de su particular gusto por los objetos y seres misteriosos, por los saltos imposibles en el tiempo, por las incursiones en el territorio del sueño y en espacios maravillosos míticos o simbólicos— se sustenta fundamentalmente en su alta valoración de la esfera de lo literario. Al no estar lastrado con una función instrumental, como cuando la literatura se pone al servicio de didactismos de todo tipo o se empeña en abogar por el cambio social, el género fantástico permite cultivar el artificio literario con notable autonomía artística y libertad de creación. Y como la "literatura es el hábitat natural de lo fantástico [...] ha conseguido colonizarlo en buena medida, mal que les pese a los que tienen de lo fantástico una idea de género separado y diferente, de lugar exótico, bárbaro, indigno de demasiada consideración en sí mismo..." ("La impregnación fantástica..." 95).

El relato fantástico exige la presencia de un fenómeno sobrenatural (por ejemplo, el fantasma) con intención de provocar incertidumbre en la percepción de la realidad y del propio yo. Dicho fenómeno debe aparecer casi de forma natural, sin causar aspavientos, miedo o terror (esto era algo más común en los orígenes románticos del género, como en la novela gótica). Como defendía Todorov, el efecto fantástico nace de una *incertidumbre* entre una explicación natural y otra sobrenatural de los hechos narrados, así como de una duda esencial sobre si los hechos pueden explicarse o no por la razón. Partiendo precisamente de este argumento, Roas define lo fantástico como la "irrupción de lo sobrenatural en el mundo real y, sobre todo, la imposibilidad de explicarlo de modo razonable" (Roas 18). Definición esta que coincide con la del propio Merino cuando declara:

> [A diferencia de Álvaro Cunqueiro] en mis cuentos, las casas son mi casa o la casa de cualquier otro, las puertas se abren o se estropean, los aparatos funcionan, etc. Y sin embargo en ese espacio es donde surge algo que no encaja, que no cuadra. La introducción de lo imposible en el seno de la realidad convencional sería, tal vez, la definición más afortunada de lo fantástico [...] Estoy convencido de una cosa: lo fantástico tiene unas restricciones que el realismo no tiene, porque en lo fantástico tienes que conseguir despertar la inquietud en el lector con cosas imposibles, que son muy pocas. Siempre he dicho que la panoplia fantástica es muy reducida: ciertas metamorfosis, la invisibilidad, el desdoblamiento, la rebelión de los objetos, el fantasma y poco más (Gómez Domingo 38).

En *Ficción de verdad*, y siguiendo la opinión de Roger Caillois, sostiene Merino que lo fantástico también puede verse como la "irrupción de lo inadmisible en el seno inalterable de la legalidad cotidiana" (29). En resumen, se podría afirmar que sobre el choque entre lo natural y lo sobrenatural, según es percibido por el lector, descansa el efecto desestabilizador o amenazante de lo fantástico.

Casi todos los críticos coinciden al enfatizar que, para que el efecto fantástico sea efectivo, el realismo, o más bien, la verosimilitud, es una exigencia inapelable. David Roas habla del realismo como una necesidad estructural en el texto fantástico (24); mientras que Rosalba Cambra señala que la realidad puede permitirse el lujo de la inverosimilitud, pero que por el contrario el texto fantástico se ve sujeto, más que cualquier otro género, a las normas de la verosimilitud (174). Esto es algo en lo que Merino ha insistido con frecuencia en sus escritos y que se convierte en parte esencial de su poética narrativa: para que el elemento sobrenatural tenga un efecto desestabilizador sobre las certidumbres existenciales de los personajes (y sobre los lectores en la vida real, se podría añadir) debe irrumpir en un mundo ficcional diseñado bajo el dictamen de las normas del realismo artístico. Solo de este modo se puede plantear la posibilidad de una quiebra o fractura en esa realidad que el relato fantástico viene a subvertir. En los grandes escritores y cineastas del género, dicho afán de transgredir las bases racionales y empíricas del mundo real no responde a la búsqueda de un puro efecto de choque (ya sea sorpresa o miedo), sino a la pretensión de expandir la noción de lo real a elementos intangibles que nos conforman como seres humanos y que nos permiten escapar de los límites que el estado de vigilia impone. Por todo ello, afirma Merino en *Ficción de verdad* que el sueño es la primera forma simbólica para aprehender la realidad.

> Y es que la ficción, con sus sucesos y personajes inventados, interpreta la realidad por medio de un procedimiento que está en nuestra propia condición, que nos pertenece de for-

> ma natural [...] Así, los sueños serían una suerte de sabiduría inconsciente. Pero la especie humana inventó la palabra y la ordenó en ficciones, un artificio hecho de sueños objetivados, nuestra primera sabiduría consciente, y posiblemente somos *sapiens* desde ese preciso momento (11-12).

Defiende Merino que esa obra monumental de Sigmund Freud que es *La interpretación de los sueños* es deudora tanto de sus estudios de psiquiatría como de lo que descubrió en las ficciones que leyó vorazmente desde niño (la *Biblia*, Dante, Shakespeare o Cervantes): "se podría definir la teoría del psicoanálisis como un territorio conquistado por Freud, desde su inspiración de apasionado lector, a la ficción, a la invención literaria, insustituible registro profundo de la realidad humana" (21).[5] Por su impulso de crear una realidad distinta al ampliar los límites de esa realidad, lo fantástico alcanza para Merino una notable altura de tipo moral, según afirma en su prólogo a *Historias del otro lugar* (17).

Siguiendo la estela de maestros hispanos como Cortázar o Borges, Merino se adscribe parcialmente a la noción de lo fantástico contemporáneo, o *neofantástico*, en el sentido en que la "irrupción de lo anormal en un mundo de apariencia

5. Freud también acuñó un término fundamental para entender esa dimensión de misterio y extrañeza dentro de la esfera de lo familiar sobre la que se sustenta gran parte de la teorización más actual sobre lo fantástico: *Unheimlich,* traducido como "lo siniestro" o "lo ominoso". Dicho concepto emana precisamente de un relato fantástico del maestro del género, E. T. A. Hoffman. Merino se refiere correctamente a ese concepto como "lo familiar desidentificado" en su ensayo sobre el *Quijote*, "Ecos y sombras del delirio quijotesco", 49, *Ficción continua*, 32-50.

normal... [postula] la posible anormalidad de la realidad" (Roas 38). Del problema que planteaban los románticos acerca de la dificultad de explicar racionalmente el mundo y de su inclinación por dar carta de naturaleza a lo sobrenatural (Hoffman, Poe, Bécquer), el género fantástico más actual y radical pasa a concebir el mundo como pura irrealidad. Así, el mundo de la ficción empieza a suplantar al mundo de la realidad, de modo que lo acontecido y lo fabulado parecen coexistir en un mismo plano de existencia, o incluso lo fabulado en un plano superior a lo acontecido.

3.3. La metaficción

> Me gusta mucho el juego metaliterario, jugar con la literatura dentro de la literatura, pero procuro que haya una cierta vibración, porque la literatura tiene que parecer vida (Beilin 92).

En la obra de Merino, la imbricación entre lo fantástico y lo metaficcional se sustenta, como se ha mencionado, en la alta valoración de la autonomía del lenguaje artístico y en la función creadora de realidades alternativas (mundos duplicados o posibles de perfiles similares al real). Liberado de la carga del experimentalismo formalista y del "compromiso" del realismo social, Merino explora desde el comienzo de su actividad como narrador la afinidad entre fantasía y metaficción, algo que realizó con éxito en su primera novela, *Novela de Andrés Choz*, para ir perfeccionándolo en *La orilla oscura* y más recientemente en *El lugar sin culpa*, o en relatos magistrales como "El caso del traductor infiel" y "El viajero perdido".

Para entender mejor dicha conexión dentro del contexto literario en el que se sitúa la obra de Merino, será útil acudir a los principios de la posmodernidad, con sus estrategias explícitamente metaficcionales como soporte constitutivo del edificio literario. Esto es algo que críticos como Gonzalo Sobejano, Santos Alonso, Antonio Candau y Cheng Chan Lee han señalado en sus estudios.

Ortega y Gasset ya observó durante el periodo de las vanguardias históricas cómo las literaturas y el arte moderno se alejaban, a la vez que superaban, el modelo realista al hacer visibles dentro de la propia representación artística, junto al imprescindible componente de imitación o mimesis del mundo real, los propios mecanismos de dicha representación. Este fenómeno alcanza su carta de naturaleza dentro de la literatura posmoderna a partir de los años setenta con la incorporación a la obra de toda una serie de procedimientos ficcionales como materia fundamental de la propia ficción. La metaficción literaria se afana por dejar expuestos ante el lector los dispositivos que crean la ilusión de realidad para recordarle con insistencia que está leyendo una obra de ficción. El propósito de semejante procedimiento es vario y complejo. Por un lado, se quiere incorporar al lector al *juego* que supone suspender durante el tiempo de la lectura la vida propia para entrar en existencias ajenas, y además ficcionales, proceso mediante el cual se revelan preocupaciones, deseos o ansiedades propias. Pero esto, que ya se cultivaba magistralmente en la narrativa realista, se hace sin que el lector se olvide de la naturaleza artificial de lo que lee, invitándole para ello a adoptar una actitud más consciente sobre sus propias incertidumbres existenciales. En el fondo, la metaficción consolida la idea filosófica de que la identidad humana (y por extensión el mundo en el que el ser humano habita) no es algo fijo y estable sino una entidad más fluida y cambiante de lo que queremos pensar. La identidad es vista así como un *constructo*, no muy diferente de otras construcciones culturales, como pueden ser la identidad nacional, política, religiosa, etc. Se cuestiona de ese modo la idea de que dentro del ser humano alienta una esencia inmutable; ello permite situar al individuo dentro de la realidad empírica de manera no muy diferente al que usa un creador al lanzar a sus personajes de ficción al mundo textual. Este proceso puede tener muchos grados. La obra de Merino, en concreto, emplea la metaficción más bien como instrumento de expansión de la realidad por medio de la escritura y de énfasis en la naturaleza artística de la literatura, que como cuestionamiento de la posibilidad fehaciente de constatación de una realidad objetiva y sólida, como hacen algunos escritores que llevan al extremo tanto el componente fantástico como el metaficcional. Gonzalo Sobejano, en relación a la idea de que la novela española a partir de los años ochenta es cada vez más *ensimismada* o autorreferencial, afirma sobre el caso particular de Merino que ello "no significaría desde luego traición a la vida, sino fidelidad a la letra viva, a la siempre alentadora aventura de escribir, a la prueba de cómo la imagen de cualquier realidad viene mediatizada y determinada por la acción de escribir" ("La novela ensimismada" 24). Dicho ensimismamiento es propio de la metanovela, que Sobejano define —siguiendo para ello el influyente estudio de Patricia Waugh *Metafiction*— como "aquella novela que de modo autoconsciente y sistemático llama la atención hacia su condición de artefacto con el fin de inquirir en la relación existente entre la ficción y la realidad" ("La novela ensimismada" 19-20).

Sobre cuál es la naturaleza de la metaficción en el contexto de la posmodernidad y cómo funciona en la obra literaria hay multitud de trabajos que no pretendo resumir en una introducción de este tipo. Me ciño por tanto a exponer —además de las ya mencionadas— algunas de las características más visibles de la metaficción aplicables a la obra de Merino. El crítico Brian McHale subraya como rasgos fundamentales de la novela posmoderna la autorreferencialidad, la construcción de mundos alternativos, la estructura del relato dentro del relato (las llamadas cajas chinas y la *mise en abyme*, con su efecto de robar a los eventos su solidez al multiplicar los mundos posibles), la centralidad de textos diversos como componentes del texto principal o el cuestionamiento de las categorías de autor y lector. Otros críticos señalan la idea de que la metaficción ofrece la ilusión de un arte que se engendra a sí mismo en el transcurso de la construcción de la trama del relato (Steven Kellman), o que es una narrativa *narcisista*, entendido esto no de modo peyorativo sino en referencia a su inclinación a contemplarse en su propio espejo (Linda Hutcheon).

Después de este breve repaso se puede afirmar que la narrativa de Merino incorpora como parte integral de su estructura y contenido el propio proceso de elaboración de la ficción con el propósito de dar a la literatura, es decir, a la palabra escrita, un estatus de existencia no inferior al de los eventos y seres del mundo de la realidad empírica a los que nombra. No obstante, hay que añadir que detrás de toda la urdimbre textual Merino siempre se esfuerza para que el pálpito de la vida no quede sofocado por la dimensión artificial del plano literario. Todo ello está muy presente en su narrativa, en particular en aquellas novelas y cuentos que tratan sobre un escritor que escribe o traduce obras de ficción.

3.4. La ciencia ficción

> Mundo Baldería seguía perfilándose en mi memoria con mayor nitidez: un planeta desértico, en el borde de la galaxia, donde existía un único lugar vivo [...] capaz de alimentar a la población de especies inteligentes que, resultado de sucesivos naufragios estelares, lo habían colonizado. Las especies inteligentes eran tres, una similar a la humana, otra de vegetales semovientes, y la tercera de grandes artrópodos (Mundo Baldería 577).

Teniendo en cuenta su alta valoración del componente fantástico como antídoto frente a una visión unívoca y reduccionista de la realidad, no sorprende que José María Merino sea un gran lector y cultivador de ciencia ficción. Merino se ejercitó en el género con su primera novela, con cuentos tan relevantes como "Artrópodos y hadanes (una fábula)", "Mundo Baldería", y "Papilio Síderum", y más recientemente con su libro de relatos *Las puertas de lo posible. Cuentos de pasado mañana*. Para Merino, la ciencia ficción es el resultado de una pulsión utópica por superar las limitaciones de nuestra condición humana. En este sentido es interesante señalar lo que se discute en el prólogo a *Las puertas de lo posible.* La colección de relatos aparece prologada por el personaje meriniano Dr. Eduardo Souto, profesor de la ficticia universidad estadounidense Miscatonic University. Souto, que afirma conocer al autor desde hace veinte años, da noticia de cómo le había propuesto a Merino que titulara la colección *Crónicas distópicas*, por lo que esta tiene de contrapunto pesimista a la noción de utopía, definida como "sistema optimista que aparece como irrealizable en el momento de su formulación" (*Las puertas de lo posible* 13).[6] Por medio de su apócrifo Souto, Merino altera dicha idea optimista con un giro revelador: la ciencia ficción que él cultiva está ligada principalmente a una noción muy personal de lo distópico, aunque realzada y humanizada casi siempre por notables dosis de humor.

Así, para José María Merino la ciencia ficción no es un ejercicio estético escapista sino una manifestación más de la literatura fantástica, en lo que ella tiene de ampliación de la realidad empírica. Al igual que el sueño, las "fantasías científicas" funcionan como puerta o umbral a otra dimensión,

6. Esa es la definición parcial de la palabra utopía, según el *Diccionario de la Real Academia Española de la Lengua.* A instancias de Merino, el *DRAE* incluyó en su revisión de 2013 el término distopía.

a un espacio no físico en el que habitan deseos y pulsiones profundas de los seres humanos por liberarse de las ataduras espacio-temporales a las que su naturaleza les somete.

Aunque no es este el lugar para entrar en discusiones teóricas sobre el alcance de la *science fiction* (cuya traducción más correcta al español sería "ficción científica" a pesar de haberse extendido el término de "ciencia ficción", con o sin guión separando los dos sustantivos), resulta oportuno examinar algunos principios relevantes sobre la cuestión. El escritor de ciencia ficción —y uno de sus más tempranos teóricos— Reginald Bretnor señalaba que esta debe estar gobernada por los mismos requisitos literarios y dramáticos que cualquier otra forma de literatura. Bretnor define el género como una ficción basada en la especulación racional referida a la experiencia humana de la ciencia y de sus tecnologías resultantes (*Science Fiction* 150; mi traducción); observa asimismo que la ciencia ficción tiene que estar conectada con la racionalidad y no debe alejarse de la ciencia, aunque los personajes puedan mostrar rasgos de irracionalidad. Dicho sometimiento del elemento fantástico a unas normas de composición racional —y realista, se podría añadir— es algo que las obras de ciencia ficción de Merino suscriben plenamente.

Nuestro autor ha indicado en repetidas ocasiones su afición juvenil a clásicos del género como Julio Verne y H. G. Wells. Sin embargo, serán aquellos escritores que a mediados del siglo XX convirtieron la ciencia ficción en un proyecto más ambicioso intelectualmente —los Asimov, Bradbury, Dick,

Ballard— los que le influyan de un modo más vivo. Autores como Aldous Huxley y George Orwell con sus distopías *Un mundo feliz* (1932) y *1984* (1949), respectivamente, y más recientemente el ruso Vladimir Sorokin con *El día del oprichnik* (2006) también ejercen influjo destacable en Merino.

La distinción establecida por otro notable escritor y teórico de la ciencia ficción, el polaco Stanislaw Lem, puede servir para dilucidar el estatus de un género que se sitúa entre los polos del realismo y la fantasía. Según Lem, la ciencia ficción puede considerarse o bien una rama de la literatura realista, como sucede cuando proyecta en el "continuo real" una serie de eventos, de perfiles inciertos y en muchos casos ominosos, hacia un futuro más o menos lejano; o bien, un *juego* practicado con reglas autónomas que pueden ser usadas al gusto del autor que las inventa. Dicho juego tendría dos propiedades mutuamente excluyentes: o es un juego "vacío" sin relación con el mundo real (como el ajedrez, señala Lem) o se dirige semánticamente al mundo, en cuyo caso se convierte en parábola o alegoría ("Robots in Science Fiction" 311). Leídas desde esta perspectiva, las obras de Merino pueden concebirse como un híbrido de ambos modelos. Por un lado, la ciencia ficción de nuestro autor acata el realismo literario, aunque modificado mediante un filtro fantástico que le permite alterar los perfiles de la realidad futura (plantas o animales capaces de vida superior, robots autónomos, extraterrestres que regresan del futuro y adoptan la forma humana, etc.). Por otro, también retiene dicha dimensión de juego, pero no vacío sino altamente significativo, ya que le permite presentar los mundos de la ciencia ficción como distopías de tipo alegórico resultantes de un pronóstico entre racional y fantástico de cómo será el futuro de la humanidad o de cómo fue un pasado remoto más avanzado tecnológicamente del que solo quedan vestigios misteriosos en la memoria colectiva. Es en este sentido en el que un relato como "Artrópodos y hadanes" se concibe como "fábula" dentro de la colección en la que aparece.

Así pues, el cultivo de la ciencia ficción en Merino viene nuevamente a ampliar y expandir la noción de realismo que domina su obra mediante la práctica de un tipo de literatura de la imaginación con raíz fantástica hondamente conectada con las inquietudes existenciales, políticas y medioambientales del individuo contemporáneo.

4. La narrativa breve y el cuento: obras y temas familiares

> Solo desde la carencia de formación y sensibilidad estética puede pensarse que el cuento, la narración breve, es un género de menos importancia que la novela ("Un viaje al centro: cuento y novela corta" 74).

> [L]os cuentos fantásticos creaban una realidad propia, singular, cuyos fundamentos solo se sostenían en la propia imaginación (*Ficción de verdad* 17).

La narrativa breve de José María Merino explora temas similares a los de sus novelas: la aventura misteriosa que lo cotidiano encierra, la borradura de límites entre el mundo ficticio y el real, el papel del sueño en la constitución del individuo y del relato, la autonomía de los textos dentro de la propia ficción o el tema del doble, el fantasma y los apócrifos. Ello es así porque para este autor su concepto de la ficción afecta a toda su narrativa sin hacer distinciones en la extensión de esta, lo cual se aplica tanto al microrrelato más sucinto como a la novela más compleja y larga, pasando por su extensa producción de relatos. Al ir apareciendo sus colecciones de cuentos de manera paralela a sus novelas, se entiende mejor que las recurrentes preocupaciones del autor se reflejen de manera semejante en unas y otras.

Hasta el momento, Merino ha publicado los siguientes libros de cuentos: *Cuentos del reino secreto* (1982),[7] *El viajero perdido* (1990),[8] *Cuentos del Barrio del Refugio*

7. En este libro se recogen los siguientes relatos: "El nacimiento en el desván", "La prima Rosa", "La noche más larga", "Los de allá arriba", "Buscador de prodigios", "Valle del silencio", "La casa de los dos portales", "El desertor", "El enemigo embotellado", "El acompañante", "Los valedores", "Genarín y el Gobernador", "El museo", "El niño-lobo del Cine Mari", "El anillo judío", "Expiación", "Zarasia, la maga", "Madre del ánima", "La tropa perdida", "La torre del alemán" y "El soñador".

8. Incluye estos cuentos: "El viajero perdido", "Las palabras del mundo", "Cautivos", "Imposibilidad de la memoria", "La última tonada", "Los paisajes imaginarios", "El edén criollo", "Oaxacoalco", "Del Libro de Naufragios", "Un ámbito rural" y "Un personaje absorto".

(1994),[9] *50 cuentos y una fábula. Obra Breve 1982-1997* (1997) —donde se recogen los relatos de los tres libros anteriores más otros publicados en periódicos y revistas diversas—[10] y *Cuentos de los días raros* (2004).[11] En 2010, Merino presenta en *Historias del otro lugar. Cuentos reunidos (1982-2004)* una versión definitiva revisada por el autor de sus libros de cuentos publicados hasta la fecha. Otra colección de cuentos no recogidos en *Historias del otro lugar* es *Las puertas de lo posible. Cuentos de pasado mañana* (2008), que consta de diecisiete relatos inspirados en temas clásicos de la ciencia ficción.

Merino practica también con maestría la ficción breve en forma de minicuento o microrrelato. Este tipo de ficción corta, y en particular el microrrelato, es definido por David Lagmanovich en su monografía sobre el tema como

9. Con los relatos: "El caso del traductor infiel", "La costumbre de casa", "El derrocado", "Fiesta", "Bifurcaciones", "Signo y mensaje", "Para general conocimiento", "Tertulia", "Los espíritus de doña Paloma", "Materia silenciosa", "Viaje interrumpido", "Los libros vacíos" y "Pájaros".

10. Bajo el epígrafe *Otros cuentos* aparecen: "Cuando el huésped despierta", "El adivino confuso", "El séptimo viaje", "La voz del agua" y "Los frutos del mar"; y *Una fábula* es "Artrópodos y hadanes". Estos relatos se agrupan en *Cinco cuentos y una fábula* en *Historias del otro lugar.* El cuento "Cuando el huésped despierta" cambia su título a "El huésped".

11. Los cuentos de esa colección son: "Celina y Nelima", "Mundo Baldería", "Sinara, cúpulas malvas", "La memoria tramposa", "All you need is love", "Los días torcidos", "Papilio Síderum", "El inocente", "La impaciencia del soñador", "Maniobras nocturnas", "La casa feliz", "El fumador que acecha", "La hija del Diablo", "El viaje secreto" y "El apagón".

un tipo de cuento brevísimo de alta concentración narrativa que se afana por desafiar las expectativas del lector. De ellos ha publicado Merino la colección *Días imaginarios* (2002) y *Cuentos del libro de la noche* (2005), cuyos textos, junto con otros dispersos, aparecen en la antología *La glorieta de los fugitivos. Minificción completa* (2009). Más recientemente ha visto la luz *El libro de las horas contadas* (2011), un ciclo de cuentos y microrrelatos que tiene espíritu de novela, y *La realidad quebradiza* (2012), antología de cuentos y minicuentos realizada por Juan Jacinto Muñoz Rengel. Como antólogo, Merino ha publicado *Los mejores cuentos españoles del siglo* XX (1998), *Cien años de cuentos, 1898-1998. Antología del cuento español en castellano* (1998) y *Leyendas españolas de todos los tiempos. Una memoria soñada* (2000).

Sobre qué es un cuento y en qué se diferencia de la novela se han escrito numerosos trabajos. Una de las definiciones más aceptadas la dio en 1979 Enrique Anderson Imbert, que después de ofrecer diversas definiciones de críticos anteriores caracterizó el cuento del siguiente modo:

> El cuento vendría a ser una narración breve en prosa que, por mucho que se apoye en un suceder real, revela siempre la imaginación de un narrador individual. La acción —cuyos agentes son hombres, animales humanizados o cosas animadas— consta de una serie de acontecimientos entretejidos en una trama donde las tensiones y distensiones, graduadas para mantener en suspenso el ánimo del lector, terminan por resolverse en un desenlace estéticamente satisfactorio (*Teoría y técnica del cuento* 40).

José María Merino, por su lado, ha prestado atención a la cuestión en varios lugares, pero en particular en su ensayo "Un viaje al centro: cuento y novela corta". Merino considera que el cuento —entendido como narración breve— no es un género de menor entidad que la novela. Para Merino, el problema básico que se oculta tras la menor apreciación del cuento reside en que el tipo mayoritario de lector cuando lee ficción se siente más inclinado por la novela, ya que esta desarrolla los asuntos de manera más explícita y prolija: "Lo que la narrativa breve tiene de quintaesencia le sabe a poco a este tipo de lector, que quiere páginas y páginas, desarrollo minucioso de situaciones, explicación pormenorizada de personajes, [...] y que la diversión le dure lo más posible" ("Un viaje al centro" 75). Por esto, afirma Merino que los grandes éxitos en narrativa, los *best sellers*, tienen bastante extensión. De manera significativa sitúa el cuento al mismo nivel de la poesía, pues como ella exige una formación previa de la sensibilidad literaria. En consecuencia, tanto poesía como cuento suelen ser géneros más minoritarios.

Partiendo de las reflexiones sobre el cuento de maestros como Allan Poe, que defendía que los elementos de la ficción breve han de tender al "efecto único", y de Julio Cortázar, que equiparaba el cuento a la fotografía por centrarse en un solo acontecimiento significativo, Merino expone sus propios principios sobre lo que debe tener un cuento literario para que lo sea. Afirma Merino que un buen cuento ha de caracterizarse por su "brevedad, intensidad, condensación, concentración dramática, concisión expresiva, depuración, capacidad de sugerencia, libertad formal"; también asevera que al igual que el poema lírico, el cuento debe surgir de "súbitas iluminaciones o fogonazos inventivos" ("Un viaje al centro" 78). En su defensa apasionada de la narrativa breve, nuestro autor expone la idea de que el lector aficionado a leer cuentos de calidad —que por ello tendrán un carácter conciso, depurado, sintético y elusivo— ejercitará un tipo de gimnasia estética que le permitirá apreciar mejor la sustancia de la verdadera literatura ("Un viaje al centro" 84).

Tras esta concisa exposición de algunas ideas primordiales sobre el cuento literario de José María Merino, resulta conveniente presentar cuáles son los contenidos y temas dominantes en las colecciones de los que se extraen los relatos para esta edición.

Cuentos del reino secreto fue la primera incursión de Merino en la narrativa breve. Incluye este libro una mayoría de relatos en donde se exponen experiencias prodigiosas que, sin embargo, son vividas por los personajes principales como normales, o al menos no son percibidas como ocurrencias sobrenaturales. Hay poca incertidumbre y vacilación —ya sea a nivel de personaje o de narrador— ante la aparición de fenómenos extraños o imposibles, los cuales parecen convivir al mismo nivel ontológico que los sucesos reales y verosímiles de la historia. Alguno de los cuentos, como "La casa de los dos portales" —donde una puerta da a la calle del pueblo donde viven los niños protagonistas, mientras la otra lleva a ese mismo espacio pero transformado en un lugar amenazante, siniestro y fantasmal—, resulta emblemático en este sentido. Se presenta también el tema de la infancia en el ambiente provinciano, un mundo que, visto desde la madurez, alcanza la dimensión de "reino secreto". Otro de los relatos más conocidos de Merino, "El niño-lobo del cine Mari", resulta modelo temprano del tema de la borradura de límites entre el mundo de la realidad y de la ficción, siendo también deudor de la ciencia ficción. Aquí, un personaje misterioso, un niño que ha aparecido entre los escombros de un cine recién demolido consigue volver al mundo del que parece provenir. Al ser llevado al cine por la doctora que lo cuida, el niño aprovecha un descuido de esta para, atravesando la pantalla multicolor, entrar en la nave espacial de la película que ven y desaparecer con ella en el espacio sideral. Ignacio Soldevila Durante señala que, en esta colección, y en contraste con la siguiente, Merino sitúa todos los relatos en un espacio geográfico específico, el del antiguo reino de León, "particularmente propicio dentro de la geografía española para la fabulación maravillosa y fantástica" (Soldevila 21). Ello le permite a Merino desarrollar sus personales obsesiones existenciales y literarias dentro del marco concreto de su ciudad de origen y lugares cercanos. Se observa también en el libro una deuda hacia el relato de tradición oral que tan relevante fue en sus vivencias de niño.

Con *El viajero perdido* Merino cambia el tono de los relatos y su ubicación espacial. Ahora las historias suelen estar situadas en un ámbito urbano y tener protagonistas adultos, en muchos casos intelectuales, profesionales o escritores. La infancia, enmarcada en un espacio rústico donde es posible el prodigio, y su rememoración se ven desplazadas por la experiencia de la madurez. Los personajes protagonistas serán hombres y mujeres a los que lo insólito y extraño sorprende en su actividad cotidiana. Esta colección busca asimismo alcanzar mayor coherencia como libro, para lo cual el autor se afana por enlazar los diferentes relatos. Se consigue de algún modo mediante la exploración de cuestiones semejantes en relatos diferentes y también haciendo que el mismo personaje —o su doble— aparezca en más de un cuento. Ejemplo de esto último es el protagonista del primer y último relato de la colección, un escritor de poco éxito que se afana denodadamente por conseguir concluir una obra de ficción que se le resiste; al avanzar en la composición textual, su realidad vital terminará viéndose amenazada por los seres que aparentemente él mismo ha ido creando. "El viajero perdido" y "Un personaje absorto" son relatos en donde la ficción entra en la realidad y esta a su vez se impregna de ficción. En "Las palabras del mundo" hace su aparición el entrañable profesor Souto, un excéntrico lingüista especializado en fonética, junto con su novia y discípula Celina Vallejo. Souto, ya sea solo o acompañado de Celina, reaparece en diversos cuentos posteriores.[12] Sobre *El viajero perdido*, Germán Gullón afirma que da la impresión que el autor tiene que agujerear la realidad representada —insuficiente y asfixiante— para que el lector logre asomarse a un ambiente fantástico de en-

12. Souto es protagonista o personaje importante en "Signo y mensaje", "Celina y Nelima", "El fumador que acecha", "La Dama de Urz" y "El otro camino".

sueño que le haga sentir la realidad misma como inestable e imprevisible. Este proceso le devuelve, según Gullón, "el encanto de un mundo latiendo al son de la vida en su elementalidad" (130). Por su lado, Gonzalo Sobejano observa cómo en esta colección se va reforzando el tema central de la narrativa de Merino, "el entrelace de realidad y ficción desde una actitud frecuentemente metanovelística" ("El retorno a la realidad..." 247).

En *Cuentos del Barrio del Refugio*, Merino concentra sus tramas narrativas en un barrio concreto de Madrid, el situado al norte de la Gran Vía, entre las calles Fuencarral y San Bernardo, donde Merino vivió algún tiempo en sus años de estudiante. En esta última calle también estaba el edificio oficial donde trabajó más tarde. El barrio recibe el nombre de la hermandad del Refugio, que se alberga en la iglesia de San Antonio de los Alemanes. El espacio que aparece reflejado en estos relatos está lejos de ser parte del Madrid sofisticado y cosmopolita de la *movida*. Muy al contrario; sus habitantes son en general individuos ajenos al despegue económico de la época y ciudadanos que se resisten a abandonar este lugar castizo y un poco destartalado. Encontramos calles tortuosas y oscuras, bares y comercios ramplones, pisos deteriorados y fríos donde viven o malviven ancianos solitarios, drogadictos, escritores de poco éxito y familias de clase media y trabajadora. Por encima de la dimensión fantástica y metaficcional, tan presente en la colección, alienta en toda ella un tono de costumbrismo realista que la conecta con la obra de novelistas que hicieron de Madrid y sus gentes sus protagonistas, entre ellos Benito Pérez Galdós, Pío Baroja o Luis Martín Santos. A pesar de que muchos de los relatos presentan a seres desilusionados y solitarios, a individuos dominados por un desesperanzado tedio urbano, el humor está presente en la colección. Hay una visión compasiva y cómplice por parte del autor hacia los personajes en sus vicisitudes personales y lucha diaria. Buscando de nuevo coherencia en la colección, Merino conecta tres de los relatos, de modo que "Para general conocimiento" es objeto de comentario en "Tertulia", mientras que "Los espíritus de doña Paloma" se inicia a partir de la referencia a este personaje con que concluye en relato anterior, "Tertulia". A la noción de ciclo de cuentos ha dedicado Kathleen Glenn un inteligente estudio en el que enfatiza los elementos que dan unidad a este libro, como son los "personajes recurrentes que actúan en un mismo escenario de franco deterioro, reflexiones sobre la literatura y la complejidad del proceso creativo, la ruptura de fronteras entre distintos mundos [...], el tema de la precariedad de la identidad y el humor" (152). Randolph Pope ha recalcado a su vez la dimensión lúdica de los relatos, en donde según este crítico se trata principalmente de la transitoriedad de las cosas y de la vida (168). Cuentos de esta colección como "El caso del traductor infiel" y "Signo y mensaje" deben ser incluidos sin duda entre los mejores relatos españoles de las últimas décadas.

Cinco cuentos y una fábula es una colección menos extensa, pero no de menor envergadura literaria. Domina en ella la dimensión fantástica, sobre todo en lo referido a una temporalidad fluida en donde los acontecimientos no se circunscriben a las reglas del tiempo cronológico. Los mismos sucesos que se presentan en el inicio de la historia como parte de la vida real de los personajes pueden pasar a revelarse al final, para sorpresa del lector, como una proyección del deseo de aquéllos por escapar de un destino implacable. Esto sucede en “La voz del agua”, donde unos viajeros atrapados de modo fatal en una hendidura en el terreno imaginan una reunión futura e imaginaria, ya en la seguridad de su casa, en la que mostrarán a sus amigos las fotos de su aventura ineludiblemente inconclusa. La historia bíblica de José y sus hermanos, del Libro del Génesis, le sirve a Merino para explorar en “El adivino confuso” la naturaleza del sueño y su posibilidad de materializarse. El viejo José, un falso adivino, sueña con un joven que ha sido arrojado a un pozo seco por sus hermanos. Atormentado por dicho sueño José da dinero a un personaje misterioso, que ha llegado a su casa siguiendo a su vez los dictados de otro sueño, para que rescate al joven soñado, que parece no ser otro que él mismo cuando de joven sufrió ese cruel destino. El relato termina con unas afirmaciones de resonancias calderonianas: “Todo está escrito en nuestros sueños, y nosotros mismos no somos otra cosa que las figuras evanescentes que rebullen entre los sueños del único durmiente inmortal” (523). En “El séptimo viaje”, Merino actualiza, en forma de homenaje a *Las mil y una noches* y a la contadora de cuentos Sherezade, la historia de “Los siete viajes de Simbad el Marino”. Aquí, Simbad es Sembá, “el morito misiano”, un muchacho pobre que encandila a los niños de un pueblo español durante la posguerra con sus fantásticas aventuras. Queda la duda en el relato de si Sembá es un embaucador o una especie de encarnación patética del personaje legendario. En "Los frutos del mar", un ser mitológico como la sirena cae víctima de unos submarinistas que la consumen como pesca sin mayores reparos. "El huésped" se presenta como una fábula contemporánea, por su dimensión moral, sobre la corrupción y el poder en la España de nuestra época. También tiene ese tono el relato de ciencia ficción "Artrópodos y hadanes (una fábula)" donde mediante un procedimiento desfamiliarizador de efecto humorístico (los seres civilizados son los insectos y otras criaturas semejantes a las que pertenece el narrador en primera persona) se cuentan las vicisitudes de unos seres humanos del futuro, los hadanes, que caen víctimas de una especie de insectos o artrópodos más desarrollada. Estos seres no dudan en comérselos para sobrevivir durante su viaje de rescate, sobreponiéndose a la repugnancia que ello les produce. Temas clásicos del género como el viaje en una nave espacial, la prolongación artificial de la vida y la utopía —cuestionada siempre por una visión poco optimista del futuro— de una sociedad más justa iluminan este cuento. El elemento fantástico y el tono moral propio de la fábula dan cohesión a esta colección, la única de *Historias del otro lugar* que no apareció previamente como libro independiente.

Cuentos de los días raros se construye sobre la rareza y el carácter extraño que subyace bajo lo familiar y lo cotidiano. Como es de prever, la realidad inmediata de los personajes se verá alterada por sucesos insólitos, sobrenaturales o fantásticos. Escribe Merino en una "Nota del autor" que precede al libro:

> Estos quince cuentos pretenden hablar de la rareza de los días desde nuestra relación con los sueños, con los recuerdos, con los libros, con los incidentes cotidianos. Fruto del trabajo de los últimos diez años, muestran diversos registros de mi labor de cuentista —lo fantástico, lo simbólico, *el realismo quebradizo*—, y tienen como ámbito el tiempo contemporáneo y también ciertas épocas de mi primera juventud (567).

Los relatos de esta colección son muy variados temáticamente, aunque predominan los que tienen lugar en nuestra época y otros en donde se rememoran sucesos de la infancia y juventud del autor proyectados en sus personajes. Hay también dos relatos de ciencia ficción teñidos de simbolismo y de elementos metaficcionales. En "Mundo Baldería", el protagonista —un profesional decepcionado con su vida adulta— termina dentro de las novelas de ciencia ficción que leía de niño gracias a una decisión heroica; mientras que "Papilio Síderum" se construye sobre "la visión sintética de un cuento chino, un cuento de Chuan Tzu" sobre un hombre que soñó con una mariposa para terminar sin saber si es lo uno o lo otro (617). Hay dos relatos protagonizados por el profesor Souto y Celina Vallejo. En "Celina y Nelima" se examina el poder alienador de ese otro mundo alternativo digital que amenaza por suplantar al real: el ordenador Nelima rivaliza con Celina por el afecto de Souto. Este tema de la duplicación —desde un ángulo humorístico— se explora en

"El fumador que acecha" a partir de la escisión psicológica de un Souto atormentado por sus deseos de dejar el tabaco.

El poder evocador de la literatura, en particular de la novela, como puerta de acceso a mundos maravillosos —sobre todo en la primera juventud— está en el centro de "El viaje secreto", cuento ambientado en el espacio sórdido de un internado cuyos lentos días se ven iluminados por los descubrimientos del universo novelesco: "Te olvidas de las palabras que vas leyendo y entras en sitios verdaderos, con gente que habla y hace cosas, corres aventuras, es un viaje secreto" (688). Asimismo, el recuerdo de otro viaje, esta vez en tren durante la más temprana infancia sirve de marco para explorar la capacidad de fascinación en un niño de un cuento tradicional como es "La hija del Diablo", narrado oralmente por una mujer misteriosa. Lo fantástico predomina en "La casa feliz", que trata sobre un suceso inverosímil: una casa que aparece y desaparece de la noche a la mañana. Esta trama permite a Merino abundar en la idea de que "la realidad no necesita ser verosímil, que la realidad se produce, sin más, aunque parezca increíble" (659). "Sinara, cúpulas malvas" es uno de los pocos relatos en donde no hay dimensión fantástica sino evocación nostálgica de un paraíso perdido, el del verdadero amor juvenil que se ve truncado. En el último relato de la colección, "El apagón", se imbrican de manera emblemática ingredientes fundamentales en la narrativa de Merino: la realidad más inmediata —establecida sobre las peripecias e infortunios de unos personajes durante la Expo de Sevilla en 1992—, lo fantástico —el fin del mundo como una especie de apagón universal causado por la clausura del evento— y, presidiéndolo todo, un tipo de comentario alegórico del mundo, en este caso desde una perspectiva humorística amarga muy quijotesca.

5. Esta edición

He escogido para esta edición una serie de relatos en los que toman forma las características más significativas del buen cuento literario. Me he apoyado para esta tarea en mi propio gusto personal de lector y en un criterio más profesional de profesor. Asimismo he preferido extraer todos los cuentos del corpus revisado por el autor en 2010 en *Historias del otro lugar*, pues previsiblemente son versiones definitivas no sujetas a variantes posteriores. Aunque inevitablemente quedan fuera de mi selección magníficos relatos que podrían haberse incluido con todo merecimiento, considero que la muestra presentada —donde se recoge un amplio repertorio de las preocupaciones estéticas y temáticas del autor— ofrece al lector y estudioso una visión precisa y penetrante del alcance y calidad de la producción cuentística de José María Merino.

De *Cuentos del reino secreto*, he seleccionado: "El desertor", "Los valedores" y "Expiación". De *El viajero perdido*: "El viajero perdido" y "Un personaje absorto". Extraídos de *Cuentos del Barrio del Refugio* aparecen: "El caso del traductor infiel", "La costumbre de casa", "Signo y mensaje" y "Los espíritus de doña Paloma". De *Cinco cuentos y una fábula* escojo "La voz del agua" y de *Cuentos de los días raros*: "Mundo Baldería" y "Sinara, cúpulas malvas". Además, tenemos la suerte de contar con un cuento inédito titulado "El otro camino", que el propio autor ha cedido para esta edición.

Por criterios de tipo didáctico realizaré un análisis detallado de seis cuentos que agrupo en torno a las siguientes categorías: 1) Los mecanismos de la ficción como acceso a la realidad; 2) La dimensión fantástica y sobrenatural y 3) Ficción científica. En un cuarto apartado, más general, examino con cierta brevedad los siete cuentos restantes incluidos en esta edición con objeto de ofrecer también al lector guías de lectura de los referidos relatos.

Hay que aclarar que muchas de las narraciones comparten características de los diferentes grupos. Así que, a la hora de asignarlos a uno u otro, he atendido al tema dominante más significativo entre los varios posibles. De este modo, un relato como "Un personaje absorto" podría pertenecer tanto al grupo primero como al segundo; sin embargo, estimo que el tema central es primordialmente la reflexión sobre la naturaleza de la ficción y el proceso de elaboración de una novela. Algo semejante se podría decir de "Mundo Baldería", que a la vez que relato de ciencia ficción es una reflexión sobre el papel de la lectura como umbral a mundos imaginarios. Esto no es nada sorprendente si se tiene en cuenta que la narrativa de Merino explora con diferente énfasis una serie limitada de temas que se interconectan e imbrican. También se podrían haber incluido otras categorías, como por ejemplo una que se centrara en la disolución de la utopía y el desencanto ante la realidad contemporánea u otra sobre la nostalgia por la infancia perdida, temas muy presentes en toda la obra del autor. Valgan, sin embargo, las que presento como muestras de primera relevancia para entender la narrativa de Merino, sin que ello vaya en detrimento de otras posibles agrupaciones temáticas.

5.1. Los mecanismos de la ficción como acceso a la realidad

"El viajero perdido"

José María Merino realiza en este cuento una reflexión metaliteraria sobre los mecanismos de la ficción y, en concreto, sobre cómo se escribe un relato. Dicho proceso de creación ficcional aparece imbricado estrechamente con la trama argumental: la historia de un escritor aficionado con dificultades para concluir los cuentos que comienza, su relación con su desencantada compañera y la aparición de un tercer personaje misterioso que da nombre al relato. La paradoja sobre la que se sustenta "El viajero perdido" reside, por un lado, en la capacidad de la ficción —en contraposición con la vida real— para crear los perfiles de un mundo coherente y, por otro, en la aparente "irrealidad" o inverosimilitud del mundo empírico.

La acción tiene lugar en una ciudad cosmopolita en donde viven los dos personajes principales: el escritor innominado y su pareja, Berta. Se mencionan las ciudades de Málaga y Melilla, a donde ella viaja un fin de semana por motivos de trabajo. Nuevamente Merino acude a una ambientación realista y a un tiempo contemporáneo para situar a sus personajes en el mundo ficcional. La historia está contada por un narrador externo y ajeno a la trama de los sucesos.[13] Comienza con el encuentro inesperado del protagonista con un viajero —lleva equipaje— que se declara perdido y pregunta cómo llegar lo más rápidamente posible a la estación, donde debe tomar un tren. "Dese prisa. Tardará casi media hora" (126), le aclara el protagonista indicándole la parada de metro más cercana. El viajero se marcha y el protagonista regresa a su casa con el periódico y la compra del día para continuar escribiendo algunos artículos que tiene que entregar a la revista literaria para la cual trabaja. Sin embargo, durante el rato que pasa escribiendo sus artículos y en las horas siguientes es incapaz de sacudirse la imagen del viajero, cuyo encuentro le ha impresionado vivamente. Bajo ese estado de ánimo y ante la ausencia de Berta, que trabaja hasta tarde, comienza a escribir un relato: "Al fin, después de tanto tiempo, tenía una idea. Se encontraba enardecido, casi dichoso, con la cabeza clara" (127). El párrafo siguiente expone desde el punto de vista del narrador externo el tema del cuento que comienza a escribir el protagonista: la historia de un ser desolado que vaga por la ciudad sin un rumbo fijo, causando el recelo de la gente que se cruza con él. A la llegada de Berta, este le comunica que ha comenzado a escribir,

13. En narratología (y siguiendo los estudios de Gerard Genette) se emplean los términos extradiegético, intradiegético, heterodiegético y homodiegético, según el narrador esté fuera o dentro de la acción, no haya experimentado los hechos narrados o, por el contrario, los haya experimentado.

pero no será hasta la noche siguiente cuando ella muestre algún interés por ese relato ficcional. Ante su curiosidad, le lee lo que lleva completado del texto y con posterioridad le va exponiendo de viva voz más detalles sobre ese ser que se halla perdido. El escritor confiesa a Berta, no obstante, que no sabe muy bien cómo continuar: "Lo tengo ahí, andando de un lado para otro, dando vueltas y vueltas, como en un laberinto" (130). Pasan algunos días; una noche, Berta se despierta aterrada como consecuencia de una pesadilla en donde ve con gran viveza a un hombre que la mira de cerca con gesto atroz y en el que ella dice reconocer al viajero del relato. Como las pesadillas se repiten varias noches, conmina a su compañero a concluir la historia con la esperanza de que el hombre encuentre su destino y deje de atormentarla en sus sueños. Aquí comienza la primera señal de la entrada de seres del mundo ficcional en el plano de lo real (dentro de la ficción, naturalmente). El escritor confiesa a Berta haber encontrado la solución para sacarlo de ese limbo ficcional en donde habita; su viajero conocerá a alguien y podrá salir del laberinto. Sin embargo, el escritor aplaza la conclusión de su relato a consecuencia de la llegada del buen tiempo primaveral, que lo distrae de su tarea. Ella, de todas maneras, deja de tener las pesadillas.

La continuación del relato permite a Merino explorar el proceso de la invención literaria mediante una serie de recursos autorreflexivos propios de la metaficción. El protagonista, también escritor, experimenta los mismos dilemas a los que se enfrenta cualquier inventor de ficciones; ello provoca la duplicación y el efecto especular. Esto ya venía anticipado desde la primera descripción del personaje, cuando el hombre se contemplaba en la superficie de cristal de los escaparates para "descubrir su propio reflejo, como para reconocerse" (127). El recurso de la *mise en abyme* empezará a alcanzar todo el efecto de reduplicación en la continuación del relato, llegando a causar perplejidad en el lector. Al receptor del relato se le invita por medio de esa estrategia a reflexionar sobre el artificio de la práctica artística y, por extensión, sobre sus propias certidumbres ontológicas.

Un breve viaje profesional de Berta a Melilla termina prolongándose unos días más ante la imposibilidad de volver a la península debido al mal tiempo. Mientras ella espera en el aeropuerto de dicha ciudad, el protagonista avanza en la elaboración de la historia, cuyo argumento en ese punto se parece cada vez más a lo que Berta está viviendo en ese viaje, según expresa el narrador. En el cuento que escribe el protagonista, el viajero va a conocer a una mujer que espera en un aeropuerto cerrado por la climatología adversa. Las largas horas de espera son una invitación para compartir confidencias. Deciden más tarde regresar juntos a Málaga en barco. Se sugiere que en el camarote que comparten inician una relación íntima; además, el viajero descubre que esa mujer que ha conocido tiene todos los rasgos de su fallecida esposa. Todo esto parece estarle ocurriendo tanto a Berta en la trama principal de "El viajero perdido" como a la mujer del cuento que escribe el protagonista, cuyo argumento avanza, según se indica al lector, sin apenas control autorial. Esto provoca una progresiva sensación de inseguridad y miedo en el escritor, cuya ficción se le va representando como copia de hechos que están sucediendo. Cuando finalmente Berta y el escritor pueden hablar por teléfono, pues habían estado incomunicados durante muchas horas, ella le dice con seriedad que tienen que hablar. De su tono el protagonista infiere la posibilidad de una ruptura, situación esta sobre la que había soñado la noche anterior. Significativamente, el sueño de los personajes también funciona dentro de "El viajero perdido" como espejo interior de la trama del cuento del escritor y del propio relato de Merino. El angustiado protagonista decide salir a la calle para ir al aeropuerto a esperar a Berta. Una vez fuera —con una actitud que replica la del viajero perdido con quien se encontró unos meses atrás y que le inspiró el tema de su cuento— resuelve regresar a su casa con la intención de conjurar lo que teme como un destino implacable. Para asegurarse de que su realidad personal no reproduzca los eventos que él ha creado en la dimensión ficcional de su cuento enciende el ordenador y borra el relato: "Una vez más había sido incapaz de terminar una historia" (143). A esto el narrador externo añade que acaso esa acción se convertirá en una obsesión que le impida ordenar los elementos para otras posibles historias. Con una segunda salida de casa camino al aeropuerto concluye "El viajero perdido".

El final inconcluso muestra que la historia de los tres personajes, con ser central en "El viajero perdido", no lo es más que la reflexión paralela sobre los mecanismos de elaboración de una obra de ficción sobre dichos personajes y sus circunstancias. Merino explora elementos metaficcionales como la duplicación de los personajes en seres doblemente textuales a consecuencia de la existencia de relatos internos al principal, la identificación de creador con personaje y un final narrativo que aparenta reproducir situaciones semejantes a las del comienzo pero ya en un diferente nivel de existencia dentro del relato. Lo que parecía existir en el plano de la realidad (el encuentro del inicio entre un viajero perdido y el personaje principal) vendrá a formar parte de la ficción que escribe dicho personaje (donde ese viajero conoce a Berta en el aeropuerto) para concluir de nuevo en el plano de lo que parece ser la realidad (Berta y el viajero se conocen e intiman).[14] La cuestión de en qué nivel ficcional se encuentran el viajero y Berta queda en el aire. El tema de la metaficción, unido a una cierta dimensión fantástica, se aúna con el propósito de cuestionar las fronteras entre ficción, sueño y realidad. Se enfatiza una de las obsesiones más recurrentes en Merino: la de hacer que el artificio literario conviva a diferentes niveles ficcionales con la realidad que dicho artificio pretende reproducir para con ello desestabilizar las certezas del lector e invitarlo a participar en el desentrañamiento del texto.

14. Sobre este relato concluye Lee que la "historia del viajero pertenece al submundo imaginado del escritor, sin embargo, entra en contacto con el mundo real de este, produciendo una transgresión fantástica, en la que reside la clave del cuento, la interpretación de realidad y ficción" (Lee 194).

"Un personaje absorto"

El final abierto de la historia de "El viajero perdido" se aclara en el principio de este relato, en el que se da cuenta de lo que ocurrió entre el escritor y Berta. En diez años, dicho escritor publicará cinco relatos, el mismo número de los que no es capaz de concluir, y como consecuencia de haber sido abandonado por Berta decide acometer el proyecto de escritura de una novela con determinación "algo delirante y del todo paradójica" (145).[15] Esta conexión entre "El viajero perdido" y "Un personaje absorto" viene a apoyar la idea de que las colecciones de cuentos de Merino —como han señalado los críticos— aspiran a tener carácter de ciclos.

Con "Un personaje absorto", y de manera semejante al relato anterior, Merino continúa su exploración del proceso de creación ficcional como un elemento fundamental en el desarrollo de la trama de su relato. El protagonista comienza a escribir su novela sobre un personaje con el que comparte su misma condición de protagonista. El personaje de la novela decide retirarse de su vida habitual para ir a vivir a la casa paterna con el propósito poco definido de ordenar documentos o preparar material para un testamento. Después de escribir cuarenta páginas, no encuentra ninguna peripecia convincente en la vida de su personaje que le per-

15. No olvidemos que el relato que escribe el protagonista de "El viajero perdido" pertenecería a la categoría de los inconclusos; de hecho, deja de existir, pues ha sido borrado del ordenador para que no pueda interferir en la relación del protagonista con Berta. El escritor, a pesar de ello, fracasa en el propósito de retener a su compañera.

mita avanzar en la composición de la novela. Es interesante señalar que en "Un personaje absorto" el narrador —que es externo y ajeno a la trama de modo similar al de "El viajero perdido"— prestará gran atención a la extensión de la novela en curso. Mediante ese procedimiento el lector podrá seguir tanto el avance en el proceso material de escritura de la novela como el progreso de la acción dentro de dicha novela conducente a su conclusión. El protagonista de la novela que escribe el protagonista del relato de Merino se retrata como un hombre típico de una generación caracterizada por su desencanto ante el rumbo de una sociedad que no ha evolucionado de acuerdo con sus ideales juveniles. Esto parece ser común en ambos (y probablemente en el propio Merino), tanto en el personaje de un primer plano ficcional —el escritor en el cuento que el lector lee—, como en el del segundo plano—el protagonista de la novela del escritor del primer nivel—. Perteneciente al segundo plano, el personaje "absorto y solitario" (149) que no termina de concretarse tiene al menos la función de ayudar al también solitario escritor a soportar mejor el abandono de Berta. El proceso de escritura de su novela le obsesionará de tal modo que comienza a padecer insomnio;[16] además, a causa de esa permanente dedicación intelectual a su obra, su creación ficcional se va insertando en sus pensamientos de tal modo que llega a incorporarse "a su flujo con la naturalidad de lo

16. Curiosamente Merino también padece de insomnio, como revela en su obra de memorias *Tres semanas de mal dormir* (2006).

vivido" (151). Una muchacha llamada Montse, que ha conocido en la revista para la que trabaja y con la que comienza una relación, le ayudará a soportar mejor la ansiedad que el proceso creador provoca en él.

Hasta este punto, en el relato, la temporalidad se muestra imprecisa. Se infiere que el protagonista lleva varios meses trabajando sin notable progreso, con lo cual parece inevitable que Merino —en paralelo al escritor de su relato y de acuerdo a su teoría sobre la narrativa breve— tenga que hacer un corte en ese tiempo lento y prolongado para conseguir que la trama argumental avance. Así, una mañana, el escritor recibe el encargo de su revista de ir a un país hispanoamericano a cubrir unas revueltas y convulsiones sociales. Lo apremian a viajar, aunque finalmente piden a otro compañero que vaya; ello lo libera de una tarea incómoda en el extranjero que le impediría progresar en la redacción de su novela. A pesar de su inicial desgana, ya había comenzado a investigar sobre el país americano, sobre la ciudad a donde hubiese ido a cubrir el conflicto, llamada Puerto Temblores, y sobre las circunstancias de la revolución. Con todo ello, consigue finalmente extraer la novela de su estancamiento al hacer que su personaje se interese en ese lugar remoto con tal intensidad e interés que decide marchar allá. El haber hallado finalmente un giro argumental que lo saque de la parálisis creadora es experimentado como una "resurrección" por ambos, por el novelista y por su personaje, con quien, como se ha dicho, comparte un carácter desengañado (148). La obsesión por esa zona de América —según se concretará más adelante— está causada por el recuerdo de sus años de estudiante universitario, cuando con otros amigos fantaseaban con la idea de unirse a aquellas revoluciones lejanas que sentían como gestas a la altura de una juventud comprometida con el cambio social y la revolución (algo muy característico de la izquierda universitaria española durante los años del franquismo).

Desentendido de cualquier activismo político, la literatura se convierte en la misión fundamental de la vida del escritor y el único medio para liberarse del personaje de su novela, que como el del "El viajero perdido" anda extraviado en el laberinto mental de su creador. En veinticuatro páginas —de la novela que escribe el protagonista del relato— se cuentan las indagaciones del novelista sobre Puerto Temblores y su paulatina fascinación por lo que allá ocurre. En las siete páginas siguientes se desarrolla la decisión de cruzar el océano, la llegada del personaje al país americano, un viaje en tren, el robo de su maleta y la llegada en taxi al desolado pueblo portuario. Paralelamente al avance de la novela, el narrador externo había dado noticia de la vida del escritor, el cual decidió no pasar las vacaciones estivales con su nueva novia debido a su dedicación exclusiva a la escritura de la novela. Comienza así el proceso de separación afectiva de Montse, que añadido a la anterior pérdida de Berta, lo va sumiendo cada vez más en una soledad voluntaria, llegando a convertirse como su personaje en un ser absorto.

Metido de lleno en la escritura, y después de otra media docena de páginas, de pronto se le ocurre al escritor la idea de un combate armado en Puerto Temblores entre el ejército y los guerrilleros. La trama, con el personaje cada vez más involucrado en la revuelta, avanza de manera simultánea a los comentarios del narrador externo sobre el proceso de invención de la ficción y la mecánica creativa a la que cualquier autor se enfrenta: la sorpresa necesaria en todo argumento ficcional, la necesidad de la verosimilitud en la narración, los vericuetos argumentales, etc. El punto de inflexión en la trama vendrá marcado por la confluencia de la vida anterior del escritor, en particular de sus años universitarios, con la acción presente desarrollada en su novela. Decide que el líder de los guerrilleros, que finalmente toman la ciudad, no sea otro que un antiguo compañero de facultad —Manolo Ochoa, apodado Ilich (158)—[17], que siempre soñó con sumarse a una revolución. Durante el inesperado encuentro, Ochoa rememora con añoranza los años universitarios y exhibe ante su antiguo compañero de facultad lo que él parece considerar el exitoso cumplimiento de su empeño juvenil. Sin embargo, el protagonista de la novela, al ser testigo de las crueles acciones de Ilich, no hallará en él restos del idealismo revolucionario juvenil sino todo lo contrario, una actitud de cinismo criminal: "'Todo ha cambiado tanto —explicó—. Ya no hay inocentes', concluyó, encogiéndose de hombros" (160). Aparte de los hombres que manda matar al tomar la

17. El apodo del personaje deriva obviamente del nombre del líder de la revolución bolchevique, el comunista Vladimir Ilych Lenin (1870-1924), que dirigió la recién creada Unión Soviética desde 1922 hasta su muerte.

ciudad, Ilich ordena acabar también con los animales para dar un escarmiento a los habitantes. Antes de retirarse de la ciudad con sus guerrilleros ante el avance del ejército, le pide al protagonista que le haga un favor.

En este punto, Merino nuevamente hace una pausa en el progreso de la línea argumental al intercalar la información que trasmite el narrador externo, en donde se desvelan los pensamientos del novelista ante cómo va a continuar su obra, con el consiguiente peligro de inverosimilitud de "aquella conversación del personaje con el viejo amigo reencontrado al cabo de tantos años" (160). El novelista que ha llegado a los cien folios tiene conciencia del momento delicado al que se enfrenta en la elaboración de su obra, tanto en relación con el destino del protagonista como a la posibilidad de que este pudiera "acabar imponiéndose definitivamente dentro de la obsesión de su inventor" (161). Así pues, la escena de la despedida de los antiguos compañeros con la entrega de un sobrecito que le da el guerrillero al protagonista para que lo lleve a alguien en la capital, es presentada como una "trampa" en los dos niveles ficcionales: es una escena trampa que puede dañar la verosimilitud en la novela si no se desarrolla adecuadamente, como también es una trampa que Ochoa puede estar tendiendo a su antiguo compañero dentro de la trama de la novela.

> Aquélla fue la primera vez que apareció en su imaginación la posibilidad de procurar la muerte del personaje, y retuvo la idea con avidez cautelosa. Sin duda la muerte sería un modo eficaz de eliminar para siempre al personaje de sus obsesiones,

> y puesto que no se trataba de una novela fantástica, la resurrección era imposible (161).

El protagonista se marchará de Puerto Temblores, llegará a la capital y después de reflexionar decidirá llevar el sobre a la policía. Su acción, no obstante, es percibida por él mismo como el cumplimiento de una premonición. La policía tenderá a su vez una trampa a los cómplices de los revolucionarios delatados por el protagonista, a los que eliminará mediante granadas y bombas ante la negativa a entregarse. Con esta acción la novela alcanza los ciento cincuenta folios. Dudando sobre cómo concluirla, el escritor opta por hacer que su protagonista decida regresar a su país. De camino al aeropuerto, el taxi que lo conduce es forzado a detenerse pues la carretera está obstruida por una camioneta: "el personaje pudo ver cómo el antiguo compañero descendía del vehículo interceptor, vestido de paisano y empuñando un machete" (164).

El novelista concluye su novela en los primeros días de septiembre. Para su sorpresa, la culminación de su primera novela no lo llena de satisfacción, como él podría haber pensado, sino que se siente apático y vacío a pesar de "haberse librado del intruso absorbente y voraz" (164), lo cual parece ser una pérdida más que añadir a la de Berta y Montse. Con un interesante vuelco argumental se anula esa sensación en el párrafo final de "Un personaje absorto", que concluye con la idea de que el guerrillero que mata al protagonista de la novela regresa a su campamento en la alta sierra "desbordante de furor desesperanzado" (165). En el final de su propia novela ve el escritor el germen de un cuento ("—Ahí hay un relato"), que parece apuntar, en vértigo metaficcional, al relato que acabamos de leer o a uno nuevo al que se entregará el novelista para superar el vacío que le deja el haber completado su historia ficcional.[18] Encontramos en este cuento un tipo de estructura que, materializada en un juego de reflejos narrativos, se duplica en relatos internos que impiden delimitar con claridad en qué nivel ficcional se hallan los personajes. José María Merino defiende en última instancia que la actividad ficcional, dentro del mundo interior de su creador, alcanza un nivel de realidad en nada inferior a la experiencia directa del mundo empírico.

5.2. La dimensión fantástica y sobrenatural

"Los valedores"

Siguiendo el modelo del relato fantástico, este cuento narra una historia de tipo realista que termina insertándose en el terreno de lo sobrenatural; o dicho de otro modo, es

---

18. Encuentro aquí un homenaje de Merino a *Fortunata y Jacinta* (1887). Al final de la novela de Galdós, el personaje del farmacéutico Ballester, después del entierro de Fortunata, reflexiona sobre todo lo ocurrido en la novela que el lector está a punto de concluir para terminar exclamando que hay en la historia de la infortunada Fortunata materia para una novela. Galdós, como se sabe, es uno de los grandes maestros realistas que explora la dimensión metaficcional de la novela en la línea de su maestro Cervantes. Se percibe también la referencia clara al final metaficcional de *Cien años de soledad* (1967) de Gabriel García Márquez.

un cuento en donde lo fantástico acaba por cuestionar las certezas del mundo empírico. Conecta de manera clara con la tradición del relato de miedo y horror que cultivaron los románticos, pues la deuda con Poe y Bécquer es notoria.

En "Los valedores" se narran las desventuras de unos ladrones que se dedican a expoliar iglesias situadas en zonas apartadas. Desde el principio de la historia se hace referencia premonitoria a la "mala suerte" de estos, que les conducirá al crimen y a un trágico final. La figura de un narrador en segunda persona es fundamental en la construcción del relato, pues siendo este intradiegético y homodiegético (narra desde dentro de una historia en la que participa) funciona como testigo presencial de los acontecimientos. La narración en segunda persona ("sabes que es inútil" se dice el narrador a sí mismo, para añadir después: "Además, ellas están a tu espalda, muy cerca de ti, acaso a punto ya de alcanzar tu cuello"; 168) sirve como estrategia narrativa de desdoblamiento del protagonista en su propio interlocutor, así como de mecanismo para incorporar al lector más vivamente a la historia por medio de la interpelación sintáctica del "tú".

La banda de ladrones de bienes sacros decide robar unas imágenes religiosas de un monasterio aislado en un monte. Para engañar a la familia que guarda la iglesia y aprovechando la ausencia del párroco, se hacen pasar por miembros del Patrimonio Nacional. Al fallar su estratagema, y ante la negativa de la celosa guardiana a entregar las llaves del monasterio, uno de los ladrones, llamado Colombia, da un fortísimo puñetazo a la mujer en la cara, la cual, en su caída, se golpea la cabeza con una reja a consecuencia de lo cual muere. Ante el inesperado desenlace, los ladrones encierran a una mujer joven —nuera de la muerta— y a sus conmocionados hijos pequeños en la portería para proseguir con el latrocinio. La iglesia en la que penetran tiene un aspecto imponente y se describe como un espacio ominoso que parece esconder sorpresas y peligros: la nave estaba solo levemente iluminada, el viento sonaba a quejidos y sollozos... Más adentro, una sacristía oscura da paso a una habitación superior húmeda y llena de telarañas: la biblioteca. Esta conduce a otra habitación más pequeña donde se hallan desperdigadas las mejores esculturas. Allí están las imágenes de San Pablo, San Juan Evangelista, San Miguel Arcángel y una Virgen de la Esperanza, y al fondo del todo, las más valiosas: la Magdalena y un gran Crucificado "renegrido y flaco". El detalle en la descripción del espacio sugiere la entrada en un lugar cada vez más profundo y amenazador. Cuando comienzan a envolver las imágenes en telas para bajarlas y meterlas en su furgoneta, comprueban con estupor que estas parecen resistirse al traslado cobrando vida momentánea.

El modo en que se organiza el tiempo de la narración en relación al orden cronológico de los sucesos resulta fundamental para acrecentar el suspense en un cuento de terror. Comienza el relato con la referencia del narrador protagonista al presente de la narración, a un "ahora" que coincide con la puesta de sol. Hay noticia de un peligro inminente, de un ataque del que será imposible defenderse, perpetrado por unos seres situados detrás del narrador y a los que se refiere como “ellas”. En este momento la acción se detiene dejando en suspenso el desenlace para volver atrás en el tiempo nueve horas, en un claro ejemplo primero de pausa narrativa y después de analepsis.[19] El narrador cuenta entonces lo que ha sucedido desde la mañana hasta ese momento y cómo ha llegado a encontrarse en semejante peligro. Merino concede gran relevancia al contraste entre la temporalidad de la narración y la de los acontecimientos, enfatizando para ello la percepción subjetiva del tiempo por parte del narrador: “tienes ahora la conciencia de que ha sido un tiempo dilatadísimo, acaso el único tiempo real de toda tu vida” (168). Este personaje de ficción, que como los de su estirpe existe ante el lector solo durante el tiempo de la lectura, parece tener conciencia de su naturaleza textual cuando afirma que toda su vida anterior la ve solamente como “un cúmulo de ensoñaciones sin consistencia ni significado” (168). Su vida importa en cuanto se relaciona con las acciones que el relato desarrolla.

La analepsis avanza a partir de la llegada al monasterio por la mañana, los intentos por sacar las imágenes mediante el engaño, la violencia contra la vieja que las protege y la entrada en el templo. En el traslado de la imagen de la Magdalena, el ladrón Casio siente cómo los dientes de esta se le clavan en la cara y, en un segundo ataque, en el antebrazo. El personaje del narrador intenta dar explicaciones racionales a su compañero y achaca lo que ocurre a figuraciones y a

19. En cine se usa el término *flashback*, que no es otra cosa que la visión retrospectiva que caracteriza a la analepsis.

un elemento accidental: después de todo son imágenes de madera, quizá astilladas. Desde la conciencia temporal posterior a las acciones afirma premonitoriamente que no fueron capaces de comprender lo que pasaba. Cuando Colombia alza con un abrazo la figura descarnada del crucificado e intenta sacarla de la habitación parece tropezar con otras imágenes que de manera inexplicable caen sobre él como "grotescos danzantes" (177). Da un alarido que asusta a sus compañeros, que al sacarlo de abajo del montón de estatuas descubren horrorizados que la espada del Arcángel Miguel le ha atravesado el pecho a la altura del corazón. Aterrorizado, Casio intenta huir para encontrarse en la sala siguiente rodeado de imágenes que le cortan el paso hacia el exterior. El narrador lo encuentra ensangrentado y muerto a los pies de las esculturas.[20] Este, solo ya, intenta escapar por las ventanas de la habitación más interior para comprobar que es imposible abrirlas; descubre también que durante los instantes que ha pasado afanándose por abrir las oxidadas fallebas, las imágenes han entrado a la sala y se encuentran inmóviles obstruyendo la puerta de salida. El paso del tiempo viene marcado por la contemplación de las estatuas y la terrible certeza de que, aunque no se mueven, cada vez están más cerca del él. La narración en segunda persona de un yo que se dirige a sí

20. El mundo de *Leyendas* becquerianas —muy apreciadas por Merino desde niño— como "La ajorca de oro" o "El monte de las ánimas" está presente como referencia intertextual en la elaboración de relatos fantásticos en donde se trata el tema de las estatuas o muertos que cobran vida para castigar actos sacrílegos.

mismo como si fuera su interlocutor aumenta el suspense y tiene el efecto de atraer al lector a la dramática situación del narrador protagonista, víctima inminente. En este momento de la acción, el tiempo de los acontecimientos coincide con el punto temporal con que se abría el relato, que continúa a partir de entonces hacia un previsible desenlace. Abundan a partir de ese punto el presente de indicativo: "El día se apaga", "El hombre sale otra vez…" (en referencia al hijo de la infortunada guardesa que ha llegado en su moto), "Tú estás aquí" y, de nuevo, el adverbio de tiempo: "Ahora, el viento se ha calmado" (180). Esta estructura circular hace que toda la acción del cuento se dirija a un presente de la narración en la conciencia del protagonista que a pesar de haber sido testigo de la muerte de sus compañeros y de esperar la suya propia a manos de las imágenes de madera, no encuentra una explicación racional a lo que ocurre. ¿Lo ha imaginado todo o han cobrado vida las imágenes para castigarlos por el robo sacrílego? Si es el relato de un loco, el lector puede encontrar una explicación lógica ante un narrador no fiable. Si por el contrario lo que sucede es "de verdad", el lector se halla ante una historia sobre sucesos que desafían toda explicación racional. Esta dimensión fantástico-maravillosa es, en última instancia, el triunfo del artificio literario, ofrecido por el autor como demostración de la autonomía del arte frente a la vida. Para contribuir a esta finalidad implícita y a la vez mantener la incertidumbre, la conclusión de la historia queda en suspenso. Dentro del universo de la ficción en el que habitan los personajes, ese hombre de espaldas a las vengativas imágenes permanecerá *siempre* esperando su inminente muerte, el desenlace final.

Con este cierre inconcluso de clara naturaleza metaficcional, Merino contribuye a actualizar la fórmula del relato fantástico de horror, que en su modalidad clásica concluiría probablemente con una resolución más clara, como es el caso del citado "La ajorca de oro" o de "La verdad sobre el caso de M. Valdemar" de Allan Poe.[21] Los sutiles mecanismos metanarrativos del relato, así como su inesperado final sirven para insertarlo dentro de la categoría de lo *neofantástico*, modalidad muy conectada con las tendencias de la narrativa posmoderna.[22]

"El desertor"

La acción del cuento se sitúa en un pueblo sin nombre durante el periodo de la Guerra Civil española, a la que se hace referencia de modo indirecto. Como su título indica, el relato se centra en las peripecias de un soldado que deserta del bando nacional para regresar a su casa con el propósito de reunirse con su joven esposa, con la que apenas había disfrutado de cinco meses de vida conyugal cuando fue reclutado como soldado del ejército franquista. Con esta trama el autor explora el tema del sufrimiento que cualquier guerra provoca no solo en los combatientes sino en particular en

21. Borges, Ocampo y Bioy Casares recogieron este relato de Poe en su célebre *Antología de la literatura fantástica*, 226-234.

22. Para comprender mejor esta modalidad de lo fantástico, véase el artículo de Jaime Alazraki sobre el tema.

las mujeres, que se quedan solas en la retaguardia a la espera de sus hombres, ya sean maridos o hijos. La guerra, no obstante, será únicamente un telón de fondo para unos acontecimientos que tienen lugar en una aldea en donde sus habitantes llevan una vida modesta marcada por los trabajos agrarios (segar la hierba, escardar las legumbres, cavar los frutales, etc.) y las costumbres tradicionales. La idea articuladora del relato es el poder del amor, su carácter "muy especial", así como su capacidad para conjurar la soledad.

Una noche de San Juan la mujer ve al marido en la puerta de su casa, o mejor dicho, ve su sombra. La llegada repentina del esposo provoca en ella una enorme alegría, la cual contrasta con la tristeza melancólica del resto de los aldeanos. Pero los esposos solo se podrán ver de noche y en la intimidad del modesto hogar para evitar que el hombre sea descubierto y castigado como desertor. Durante los meses estivales, el pueblo sigue de lejos los dramáticos avatares de la guerra. Sus habitantes escuchan obedientemente los virulentos sermones del cura, que presenta a los enemigos como seres extraños y diabólicos. En la única frase en estilo directo que emite un personaje en todo el cuento, una ingenua mujer exclama ante la visión de una columna de prisioneros —derrotados, sucios y malnutridos— que pasa por el pueblo: "—¡No tienen rabo!" (185). De este modo tan gráfico, el autor presenta la guerra como una tragedia colectiva en donde, como resultado de la propaganda bélica y de la estrategia de autojustificación con que un bando desacredita y demoniza al contrario, se deshumaniza al enemigo. Para evitar caer en una indeseada deriva ideológica, Merino enfoca su relato en el plano del sentimiento individual y colectivo. Se da prioridad a lo humano atemporal sobre lo concreto histórico, aunque sin rehuir del todo esto último. Los personajes principales de la historia son la mujer y el marido; los secundarios, la madre del soldado y el cura, mientras que en el fondo se sitúan los aldeanos y los guardias que buscan al desertor. Por medio de ellos, un narrador en tercera persona externo y ajeno a la acción desarrolla el tema del amor en medio de las miserias de la guerra.

En su artículo "Palabra oral, palabra escrita", José María Merino hace mención a este relato y a su versión cinematográfica en relación a la distinta manera de narrar que se da en los relatos orales y en los escritos.[23] Frente a la narración oral de los filandones leoneses y de tantas otras manifestaciones de esta literatura tradicional, la ficción escrita exige una precisa organización textual ajena a la temporalidad cronológica.[24] Precisamente, uno de los aspectos más destacables de "El desertor" es el diseño de su estructura temporal, realizado de manera muy minuciosa con el objetivo principal de conducir al lector a la sorpresa y descubrimiento final, propio de un relato de miste-

23. Está incluido en la película de José María Sarmiento *El filandón*, en donde el propio autor comienza a contar la historia de "El desertor" que a continuación se dramatiza en forma de cortometraje de ficción.

24. Sobre ello afirma: "la narrativa escrita es tiempo en sí misma, tiempo capturado, materizalizado, sujeto por las palabras, que vuelve a revivir con cada relectura del texto", "Palabra oral, palabra escrita", *Ficción continua*, 58.

rio. Y es que toda ficción literaria depende para su desarrollo y efectividad como narración de una estructura altamente elaborada de la temporalidad textual con la que se reordenan los sucesos "reales" contados o referidos en la historia.

"El desertor" comienza con una alusión precisa a una marca temporal particular: la noche de San Juan, que tiene lugar entre el día 23 y 24 de junio. Muchos lectores del mundo hispano —tan impregnado por la tradición católica— identificarán esa noche con la celebración festiva de origen antiguo con que se recibe el verano, celebración que en muchos lugares gira en torno al fuego y al encendido de hogueras. Ello sitúa al relato en la dimensión de los ritos ancestrales y en el misterio. Durante esa noche especial, la mujer protagonista, cuyo nombre nunca se menciona, al ver la sombra de su marido en la puerta de su casa supo, como explica el narrador, que había regresado. A partir de este punto se produce una analepsis mediante la cual se da noticia de algunas situaciones de la vida anterior de los personajes, así como de las diversas circunstancias que condujeron a la marcha del marido y a su misterioso regreso. Se señala el paso de un año y después de otro; de los acontecimientos de este último solo se menciona —con objeto de enfatizar el ambiente de tristeza y resignada esperanza de los aldeanos— cómo las veladas comunitarias en torno a la narración de fábulas y cuentos han sido sustituidas por ejercicios piadosos de rezos de rosarios y letanías. En este punto se retoma la referencia a esa particular noche y a la vuelta de la mujer a su casa dejando atrás la algarabía de niños danzando alrededor de la hoguera. Avanza el relato con la mención a la vida en común de los esposos, siempre de noche y en la intimidad del hogar conyugal: "Así, entre las dulzuras de tenerlo en casa y los sobresaltos de sus temores, fue transcurriendo el verano" (187). Este fluir temporal se ve interrumpido por la desaparición repentina del marido el primer día de septiembre. A mediodía (el narrador se refiere a ese momento como la hora del Ángelus y no a las doce con el propósito de enfatizar los ritos que marcaban el fluir de la vida en un pueblo tradicional español) aparecen los guardias que buscaban al desertor desde hacía semanas. Le llevan a la mujer la noticia de que han encontrado a su marido muerto en lo alto de un cerro con la vista puesta en la aldea y le comunican que por el estado del cadáver debía llevar muerto "por lo menos, desde San Juan" (188). Con el dramático y descarnado detalle de su cuerpo "seco como una muda de culebra" (188), se ratifica la muerte física del joven a la vez que se abre la interpretación retrospectiva propia de todo relato de misterio. El cierre narrativo del cuento confirma la dimensión sobrenatural del relato. El marco de una trama realista que trata del sufrimiento que soportan mujeres y soldados durante la guerra se transforma en un tradicional "cuento de aparecidos", entrando así en el género fantástico. En ello confluyen claramente tanto la fuente tradicional del filandón como la literatura fantástica de raíz romántica. Hay, como en muchos buenos relatos de ese tipo, una cierta ambigüedad interpretativa, explicable por medio de los términos establecidos por Todorov. Si se considera que el relato adopta el punto de vista de una mujer alucinada que cree dormir con la sombra del marido ausente estaríamos ante un ejemplo de *lo fantástico-insólito* (acontecimientos sobrenaturales que se aclaran al final con una explicación racional), si por el contrario el lector acepta la interpretación de que el espíritu del marido regresa en forma corporal para consolar a su viuda y hacerle compañía en las noches estivales estamos ante un ejemplo claro de *lo fantástico-maravilloso*, relatos que terminan aceptando lo sobrenatural y situándolo en un nivel de existencia similar al de la acción realista organizadora de la historia ficcional.

Con "El desertor", Merino explora uno de sus temas favoritos: la aparición del fantasma —dimensión sobrenatural— con el consiguiente cuestionamiento de la racionalidad como potencia exclusiva de explicación de la realidad. A su vez, hace un homenaje a la literatura de transmisión oral, en particular, a las historias de aparecidos y espíritus, tan arraigadas en la cultura y folklore tradicional de su tierra.

"La costumbre de casa"

Las historias de fantasmas en la tradición gótica buscaban causar temor y miedo en los lectores al exponerlos a la posibilidad de una dimensión sobrenatural desestabilizadora y amenazante. Espectros, vampiros, monstruos, así como fenómenos inexplicables desde el punto de vista racional forman el catálogo básico de esas historias de horror. Con "El desertor", Merino traía el fantasma al espacio familiar para que hiciera compañía a su afligida viuda, que lo recibía sin mostrar ninguna duda sobre su existencia corporal. El final abrupto y sorpresivo no incluye la reacción de la mujer ante la noticia de que su marido llevaba muerto probablemente desde el mismo día en que regresó a su casa. Como ella ha sido testigo único de su retorno no hay corroboración de otros personajes sobre la veracidad de las apariciones. De este modo, la dimensión fantástica alcanza un mayor grado de ambigüedad interpretativa a ojos del lector. En "La costumbre de casa", sin embargo, el fantasma se aparece a todos los miembros de su familia —su mujer y sus tres hijos— y además es visto también por una tía y por la novia del hijo mayor. Con ello, el autor se asegura de que no haya ninguna duda sobre la existencia del fantasma (el relato en este sentido pertenecería a la categoría de lo fantástico-maravilloso). De esta estrategia narrativa podemos deducir que el enfoque del cuento no está en hacer creer o no al lector en la realidad del espectro. Al contrario, una vez establecida la premisa de que el fantasma se aparece a su familia en reiteradas ocasiones, el relato puede concentrarse en un tema más relevante: la previsible reacción de los seres humanos ante la intromisión de lo sobrenatural en lo cotidiano. Se plantea con humor morboso la conjetura sobre cómo reaccionarían los seres queridos de una persona que regresase como espectro a la casa familiar varios días después de su muerte.

La narradora de la historia, Rosita, es la hija de un hombre que fallece de manera intempestiva. Ella contará en primera persona la historia desde un punto situado en el futuro de los acontecimientos narrados. Desde esa posición privilegiada logra una visión más objetiva de los sucesos, pues estos se presentan con el sosiego emocional que da la distancia temporal. Expone la narradora la conmoción y profundo desconsuelo que provoca en la familia la muerte del padre y esposo, un hombre amado por todos. No obstante, el drama de la pérdida y la dificultad de aceptar que el ser querido haya desaparecido de sus vidas adquiere, una vez pasado el trauma inicial, "aire de destartalada cotidianidad" (190). De este modo, Merino quiere presentar la experiencia de la muerte, aunque pueda sentirse como tragedia personal para las personas más cercanas, como un acontecimiento que forma parte del orden natural de las cosas. La narradora explica lo difícil que fueron los momentos de la muerte, el entierro y los días inmediatos para ella y sus hermanos, pero en particular para su madre. A la vez insiste en que el paso del tiempo va inevitablemente aminorando la intensidad del dolor. Varias semanas después del suceso van todos regresando a su normalidad y aceptando de manera resignada la desaparición del padre. Este proceso tan natural y humano de pena, luto y posterior resignación se ve alterado repentinamente por la irrupción de lo sobrenatural en el mundo de la realidad de los personajes. Un domingo por la noche, a la hora de la cena, la narradora verá al fantasma de su padre en la cocina: "Es el único espectro que he tenido ocasión de ver en mi vida, pero su aspecto no tenía demasiada semejanza con lo que cuentan los relatos de miedo o las películas de terror: quiero decir que no estaba hecho de materia traslúcida [...] tenía el aspecto de siempre" (192). También la madre va a ver la aparición en la cocina y, al igual que la hija, sentirá más congoja y sobrecogimiento que miedo. Esta reacción está muy en la línea con esa experiencia de *lo raro*, categoría que en la obra de Merino puede ir desde lo insólito hasta lo fantástico. El fantasma del padre causa extrañeza, estupefacción y, sobre todo, piedad: "La verdad es que el espectro daba más lástima que otra cosa [...] todo el cuerpo tenía un aire insólito de timidez y pesadumbre" (193). La propia narradora reflexiona sorprendida sobre su inesperada reacción y cómo, al contrario de lo que se supone que tendría que sentir, no nota terror alguno. Mediante este procedimiento, el autor humaniza al ser del más allá incorporándolo de algún modo a la experiencia de lo cotidiano.

El espectro les hablará con voz chirriante a través del altavoz de la radio para explicarles el motivo de su regreso, que no es otro que la dificultad que tiene de olvidar su vida mortal y acostumbrarse a su nuevo estado. Y así le dice a la hija y a su esposa: "no noto nada, pero no estoy cómodo, y a estas horas me entran unas ganas tremendas de estar en casa, de tomarme un vaso de vino mientras todos vais llegando" (193). Esta confesión da sentido al título del relato mientras acentúa la idea de que cualquier evento fantástico se desvirtúa (o desvirtuaría, en buena lógica racional) con la repetición, perdiendo así su efecto de sorpresa. Ante la llegada de los demás hijos, el fantasma adopta una actitud familiar y se disculpa por molestarlos: "Ya ves, Fernando, hijo, dándoos la lata" (194). Las apariciones continuarán muchas noches más hasta terminar siendo una costumbre molesta, pues rompe el ritmo de lo cotidiano al impedir a los miembros de la familia cenar tranquilamente o ver sus programas favoritos en la televisión. La narradora decide tener una conversación con el espectro del padre para intentar convencerlo de lo inapropiado de su conducta. Es interesante observar cómo Rosita tiene siempre en mente los cuentos y películas de fantasmas para enfrentarse a lo raro de la situación. De este modo, Merino vuelve a afirmar el papel de la ficción como modelo para manejarse en el ámbito de la realidad. El fantasma desatenderá, no obstante, los ruegos de su hija para seguir apareciéndose a la hora de la cena y repetir su queja cansina. El que el espectro del padre ha llegado a ser un auténtico incordio para la familia se demuestra en el plan de Fernando de ignorarlo cuando se aparezca, de hacerle el vacío. De este modo, la dimensión sobrenatural de la aparición adquiere el estatus de situación común de la vida diaria: el fantasma es una presencia fastidiosa similar a la de un molesto pariente que abusara de la hospitalidad de la familia.

Se ofrece una cierta nota de misterio cuando Fernando explica a la narradora que ha concebido un plan para deshacerse del espectro y que si se cumple debe aceptarlo como regalo ante la cercana Navidad. El macabro plan no es otro que exhumar los restos del padre, incinerarlos y dispersar las cenizas en el parque del Oeste, por el que le gustaba pasear en vida. Sin embargo, y tras unos días de ausencia, se aparece el 4 de enero afirmando que sigue sin poder olvidar: “Debe de ser la costumbre de casa” (200), afirma el desconsolado espectro. De todos modos, su imagen va progresivamente diluyéndose hasta desaparecer del todo a finales de marzo.

Con una atención especial a las fechas se consolida la base realista del relato.

El final del cuento no presenta ninguna sorpresa añadida. Solo se recalca que la desaparición definitiva del espectro es sentida por todos como una liberación y que "cuando llegó el calor mamá era realmente una viuda y nosotros unos huérfanos normales y corrientes" (201). La confirmación de que el espectro se había convertido en una molestia insoportable la corrobora la propia madre en la frase con la que se cierra el relato. Con una nota de humor, Merino apunta a la idea de que en nuestra época contemporánea no existe la posibilidad de que lo sobrenatural —con toda su capacidad de provocar terror— alcance a elevar al ser humano por encima de las circunstancias de lo cotidiano.

Al contrario que en otros cuentos del género, en este se enfatiza el poder nivelador de lo real sobre cualquier circunstancia fantástica, a la vez que de modo paradójico se propone que lo sobrenatural —por estar ya normalizado— puede llegar a convivir sin conflicto dentro del mundo de lo habitual. Dicha posibilidad, para José María Merino, es factible únicamente gracias al artificio literario y al poder de sugerencia de la ficción.

5.3. Ficción científica

"Mundo Baldería"

Un narrador en primera persona, llamado Fernando, se refiere en el inicio del relato al extraño sueño que ha tenido.

En él, un primo suyo al que dejó de ver en su infancia se le aparece para apremiarlo a que encuentre la fórmula de la microbalita como última posibilidad para combatir a los invasores geriones, que amenazan con matar a los habitantes de Mundo Baldería.[25] Una vez despierto, el personaje comienza una larga y tensa jornada diaria de trabajo como inversor de bolsa en un negocio familiar. No obstante, el recuerdo del sueño seguirá presente en su mente ofreciendo "una luz grata a las sombrías rutinas del día" (204). Las palabras pronunciadas por su primo durante el sueño: microbalita, geriones, Baldería, le hacen rememorar con cariño los libros que las contenían y las historias que contaban. Se acuerda entonces del universo ficcional del planeta lejano —lugar desértico, excepto por un fértil valle habitado, en los confines de la galaxia— y de sus habitantes, que incluían tres tipos de especies inteligentes.

Sobre lo que sería la historia de un mundo lejano que reproduce en gran medida los conflictos y pasiones del nuestro, Merino construye un relato de ciencia ficción que, asentado muy firmemente en nuestra época contemporánea, quiere servir de reafirmación de la lectura —y también del visionado de películas— como actividad creativa esencial del ser humano, prácticas ambas que sobrepasan la mera fun-

25. Los geriones hacen referencia a Gerión, antagonista de Hércules/Heracles en uno de sus trabajos, concretamente en el décimo. De manera significativa, Merino mezcla la mitología con la ciencia ficción para darles a los dos una importancia semejante dentro de los géneros de la imaginación.

ción de entretenimiento. La trama, centrada sobre la relación del narrador con su primo Lito durante los ya distantes veranos compartidos en casa de la abuela común y sobre las circunstancias del presente de Fernando, sitúa el relato dentro de un marco realista que obviamente sirve de contraste con la dimensión imaginaria o fantástica.

En un segundo sueño, Lito lo urge a conseguir la fórmula para con ella poder contrarrestar el poder de los malvados invasores. Siguiendo los dictados del primo —y dándole aparente credibilidad a su presencia dentro del sueño—, Fernando decide buscar los cuentos que leían de niños en las casetas de libros de viejo de la Cuesta Moyano. Una vez localizado y leído el primer volumen de la serie de Mundo Baldería, Fernando recupera no solo la historia y argumento sino también sensaciones y vivencias muy olvidadas ya en su vida adulta. En una tercera aparición de Lito, este le ruega con gran dramatismo que siga buscando. Al despertar, el narrador expone los recuerdos del segundo verano que pasaron juntos y de las penosas circunstancias por las que atravesaba su primo. Por ser mal estudiante, su padre le tenía recluido en la casa familiar forzándolo a prepararse para los exámenes de septiembre e impidiéndole cualquier distracción, incluida la lectura de libros que no fueran de texto. Sin embargo, a escondidas, Lito lee las historias de Mundo Baldería o las oye de viva voz narradas por Fernando. Merino construye el personaje de Lito como ejemplo de lector ingenuo que no puede separar el mundo de su experiencia directa de la realidad con esa otra realidad de la ficción, que en el caso de este tipo de lectores puede ser más sugerente que la vida misma. Del mismo modo que Alonso Quijano termina creyéndose un caballero andante y se lanza al mundo para practicar lo aprendido en sus amados libros de caballerías, Lito cree sin sombra de duda en la existencia del mundo descrito en los cuentos de ciencia ficción. Así lo expone el narrador: "Aquella tarde descubrí que Lito creía que todo lo que había leído en aquellas novelas era cierto [...] ¿Cómo no iba a ser verdad todo aquello tan verosímil, tan bien contado, impreso además en un libro?" (209-210). Como si de un colono en un nuevo país se tratara, Lito revela a Fernando que desearía fervientemente ir a ese lugar maravilloso a trabajar de labrador o de molinero y a luchar contra los geriones o cualquier otro invasor. En un giro argumental sorprendente, el narrador explica que un día de ese verano Lito se escapó de casa y nunca más se volvió a saber de él.

Al día siguiente le conseguirán a Fernando el resto de los volúmenes de Mundo Baldería, que compra a un precio elevado. La lectura de los tres libros le permite volver a visitar imaginariamente el planeta ficticio, con toda su belleza y peligros. El cuarto sueño tiene una relevancia mayor pues en él Lito no solo conmina a su primo a que busque la fórmula secreta sino que, sacándolo de su casa, lo lleva a buscar entradas secretas o umbrales que, desperdigados por toda la ciudad, permiten acceder a Mundo Baldería. Una de ellas es la glorieta del Ángel Caído en el parque del Retiro y otra, la entrada sur al estadio de fútbol Santiago Bernabéu. En su recorrido en coche por las calles de Madrid terminarán precisamente en este último lugar. Lito le informa que para llegar al planeta solo hay que cerrar los ojos y pensar muy intensamente en ese deseo. Ese fue el procedimiento, le explica a Fernando, que él usó para escapar de la opresión de su padre y viajar al planeta de los libros. Para sorpresa de Fernando, cuando se despierta, no está en su cama sino ante la puerta cerrada de su piso con el pijama puesto, lo que le obliga a esperar hasta la mañana para que el asombrado portero del edificio le abra la puerta de su piso. De este modo, lo que parecería un sueño se puede interpretar como un caso extraño y raro de sonambulismo extremo —si se quiere buscar una explicación racional dentro de la categoría de lo fantástico-insólito— o como una irrupción de lo fantástico que desestabiliza el realismo dominante del relato.

Estas experiencias causan en Fernando una creciente desgana y un sentimiento melancólico que le hace despreocuparse por todo lo relacionado con su trabajo. Combate su tedio releyendo los libros que tanto le habían fascinado de niño. Significativamente, Merino pone en boca del narrador la confesión de que, en contraste con la intensidad emocional que adquiere leyendo historias de ficción, las diversas circunstancias de su vida diaria le parecen "anécdotas banales, que en cualquier novela interesante apenas serían el pretexto para una trama secundaria" (215). Frente a las situaciones a las que se enfrenta en su existencia —el reciente divorcio de su mujer o la caída de la bolsa a consecuencia de la que tiene visos de ser una guerra inminente entre Estados Unidos e Irak—, las historias leídas en los libros le parecen mucho más atractivas por ofrecer un destino más intenso y heroico. Sumido en ese estado, Fernando saldrá una mañana a pasear sin rumbo fijo por la ciudad hasta que descubre, después de una larga caminata, que se halla frente al estadio de fútbol del paseo de la Castellana. Aquí, Merino sitúa a su personaje —como es peculiar en bastantes de sus cuentos— en un estado transitorio entre el ser real que es dentro del cuento y su doble textual, que penetra en un nivel más interno de la ficción. Cerrando con fuerza los ojos, Fernando piensa muy intensamente en Mundo Baldería para comprobar maravillado cuando los abre que se halla ante un gran río de brillo plateado y frente a un cielo anaranjado sin lunas. La placidez del insólito entorno se ve interrumpida por el sonido de explosiones lejanas. Una mantis enorme se acerca a él, lo toma en sus patas delanteras y remontando el vuelo lo conduce a un tipo de búnker donde se encuentra con su primo Lito. Ante la sorpresa de este le dice: "—He venido para quedarme" (216).

De este modo, y al igual que hizo Lito años atrás, Fernando decide abandonar su insatisfactoria vida presente para incorporarse a ese mundo alternativo de la ficción. Sobre el componente fantástico del relato, Merino ofrece una doble dimensión alegórica. La primera deriva de la propia lógica de cualquier historia de ciencia ficción, mientras que la segunda esclarece el sentido profundo de la lectura de obras de ficción. Mediante el ejercicio de leer y la activación de la imaginación que ello provoca, el lector puede salir de sus circunstancias habituales e incorporarse temporalmente al espacio que la actividad lectora elabora en su mente.

El género de la ficción científica en manos de Merino tiene un notable alcance metaficcional, pues la trama fantástica de una utopía o distopía futurista se enmarca dentro del tema recurrente de la reflexión sobre el papel de la ficción en la vida de los personajes y, por extensión, de los lectores. El acceso a la realidad se hace a través de un proceso dual en donde confluyen tanto la experiencia directa como la que viene mediada por el ejercicio de la lectura. La elaboración de un mundo ficcional en la mente del individuo se imbrica en la percepción de lo real para llegar a formar una "súper-realidad" que contiene a las dos. Ello sirve de prueba del alto papel que José María Merino concede a la ficción, la de ser materia que a la vez que enriquece la realidad empírica le da consistencia.

5.4. Otros relatos

En esta sección se hará un análisis más breve de los siguientes cuentos: "El caso del traductor infiel", "Expiación", "La voz del agua", "Signo y mensaje", "El otro camino", "Sinara, cúpulas malvas" y "Los espíritus de doña Paloma". Estos son relatos que podrían enmarcarse en alguna de las categorías anteriores, pero que por los criterios de extensión requeridos en un volumen de este tipo agrupo en una sección más general.

"El caso del traductor infiel" es posiblemente el relato metaficcional más complejo de todos los escritos por Merino. En él, la multiplicidad de niveles de ficción alcanza una variedad extraordinaria. El relato se inicia estableciendo un marco realista: la historia trata de un traductor, con veleidades de poeta, que modifica de modo artero y sutil las últimas novelas que traduce de una famosa autora estadounidense de novelas de detectives llamada Kathleen Crossfield, en lo que se refiere principalmente a las características de la heroína y protagonista, la bella, cultísima y sagaz Kate Courage. Usando su maestría en el uso de la lengua, el traductor consigue que la "brillantez [de Courage] se tiñese de prepotencia, su osadía de temeridad y su cultura de pedantería. También encontró la manera de que su empleo del sexo como forma sincera de comunicación humana manifestase indicios de vulgar promiscuidad" (227).

Antonio Lugán vive modestamente en un barrio madrileño "de putas y de poetas" (221) —el barrio del Refugio— dedicado a sus traducciones y a llevar sus iluminaciones líricas a textos poéticos sin resonancia pública. Orgulloso con su sencilla vida consagrada a las letras, a la vez que resignado a su mediocridad, Lugán comparte su soledad con una amiga y amante ocasional, Marta, que le sirve de confidente. En una ambientación de tono costumbrista del Madrid de los años noventa, se inserta la reflexión metaliteraria sobre el poder de la ficción para duplicar y multiplicar la realidad, borrando así la tajante frontera entre lo real y lo ficcional. El relato establece una serie de niveles textuales en un intrincado y perspicaz juego ficcional de cajas chinas. Se hace referencia a las novelas originales en inglés de Crossfield y a las traducciones al español alteradas por Lugán; asimismo, se reproduce una carta de una profesora americana amiga de la autora que ha descubierto la manipulación y se parafrasea la carta de respuesta del propio traductor en la que se disculpa a la profesora Valdez. Hay también un fragmento de la carta de la propia Crossfield anunciándole a Lugán la idea de un nuevo libro "en el que aparecerá un personaje como usted, un traductor infiel cuya muerte [...] va a ser meticulosa y eficazmente investigada por Kate" (235), una segunda carta urgente de Crossfield avisando al traductor de un peligro mortal real por parte de un alumno de la profesora Valdez fanático y violento, así como el texto incompleto de la anunciada novela cuya "traducción literal del título podría ser *El caso del traductor infiel*" (242) que traducida por otra persona ha sido publicada por la editorial para la que trabaja Lugán.[26] Dentro de este laberinto textual se cancelan las fronteras fijas entre la existencia de los personajes en la ficción del cuento de Merino (Lugán, Valdez, Crossfield, Marta, el misterioso atacante, la agente literaria Amaya) con los seres textuales dentro de la ficción principal, los cuales penetran en un plano de existencia ficcional superior al que les correspondería dentro de la verosimilitud del relato realista.

26. La breve mención de otro texto, "aquel cuento de Bierce" (245), es una referencia al relato del escritor americano Ambrose Bierce (1842-1913), "An Occurrence at Owl Creek Bridge", en donde el instante anterior a la ejecución del protagonista se convierte en su mente en un tiempo prolongado. Mediante una prolepsis se narra la liberación y vuelta a casa del condenado para que en el último momento se descubra que todo ha sido únicamente fruto de su imaginación y del ansia por sobrevivir ante su muerte inminente y segura.

Esto sucede en concreto con el personaje del perturbado que apuñala al traductor en la calle y que parece sacado de la última novela de Crossfield —aunque en realidad la policía confirmará que es un vagabundo loco que se obsesiona incomprensiblemente con Lugán—, así como con la mujer muy bella, de cabello de color de miel y ojos de insólito color violeta (250), que lo visita en el hospital tras la agresión que ha estado a punto de costarle la vida. Esa mujer replica las características físicas de Courage, lo cual sugiere que o bien ella ha salido de las novelas de Crossfield para entrar en el mundo de Lugán, o este último ha terminado convertido en personaje de la escritora cuyas obras traduce.

Merino explora magistralmente en este relato el espacio borroso entre realidad y distintos niveles de ficción que, entre otras cosas, es una sátira del ambiente de corrección política y feminismo intransigente —desde su perspectiva— tan presente en el mundo académico estadounidense. Cuestiona además la idea de texto original mediante esa acumulación de diferentes textos que se reproducen y reflejan unos a otros hasta provocar el desconcierto pero también la curiosidad activa del lector. La parodia del género detectivesco que es también este relato se lleva a cabo de tal modo que no desvirtúa las normas del género incluso después de haber sido sometido a un intenso procedimiento metaficcional. La conclusión, en la que la protagonista del ciclo de novelas de Kate Courage va a visitar al traductor convaleciente, ofrece un final abierto —cargado de fino humor— que es invitación a que el lector comience a partir de ese momento a reconstruir retroactivamente el sentido último del texto que acaba de leer.

Con el relato "Expiación", José María Merino elabora narrativamente un tema que le preocupa especialmente: el del enfrentamiento fratricida y el del cainismo. Aunque "Expiación" tiene una ambientación medieval —hay un castillo, unos señores feudales y un rey poderoso—, su trama es muy deudora de los relatos bíblicos y de las leyendas tradicionales. El narrador externo presenta al personaje de un peregrino que vaga por unas tierras despobladas buscando como única meta de su vida expiar una culpa que lo atormenta. Aparece descrito como un hombre envejecido, que ha consumido la mayor parte de su existencia en ese vagabundeo doloroso. El tiempo y la reflexión sobre la naturaleza subjetiva de este adquieren gran centralidad en el relato. Así, el personaje, tras su largo viaje, había "comprendido ya que el tiempo no existía. Todo acaecía simultáneamente. La apariencia de sucesión y concatenación y, por lo tanto, de tiempo, venía solo determinada por la ilusión de cada observador" (254). Este personaje misterioso más que un hombre concreto resulta ser una conciencia atemporal que ha sido testigo de la evolución de la humanidad desde sus orígenes hasta el presente (presente del lector actual que es posterior al del protagonista). El peregrino ha pisado sobre "sendas polvorientas, pero también sobre trochas de herradura, calzadas de losas ancestrales, rutas empedradas con cantos de río, carreteras anchas y lisas como suelos domésticos" (253) por donde pasan "vehículos vertiginosos" con brillo metálico que no arrastra ningún animal.

En un punto del relato se descubre que la naturaleza de su "pecado" ha sido el haber dado muerte a su propio hermano (en realidad, hermanastro). Esta revelación da paso a una analepsis que incluye la historia de su vida pasada, el conflicto familiar, la ciega estrategia del padre por fomentar la rivalidad de sus hijos y el mortal enfrentamiento que concluye cuando "una estocada certera de su espada atravesó el corazón de su hermano" (257). A partir de ahí, el joven, torturado por la culpa, pasa su vida como peregrino en busca de redención. En algún momento, años después, alguien de su tierra le cuenta que a consecuencia de la pelea fratricida y tras la muerte del señor feudal y de la abuela de los hermanos, la nobleza colindante se apoderó de las tierras, destruyéndose posteriormente el castillo familiar, que terminó siendo ruina usada como cantera para construcciones cercanas.

El relato va anticipando lo que se descubrirá al final como una estructura circular en donde confluyen el espacio y un tiempo desprovisto de su cronología de sucesión. El viejo peregrino llega finalmente al paraje de su juventud esperando contemplar las ruinas; sin embargo, lo que se le ofrece a sus ojos es "la exacta apariencia de sus ámbitos juveniles" (259). Todo está intacto, tal y como él lo dejó. Comprende que ha regresado al pasado cuando su cayado de caminante se transforma en espada y él se dispone a la pelea. Esta vez no será él quien mate sino quien muera a manos de su hermano. La reparación de su pecado —concluye el narrador— condena ahora al hermano, al otro, a la peregrinación que él ha sufrido. La figura del protagonista se duplica en un doble fraternal, lo que desestabiliza una idea fija de identidad. La mencionada estructura circular sirve para construir un tiempo fluido, que es el tiempo de las leyendas y del mito más que el de la historia. El discurso alegórico del cainismo se actualiza en este cuento con la apelación a la fábula sobre los conflictos fratricidas del pasado —individuales y colectivos—, pero también de nuestro propio presente.

En "La voz del agua" se reproduce una temporalidad inestable y una estructura narrativa de tipo circular semejante a la de "Expiación". Pero Merino la usará aquí para ofrecer un relato con tres posibilidades de final distinto. De nuevo un narrador externo y ajeno a la acción cuenta la historia de una pareja que, para celebrar su matrimonio después de años de convivencia, decide viajar a un país lejano con objeto de visitar los parajes en donde se hallan los templos y vestigios antiguos de una cultura ancestral ya desaparecida que ambos admiran. Sin mencionarlo explícitamente, el lugar tiene los contornos de Machu Picchu o un espacio cargado de monumentalidad precolombina y belleza natural similar en su capacidad sugestiva. El relato comienza con una reunión en casa de los protagonistas, Eva y Álvaro, que invitan a sus amigos para enseñarles las fotos del viaje de novios del que acaban de regresar. Cuando los amigos ya se han marchado, Eva oye el ruido del motor de un helicóptero que vigila los barrios del centro, pero también el extraño murmullo de agua que se precipita. Este sonido sirve de aviso premonitorio y de hilo conductor para enlazar todas las partes del relato hasta su conclusión. En la primera versión o posibilidad de relato, aquélla con la que comienza el cuento, la pareja pasa una velada agradable con sus amigos hablándoles de las bellezas de los lugares visitados mientras contemplan las fotografías: "en aquel caso, la realidad había resultado mucho más hermosa que la que los documentales y los folletos habían popularizado en tantas imágenes" (262).

La mención a las fotos concretas sirve como entrada a los diferentes momentos en los que experimentaron esa realidad tan poderosa. Por medio de un salto retrospectivo, se vuelve a la última jornada, cuando Álvaro y Eva disfrutan de un emplazamiento fascinante antes de descender desde las cimas. Están de nuevo en las ruinas, pasan por La Puerta, aparece la foto de un tipo de construcción que Álvaro llamó 'el fortín' y también la foto que él tomó a mitad de camino hacia una gran peña blanca algo alejada del sendero principal. Álvaro descubre un punto concreto en el terreno donde el rumor de agua subterránea se podía oír como un sonido ronco e incesante: "Parecía el sonido de un motor, pero también el de un torrente" (266). Hay al lado un enorme agujero; justo desde el punto en que el rumor del agua se convierte en rugido ella le hace "aquella otra fotografía" (267).

Esta rememoración da paso a la realidad del presente con que comenzaba el cuento, al momento en que después de recoger platos y copas Eva se acuesta en la cama donde su marido "dormía ya, boca abajo y con el brazo alrededor de la almohada" (267).[27] El ruido del helicóptero que ella oye, ya apagada la luz, sirve de preludio para un giro brusco en el relato. Eva se encuentra en ese momento del otro lado de la realidad; en el instante en que ella se dispone a tomar la foto, Álvaro dando un traspié cae por la oquedad. Ella se acerca y lo ve inmóvil al fondo, grita e intenta rescatarlo, pero es imposible bajar hasta allá. Decide ir a buscar ayuda. Uno de los hombres que sube con ella para el rescate le recuerda que los antiguos llamaban a ese paraje de la gran peña blanca "la voz del agua". Desgraciadamente, cuando llegan y lo alzan con cuerdas del agujero con gran esfuerzo comprueban que Álvaro ha muerto. Este desenlace se presenta al lector como una visión o un sueño, pues inmediatamente se regresa al dormitorio de Eva donde ella enciende la luz y comprueba que Álvaro duerme a su lado en la misma postura.

El cuento ofrece en este punto la posibilidad perturbadora de otro desenlace más dramático. Eva se levanta a continuación y va al salón —el sonido del helicóptero aún es audible— y busca las fotos con intención de recordar fielmente todos los pasos concretos del viaje. En los clichés descubre que después de la foto de la gran peña solo está la "mancha homogénea y oscura del celuloide velado" (270). Piensa

27. Hallo en este cuento una resonancia clara de los relatos fantásticos de Julio Cortázar y en particular de "La noche boca arriba", donde el sueño sirve como puerta de acceso entre el mundo presente del personaje, que viaja en una motocicleta por una ciudad moderna, y la huida del mismo personaje de los aztecas que lo persiguen durante la guerra florida para hacer de él una ofrenda a sus dioses.

que no es posible porque recuerda que después de volver al hotel esa tarde habían tomado más fotos. Después regresa sugestionada al dormitorio y se mete con mucho cuidado en la cama, pero con miedo de que al acercarse al cuerpo de su marido no lo encuentre. El narrador, con otro vuelco argumental inesperado, desvela en este punto del relato que era "cierto que Álvaro había caído" y que tras gran esfuerzo habían rescatado el cadáver de su marido (271). Eva se despierta la mañana posterior a la reunión con sus amigos consciente de la pérdida de su marido para comprobar apenadísima que la parte de al lado de la cama estaba vacía. A partir de aquí se abre otra realidad en la vida de Eva y otra línea argumental. Ha regresado viuda de su viaje y vive ahora en lo que siente como "un tiempo inmóvil como el de los antiguos" echando de menos enormemente a Álvaro (271). Una noche, finalmente organiza una velada en su casa para celebrar la memoria del desaparecido y mostrar las fotos del desgraciado viaje; esa noche es la del comienzo del relato.

La narración regresa en ese punto al momento de la caída de Álvaro y al intento de ella de rescatarlo. Eva baja con cuidado por las paredes de la oquedad pero, en un momento de su descenso, cede una roca, resbala y también ella cae al fondo. Allí encuentra a su marido inconsciente, desangrándose por una herida en la nuca; se oye el rumor del agua con ensordecedora intensidad. En este tercer final del relato se menciona la esperanza de ella de que los buscarán cuando los echen de menos en el hotel. Pasan las horas y cada vez que oye encima de ellos el sonido del helicóptero de rescate pide socorro, aunque el ruido del aparato y del agua subterránea ensordece sus gritos. Concluye el relato con la pareja abrazada al fondo de la oquedad mientras persiste el sonido del motor y del agua.

La previsible muerte de los protagonistas queda suspendida en un final inconcluso que, como en "Los valedores", sirve para enfatizar el componente fantástico de un relato empapado también de elemento metaficcional. Lo que parecía al principio la realidad verosímil de los personajes que regresan juntos del viaje se revela como el producto imaginario de la mente de ella en su anhelo por cambiar el final funesto de la historia. Trágicamente se comprueba que esta situación se halla inserta dentro del relato principal, el que anuncia la muerte inminente de la pareja en el seno de las ruinas milenarias.

Uno de los personajes más emblemáticos de la obra de José María Merino es el profesor Eduardo Souto, protagonista de "Signo y mensaje". Este relato presenta la historia de este peculiar profesor universitario especializado en fonética y estudios de semiótica, cuyo delirante afán por abandonar las intrigas de su profesión y las obligaciones del individuo adulto lo lleva a convertirse en un vagabundo que vive "libre como el aire" (276) en las calles de Madrid. Un día y por casualidad, un antiguo amigo, el librero Moya, lo encuentra en un campamento de gente sin techo en la plaza de España y se lo lleva a su librería, donde le ofrece refugio y le encarga el cuidado de sus gatos. Moya y el propio Souto son unos desencantados de los ideales de la izquierda antifranquista, pues estos no han cuajado como ellos esperaban en la sociedad actual. Así, la gran colección de cultura de izquierda que alberga su librería es considerada por Moya como "[p]ura arqueología, tal y como van las cosas" (280).

Souto confesará a Moya que, a pesar de su apariencia, mantiene en privado sus investigaciones profesionales consagradas al estudio concienzudo de los sonidos de la naturaleza o de las formas naturales del mundo de los objetos. En todo ello, el antiguo profesor y poeta ve signos y mensajes. También está empeñado en descifrar el significado oculto de las pintadas callejeras, las cuales ha conseguido agrupar después de largas indagaciones en tres categorías fundamentales: las de forma redondeada, las que tienen forma de sierra y las atípicas, en las que encuentra semejanzas, por ejemplo, con la escritura oriya (lengua india) y árabe. El incansable "trabajo de campo" al que dedica su continuo vagabundeo urbano lo lleva a descubrir un signo repetido en muchas paredes "compuesto de dos circunferencias que parecen inscribirse una dentro de otra" (283); de ellas estudiará no solo su forma sino el olor y hasta la textura en los diferentes ejemplos que halla por todo el barrio. Lo que para la mayoría no son sino pintadas hechas sin un propósito superior, para Souto son signos en un código oculto que él se esfuerza en descifrar. En un primer lugar, lo interpreta como mandalas (símbolos budistas), que Souto define para Moya como ventanas abiertas "al punto donde se juntan lo disperso y lo unitario, lo confuso y lo claro, lo imaginario y lo real" (285). En los sonidos guturales de unas extrañas llamadas telefónicas nocturnas a la librería, Souto encontrará un sentido de mantra o frase sagrada. Los signos circulares y posteriores mensajes sonoros en donde Moya —que representa la perspectiva racional sobre la realidad— ve signos y sonidos arbitrarios, son interpretados por Souto como cifras de un lenguaje elaborado por unos seres misteriosos. Saliendo del "inmóvil embeleso" (286) de su profunda meditación, le comunica a Moya que ha descubierto que el destinatario de esos signos y sonidos no es otro que él mismo.

A la vez que el personaje de Souto parece acercarse a lo que considera la "única verdad de su vida" (288), Merino va abriendo esta historia insólita de un sabio trastornado y obsesivo a una dimensión sobrenatural. Souto avisa a Moya de madrugada sobre su inminente viaje. Preocupado de que algo malo le pueda pasar, acude a su negocio justo en el momento en que Souto sale de la librería. Al intentar disuadirlo para que no se vaya, Moya descubre perplejo que entre él y su amigo, y en medio de la calle, se alza un tipo de pared o barrera invisible que le impide aproximarse a Souto. Poco después, la figura del sabio visionario se ve rodeada por un "enorme bulto alargado de aspecto nebuloso" (290). Ese "gran cúmulo oblongo" que envuelve a Souto se desplaza hasta la pared en donde se incrusta para desaparecer sin dejar señal. Solo quedará un signo misterioso en el lugar de la desaparición de Souto que los porteros del edificio no pueden borrar por más que lo intentan. Moya trata de dar sentido a lo que ha visto pensando que "los absurdos sucesos de que había creído ser testigo pertenecían sin duda al sinsentido de los disparates que se sueñan" (291). El personaje intenta encontrar una explicación racional a lo incomprensible —como en la categoría de lo fantástico-insólito—, mientras que, por otro lado, el relato parece ofrecer al lector un modelo de narración fantástico-maravilloso en donde se acepta la existencia del fenómeno sobrenatural. La metamorfosis de Souto en signo avala dicha dimensión fantástica. El cuento juega asimismo con la idea de que todo personaje de ficción es signo que apela a una existencia en un plano superior, el de la realidad en donde habita el individuo real. Pero dicha realidad está a su vez fijada por signos y sustentada —según Merino— en la ficción, entendida esta como componente integral de lo humano.

El cierre del relato desvela que los signos circulares misteriosos son las señales que pintan en la pared los operarios del metro para marcar la acometida de agua de los bomberos. Merino emplea esa ingeniosa sorpresa final para hacer resaltar la ambigüedad esencial en todo proceso semiótico de interpretación de signos, apuntando tal vez al particular mandala donde se juntan lo imaginario y lo real.

El embeleso ante lo sobrenatural y una alta concepción del papel de la ficción en el ser humano funcionan como centro temático de "El otro camino", un cuento en el que Souto desempeña un papel muy importante. Este relato está narrado en primera persona por un profesor visitante en una universidad americana, en concreto Dartmouth College, donde pasa el otoño como escritor invitado para impartir un curso sobre el cuento literario.[28] El relato menciona algunos de los espacios y edificios reales más conocidos del *college*, como la biblioteca Baker, la estatua sedente del poeta Robert Frost, el tocón "momificado por el metacrilato" del viejo pino símbolo de la universidad y la torre Bartlett. El profesor, que dispone de bastante tiempo libre, se dedica a deambular por el campus y a familiarizarse con algunas de las historias del lugar. De manera casi casual le llega la noticia de la desaparición del profesor que antes que él estuvo de visitante en ese departamento de español, que no es otro que Eduardo Souto. La sorpresa es grande porque el protagonista dice haber sido alumno de Souto y compañero de estudios de su pareja, Celina Vallejo. Declara asimismo estar familiarizado con algunos de sus ensayos, esta vez no sobre fonética sino sobre el sentido de la ficción como factor constitutivo de lo humano. Como ocurre en otros relatos, y en particular en "El caso del traductor infiel", el protagonista de la historia se situará en el mismo plano de existencia que personajes claramente caracterizados como seres textuales dentro del universo de la ficción meriniana, con lo que ello supone de borradura de límites entre distintos niveles ficcionales. No solo ha desaparecido Souto apenas siete años atrás en las

28. Este relato está basado en una circunstancia biográfica real de la vida de José María Merino. En otoño de 2007, impartió clases en esta universidad americana situada en el estado de New Hampshire. El cuento, precedido por una cita de Robert Frost, está dedicado precisamente a sus alumnos del curso de creación literaria. Véase su artículo "Días en Dartmouth College", en Carlos X. Ardavín y Jorge Marí, 81-82.

inmediaciones de la torre Bartlett, sino otros dos personajes antes que él. Uno de ellos fue el bibliotecario Faustus Pilgrim allá por 1920, según le cuenta el bibliotecario actual. Años antes desapareció Ira Adams, que estuvo vinculado al *college* y a la construcción de la torre en 1885. Esta última noticia se la comunica el director de un estrafalario museo situado en un pueblo cercano, que es bisnieto de uno de los estudiantes vinculados con el proyecto de erigir esa torre, que se llevó a cabo para sustituir con una estructura vertical más duradera el pino fundacional de la universidad, que cayó fulminado por un rayo. El director del museo le regala la copia de una peculiar llave que recibió de su abuelo, que según le contó servía solo para abrir la puerta desde el interior, que no desde el exterior, de la torre Bartlett. A este misterio se añade el hecho de que el bibliotecario le comunicó que el interior de la torre se hallaba forrado de madera "mediante una sucesión de tablas ensambladas donde estaban reproducidos fragmentos de piezas literarias en muchos idiomas" (296). Movido por una gran curiosidad, el protagonista consigue después de perseverar mucho que le permitan el acceso a la torre. Obtenido el permiso finalmente, un vigilante del campus le acompaña y le abre la puerta comunicándole que tiene una media hora para ver el interior.

Como es de esperar, el acceso a ese espacio supondrá la entrada en una dimensión sobrenatural. Lo primero que observa el protagonista al subir las escaleras de caracol son las planchas de madera donde puede ver reproducidos fragmentos de historias sobre algunos de los personajes más importantes de las ficciones de la cultura occidental (Caín y Abel, el capitán Ahab, Ulises, el Ingenioso Hidalgo, la dama del perrito, los amantes de Verona, Ana Karenina o Tom Sawyer, entre otros). Esto es el anticipo del extraño mundo que le espera al salir por la parte más elevada de la torre a ras del suelo para encontrarse en un *college* fantasmal en donde edificios y seres se encuentran sumergidos en una especie de bruma que desdibuja sus contornos. El narrador, que cuenta la historia desde un punto futuro posterior a la conclusión de la aventura, menciona que le parecía estar sumido en un sueño. Las sombras evanescentes y todo el lugar están dominados por una quietud paralizadora. En ese espacio de sombras encontrará a Pilgrim en estado de abstracción y a Adams sumido en la estupefacción. El único que parece dar leves señales de vida es Souto, que en su perplejidad le comunica que están en el lugar sin tiempo. El profesor rescata a duras penas a Souto, regresa a la torre y usa la llave misteriosa para poder salir de ella al mundo real del campus. De vuelta a la torre, Souto había elaborado su reflexión sobre los dos caminos de la cita de Frost, el que conduce al tiempo fugitivo y al tiempo detenido, referencias —según aclara el protagonista— a los trabajos de Souto sobre el canon literario y el poder de la lectura de los clásicos. El relato concluye con el regreso del profesor al campus, acompañado de Souto, pero no media hora sino cuatro meses después del día otoñal en que entró en la torre. Ante la sorpresa de todos y la imposibilidad de profesores y autoridades académicas de dar sentido al extraño suceso, Souto y el protagonista vuelven a España. Antes de ello, Souto le echará en cara que al rescatarlo le ha "robado el mejor embeleso, la mejor experiencia de [su] vida" (305). Dicha afirmación puede entenderse como alegoría alusiva a la otra realidad, a la que se experimenta mediante la actividad lectora de las obras de los clásicos, por la capacidad de estos para "detener el tiempo, [de] vencer milagrosamente ese fluir irreversible" (304). El narrador —quebrando la barrera que separa lo real y lo ficcional, con sus distintos niveles— se dirige al final a los lectores para sugerir que tal vez ellos, es decir, nosotros como lectores, piensen que toda la historia de la torre y del rescate de Souto no es más que un hecho rarísimo, pues la posible inferencia de que se trate de algo sobrenatural solo se le puede ocurrir a alguien que esté "mal de la cabeza". Con este final autorreflexivo se aúna nuevamente el componente fantástico con el metaficcional, rasgo fundamental en la obra de Merino.

De modo diferente a la mayoría de los relatos analizados hasta ahora, "Sinara, cúpulas malvas" es un cuento en la tradición realista con bastante presencia de un cierto costumbrismo madrileño. El núcleo de la acción tiene lugar en los años cincuenta en la capital y posteriormente en un país musulmán identificable quizá con Marruecos. La narración comienza en un tiempo intermedio entre los sucesos más significativos que han conducido al punto de inicio del relato y los posteriores, en donde se conocerá el destino del protagonista. Un narrador externo y ajeno a la acción describe el encuentro del protagonista en la taberna "Los Porrones", en pleno barrio del Refugio, con un hombre ebrio que evoca apasionadamente un lugar lejano, cargado de belleza y misterio, llamado Sinara. El joven protagonista, que se halla convaleciente de una dolorosa paliza de la que se recupera lentamente, interpreta la alucinada actitud de anhelo y esperanza con la que el borracho apela a ese espacio maravilloso, simbolizado en el nombre del lugar exótico, como "la referencia certera de una orientación, de un rumbo a seguir" (308). En ese momento y mediante una vuelta atrás en el tiempo, el relato cuenta la historia de este joven. Se describen sus circunstancias familiares de huérfano al que una tía envía a Madrid en los años cincuenta para que estudie en una academia el oficio de empleado de seguros. Vive en una pensión humilde muy típica de la época, en la que también habitan un policía, un estudiante de Bellas Artes, un opositor y las chicas de un ballet de dudosa reputación. Se cuentan sus andanzas por las tabernas del barrio con otros amigos de la academia y la vida diaria en la pensión, con su tedio habitual de comidas compartidas, charlas de sobremesa y domingos de indolencia. La ambientación de la historia está muy en la línea del tipo de literatura realista de otros escritores (Cela, Martín Santos, García Hortelano) que en los años cuando transcurre la acción hicieron de Madrid y de la sociedad española del momento centro temático de sus narraciones.

La vida rutinaria de este típico joven con aspiraciones pequeño burguesas de funcionario o empleado se verá alterada cuando traba amistad con una de las chicas del ballet de Pepita Purchena, una muchacha de aspecto común. Las bailarinas, no obstante, se convertían por las noches, "en seres deslumbrantes, mujeres de grandes ojos acaramelados palpitantes de reflejos, de sensuales bocas rojas, que mostraban en sus ceñidas vestiduras redondeces de hembras cumplidas" (311). Albina y Víctor empezarán su idilio con un discreto juego de miradas que dará paso a furtivos abrazos —siempre iniciados por ella— para terminar en encuentros de intensa y fugaz pasión los domingos por la mañana cuando la vida en la pensión de doña Crucita se relaja y los huéspedes disfrutan de más libertad de movimiento. Merino sabe construir de manera magistral el ambiente de ese espacio, así como el progreso de los amores entre los jóvenes. Descubiertos una mañana en pleno ardor sexual se verán sometidos a partir de entonces a la estrecha vigilancia tanto de la dueña de la pensión como de la directora del ballet, que teme perder a su más joven pupila. Es obvio, aunque no se expresa directamente, que en los cabarets y salas de fiesta donde trabajan las bailarinas estas ejercen una actividad que va más allá de las funciones artísticas. Albina propondrá a Víctor huir al extranjero para poder comenzar juntos una nueva vida. Una noche le avisa que se marcha y que lo esperará en la estación. Dividido entre la tentación por seguirla para continuar en su "amorosa compañía" y un "miedo atroz" (321) ante lo desconocido, Víctor decide quedarse en Madrid. Los proxenetas o supervisores de la compañía le darán una fuerte paliza para que les revele el paradero de ella, que él desconoce. Durante la larga y dolorosa convalecencia, Víctor se arrepiente de su cobardía al darse cuenta de que "había dejado perder la única riqueza de su vida" (322). El relato vuelve en este punto al momento inicial, cuando Víctor tiene noticia de Sinara en la taberna y a las consecuencias de esta iluminación. Profundamente afectado por la pérdida de Albina decide alistarse en el ejército —quizá en la Legión— y dejar atrás definitivamente su vida anterior. Tras licenciarse pasará quince años en "aquellas tierras" transportando mercancías y viviendo una vida aventurera en la que no falta el alcohol, el hachís y "sexo mercenario" (323).

El relato concluye en los días posteriores a la muerte de Franco (1975). Víctor sigue con su vida de transportista por ese sur exótico siempre en busca de su Sinara. En una pequeña ciudad a la que llega uno de esos días descubre torres blancas, zócalos azules y las cúpulas malvas de sus murallas. Esperanzado de que pueda ser este el lugar deseado y fin de su travesía pregunta a una bella joven, cuyos ojos le recuerdan a "aquellos otros ojos", que le desmiente burlonamente que se trate de Sinara, lo cual lo llena de amargura. El relato concluye con la aclaración —un tanto redundante— al lector de que Sinara no ha sido más que un espejismo, "una alucinación lejana y ajena, porque Sinara no existe" (324).

La persecución de un mundo utópico que caracteriza este cuento coincide con una aspiración similar en "Mundo Baldería", pero a diferencia de este último y de otros relatos en que los personajes aspiran a encontrar una dimensión maravillosa en "Sinara, cúpulas malvas" no se romperá el marco y convenciones del relato realista con quiebras en la realidad ficcional.

De modo muy semejante al cuento anterior, en lo que respecta a la dimensión realista, "Los espíritus de doña Paloma" cuenta la historia de una señora mayor que dedicó su vida tras enviudar al cuidado de su único hijo. Entre madre e hijo se establece una relación de interdependencia en donde la viuda repite muchas de sus labores de esposa. La boda inesperada de su vástago, ya maduro, con una mujer a la que aborrece desencadena la acción del relato. Al marcharse Adolfo, su madre se ve obligada a contratar a una chica de compañía, una joven inmigrante caribeña. Merino incorpora a su relato este elemento tan relevante en la sociedad española contemporánea, el de las nuevas relaciones entre ancianas y jóvenes extranjeras que se dedican a cuidarlas en ausencia de sus hijos.

Doña Paloma, en la que encarna el estereotipo de una mujer española conservadora dominada por muchos de los prejuicios de su generación, acepta la presencia de una "interna" que le haga compañía a regañadientes. Somete a la "indita" a una pedagogía tradicional sustentada por una nítida jerarquía entre ama y criada (326-327). Pero aunque Enedina se somete dócilmente al dominio de su señora, la mera presencia de ella en casa de la anciana supone un cambio determinante en su vida: "Doña Paloma recibió el exotismo de Enedina con una actitud en la que sintió revivir el asombro de la infancia ante lo extraño" (333). De todos modos, a pesar del comportamiento humilde y obediente de la chica, doña Paloma sospecha y, en realidad, espera que abuse de su confianza. Enedina, que nunca decepcionará a la señora por medio de algún proceder inapropiado, termina por ejercer una influencia mayor en su ama que al contrario. Esto sucede al descubrir doña Paloma que junto con la fe católica de la chica —con su devoción a vírgenes y santos— conviven prácticas que ella tiene por heréticas. Enedina cree en los espíritus que habitan en el interior de toda persona y reza al Pájaro Macuá de la India (intercesor en asuntos de amor), al Ánima Sola (ánimas del purgatorio) o al doctor Moreno Cañas (un médico costarricense venerado como santo en sectores populares caribeños). Dichas prácticas de sincretismo religioso fascinan a doña Paloma, pues traen a su vida tediosa y predecible resonancias exóticas y misteriosas. Enedina desvelará que cuando estuvo junto a su abuela en su lecho de muerte tuvo la aparición del "Perro negro", en referencia al diablo. Un día, tras el rezo del rosario y mientras comparten tareas domésticas, Enedina confiesa que tiene una estampa con una oración al Perro, la cual es requisada por doña Paloma.

A partir de este momento, la actitud de la señora comienza a cambiar. Dejarán de rezar el rosario juntas y doña Paloma desatenderá sus prácticas religiosas. Esta transformación en las costumbres de la protagonista sirve como aviso al lector de que algo ha cambiado en la anciana desde que tomó la estampa. Para sorpresa de todos y al final del verano la mujer de Adolfo tiene un horrible accidente de tráfico a consecuencia del cual morirá varios días después. Afectadísimo por la muerte de su mujer, Adolfo se va a dormir a casa de su madre desde el mismo día del entierro y allí acaba instalándose definitivamente: "Madre e hijo recuperaron su sosegada convivencia de antaño y Enedina los atiende silenciosa y solícita" (343). El narrador también aclara para finalizar el relato que doña Paloma ya no ha vuelto a ir a misa.

Este sobrio cierre narrativo cargado de humor un tanto macabro abre la posibilidad de considerar que, como resultado de la devoción de doña Paloma a ese nuevo señor, esta ha logrado el beneficio de la recuperación de su hijo. Se invierte así de manera sutil el orden jerárquico en las vidas de ama y criada, al menos en ese aspecto tan significativo de su existencia. La pedagogía religiosa empleada por doña Paloma para evangelizar a Enedina, como si se tratara de una india nativa en tiempos de la Conquista, se muestra ineficaz. La fe tradicional de la señora es superada por una fe transgresora pero más efectiva que le trae Enedina. El relato se puede interpretar claramente como una reflexión sobre la hibridación entre la cultura de la clase dominante y la de los nuevos inmigrantes, cuya presencia condiciona la vida de los habitantes del país que los recibe. Una transformación de tal calado en la sociedad española como es la incorporación de numerosos inmigrantes al tejido social del país no podía pasar desapercibida en un escritor como José María Merino, cuyo *realismo quebradizo* atiende tanto a las circunstancias del mundo real como a la ampliación del mismo al apelar a la dimensión sobrenatural y fantástica.

Antología de cuentos

El viajero perdido

Muy densa, la lluvia se precipitaba en enormes goterones, restallaba con eco agudo sobre el asfalto y lo cubría de oscilante blancor, entre un reverbero plateado. El hombre apareció de improviso y se detuvo de repente ante él, que hizo un gesto inconsciente de retroceso, buscando mayor protección bajo el vano del portal en que se había guarecido. El hombre llevaba una maleta pequeña en la mano derecha y en la otra una bolsa de lona. Su pelo escurría agua sobre el cuello, empapando la bufanda y las solapas de la gabardina, oscura de tan mojada.

—Por favor —dijo el hombre.

Él, sorprendido, no contestó. El hombre lo miraba con ojos muy abiertos, sobre los que relucía la frente cubierta de agua que rebosaba las cejas en dos pequeños regueros.

—Por favor —repitió.

El agua goteaba también desde el extremo de las mangas sobre los bultos que sus manos sostenían.

—Qué desea —repuso.

—Estoy perdido —murmuró el hombre.

Jadeaba como si hubiese estado corriendo.

—Estoy perdido. Tengo que ir a la estación del norte.

Debo coger un tren a las doce.

—Está lejos —repuso él—. Debería ir en taxi.

—No los hay —exclamó el otro—. Llevo una hora buscando un taxi, pero no lo encuentro.

—Ahí está el metro —dijo entonces él.

Señalaba el final de la calle, invisible por el espesor plomizo del aguacero.

—Ahí abajo, en esta misma acera.

Los ojos el hombre no habían perdido su expresión despavorida.

—Estoy de paso —musitó.

—Esa estación tiene muchas escaleras —explicó él—. Dese prisa. Tardará casi media hora.

El hombre, tras un balbuceo de agradecimiento, se alejó bajo la lluvia.

Cuando volvió a casa con el periódico y la compra, el encuentro con aquel hombre permanecía en su memoria: el rostro crispado, los ojos temerosos, aquellos titubeos en el modo de pronunciar las palabras. Y el recuerdo del viajero perdido no se esfumó de su imaginación ni mientras concluía los trabajos de la mañana —redactar algunos fragmentos más del artículo sobre los diez años de narrativa y meter en el ordenador casi la mitad de la entrevista con el académico mexicano— ni durante el almuerzo —comió en casa, pues continuaba lloviendo con ímpetu— y tampoco a lo largo de la reunión del consejo de la revista, que duró casi toda la tarde.

Regresó a eso de las ocho y media. Berta no estaba y le telefoneó al poco rato para decir que se retrasaría. Él se sirvió un trago y se recostó en el sofá, contemplando la pantalla apagada del televisor. Persistía en su mente aquel rostro despavorido sobre una figura empapada, adquiriendo la brumosa consistencia de los elementos novelescos. Se levantó para recoger el cuaderno de apuntes y un bolígrafo y redactó unas notas. Un hombre deambula por una ciudad desconocida. Un hombre atemorizado vaga por una ciudad que no conoce.

A las diez menos cuarto, Berta llamó otra vez.

—Saldré dentro de un rato —dijo.

Él se sirvió otro trago y se fue al escritorio, conectó el ordenador, abrió la carpeta de las ficciones y comenzó a escribir. Al fin, después de tanto tiempo, tenía una idea. Se encontraba enardecido, casi dichoso, con la cabeza clara.

Un hombre recorre una ciudad al atardecer. Viajero habitual, proviene de un lugar lejano y es del todo extraño a unas calles donde el viento arremolina billetes viejos de lotería, hojas y colillas. En sus ojos hay tal expresión de fijeza desolada, que los transeúntes con los que se cruza le observan con sorpresa y hasta los vendedores ambulantes y los mendigos le miran con recelo, sin decidirse a interpelarlo. El hombre no pasea: vaga, con las manos en los bolsillos, el cuerpo algo encorvado y un andar de largas y lentas pisadas. Se detiene a veces ante los escaparates, pero no contempla los objetos ofrecidos, sino la superficie del cristal, buscando un ángulo que le permita descubrir su propio reflejo, como para reconocerse.

Después de trabajar casi una hora, imprimió lo redactado y regresó a la sala con el vaso vacío. Se sentía muy bien, pues estaba escribiendo otra vez. Conectó el televisor, pero lo contemplaba sin atención y, a través de las imágenes movedizas, seguía representándose la angustia de aquel viajero, que ya no era el de su encuentro de la mañana, sino el de su relato recién comenzado.

—Está cogido —murmuró—. Está aterrorizado. Como si le fuese a suceder algo terrible.

Berta llegó pasadas las once y media, mientras él tomaba el cuarto vaso. Tenía en el rostro una mueca de hastío y ademán de cansancio en todo su cuerpo.

—¿No me das un beso? —preguntó él, abrazándola.

—¿Has bebido mucho?

—Estoy escribiendo un relato.

Le miró como si no le hubiese oído y se alejó hacia el dormitorio. Apareció enseguida sin abrigo, bajándose la falda, y entró en el cuarto de baño. La oyó orinar con fuerza y lanzar un gran suspiro.

—¿No me has oído? —repitió él—. Estoy escribiendo un relato.

Ella salió del cuarto de baño sin la falda, regresó al dormitorio y continuó desnudándose.

—¿Has cenado? —preguntó.

—No.

—Yo tampoco. No hemos parado hasta ahora mismo. ¿Hay algo?

Él se encogió de hombros. Se sentía contento.

—Algo habrá —exclamó.

Volvió a decírselo al día siguiente, también a la hora final de la jornada, cuando ambos estaban juntos en casa. Berta, que repasaba su agenda, se quedó mirándolo.

—¿Un cuento?

—Te lo dije ayer. No me oíste.

—Estaba molida. No sé si podré aguantar la dichosa reorganización.

Encendió un cigarrillo y continuó hablándole, interesada.

—¿De modo que estás escribiendo?

—Sí, aunque tengo mucho trabajo. Ayer encontré un tipo pingando agua y tuve una idea.

—¿De qué se trata?

Fue entonces a buscar lo que llevaba escrito.

—Solo está apuntada la idea —dijo—. Un hombre recorre una ciudad lejana, en la que se encuentra perdido, asustado, como si le persiguiesen.

Leyó el breve texto. Cuando hubo concluido, la miró. Ella continuaba con los ojos fijos en él, en actitud absorta.

—¿Qué te parece?

Berta no contestó.

—Acaso no haya perseguidor ajeno y su angustia provenga solamente de sí mismo, de sus propios fantasmas —añadió él—. El hombre, que seguramente ha vivido una tragedia personal, puede ser alguien obligado por su trabajo a viajar mucho. Cambia habitualmente de ciudad, de clima, de ambiente callejero. Con los años, la rapidez y continuidad de los cambios y la persistencia del mal recuerdo van haciendo surgir en su ánimo una extraña ansiedad. Acaso teme que un día, en alguna de esas ciudades ajenas, no sepa regresar al hotel e incluso se olvide de quién es. Acaso teme ser dominado por esos ámbitos en los que suele moverse, siempre para él extraños y hasta hoscos, y sin embargo tan certeros, en su hostilidad, para reflejar alguna pena sañuda que lo habita.

—¿Cómo va a continuar? —preguntó ella.

—No lo sé aún —repuso—. Voy a seguir pensando, con calma. Lo tengo ahí, andando de un lado para otro, dando vueltas y vueltas, como en un laberinto, y es una imagen que, en lugar de inquietarme, me tranquiliza. Como si en esa ansiedad suya, cuyas causas yo no conozco todavía, se descargasen todas mis desazones. Hace meses que no me encuentro tan bien. Pero continuaré.

Ella afirmó con la cabeza.

—Sí, tienes que continuar. No debes ser tan cruel.

—¿Tan cruel?

—Con tu personaje.

Él se quedó desconcertado.

—Quién sabe si no le espera algo peor —dijo luego, y ambos se echaron a reír.

A finales de marzo le encargaron el reportaje sobre el encuentro de críticos y luego se juntaron varias cosas más, de modo que abandonó la elaboración del relato. Sin embargo, ella no lo olvidó, y a veces le preguntaba por el desarrollo de la historia. Sus preguntas le producían cierta turbación.

—No he tenido tiempo, no he podido seguir —contestaba.

Ella movía los párpados con el breve guiño que le suscitaban los asuntos extraños o pendientes, y luego su gesto se resolvía en una sonrisa que no lograba convertir del todo su reproche en ironía.

—¿Y lo tienes dando vueltas y vueltas?

Una noche despertó asustado por un grito de ella. Tanteó torpemente, hasta conectar la luz de la mesita. Desde la cama contigua, Berta lo contemplaba con tal mueca de miedo, que él se sintió arrollado también por una ola de congoja. Retiró las ropas del embozo y se echó a su lado, abrazándola.

—Pero qué te ha pasado, qué tienes.

La frente de Berta estaba sudorosa y los ojos rebosaban lágrimas densas como moco. Hablaba con voz convulsa, entre suspiros.

—Me miraba. Había alguien aquí que me miraba. Era un hombre. Su rostro estaba muy cerca. Un hombre me estaba mirando con un gesto atroz.

Desde entonces, el grito aterrorizado de Berta lo despertó varias noches más. Berta siempre decía que había visto, muy cerca de la suya, la cara de un hombre con los ojos encendidos de miedo. Un hombre en una calle gris, de casas bajas y feas, en una ciudad polvorienta.

Una de aquellas noches, Berta lo increpó, con tono acusador.

—Es el hombre de tu cuento —exclamó—. Es ese mismo viajero perdido, lleno de terror.

Él no supo qué contestar.

—Tienes que sacarlo de ahí.

Apagó la luz y sintió mucho desasosiego. Berta no dormía.

—Tienes que sacarlo de ahí —repitió.

Él alzó el cuerpo, habló en dirección a ella y, aunque la sabía tan cercana, percibió dentro de sí un confuso pavor ante la oscuridad.

—Sí, lo sacaré de ahí. Duerme ya.

Pero ella no se apaciguaba.

—Tienes que sacarlo de ahí.

—Tranquilízate. Te prometo que lo haré.

—¿Cómo?

Entonces, la idea le llegó de modo a la vez súbito y pausado, como si aflorase desde un lugar profundo y siempre hubiera estado dentro de él.

—Habrá un encuentro. Encontrará a alguien y saldrá del laberinto.

No lo escribió: por las mañanas estaba demasiado ocupado en sus trabajos y no tenía tiempo de meterse con el relato; además, había llegado el tiempo primaveral, y solía emplear la tarde en tertulias y callejeos. Pero desde que le dijo que el viajero del relato saldría de su angustia gracias a un encuentro, Berta no volvió a tener la pesadilla de aquel rostro que la miraba.

En la segunda semana de mayo, Berta tuvo que hacer un viaje, para discutir un presupuesto. Estaba cada vez más harta de la compañía y de las reyertas por el dominio del departamento. Además, creía que aquellas pugnas la perjudicaban principalmente a ella, pues el resto de los posibles directores eran todos varones y la única cosa que parecían aceptar de modo unánime, ante la necesidad de hacer algunos ajustes con motivo de la nueva organización, era que las competencias de ella no aumentasen.

Berta tenía el propósito de que su viaje, incómodo por el destino —el otro lado del estrecho, lo que la obligaba a transbordos y esperas—, durase lo menos posible; así, había previsto salir el jueves por la mañana y regresar la misma tarde del viernes.

Ella se fue muy pronto, y aquella noche él lamentó dolorosamente su ausencia. Tras un matrimonio desbaratado y algunas aventuras sin fortuna, esta relación, pese a los problemas que a Berta la tenían tan nerviosa en los últimos meses, le había hecho encontrar un equilibrio que antes ignoraba, regularizando su modo de vida. Bebía mucho menos, fumaba solamente tabaco, estaba al día en sus lecturas, cumplía todos los encargos, y hasta había perdido aquel furor de otros tiempos, la amargura que lo inundaba cuando sentía pasar los días y los meses sin que fuese capaz de ordenar por escrito una ficción. La cama de ella, sin deshacer, lo inquietaba de tal modo que acabó acostándose en el sofá de la sala, como si fuese un invitado que se había quedado a dormir aquella noche.

Berta le llamó el día siguiente, a primera hora de la tarde, cuando él estaba a punto de salir. Al parecer, había en Melilla un viento muy fuerte y era probable que se cancelasen los vuelos de la tarde. Su voz sonaba cansada. No podía regresar aún.

—¿Qué vas a hacer? —preguntó, disimulando la agitación repentina que la noticia había despertado en él.

—No lo sé. Hay un barco que sale a las once de la noche.

—¿Un barco?

—Va a Málaga, y allí hay que tomar un avión. Pero la travesía dura toda la noche y dicen que el mar estará también muy picado.

El silencio los separó como si se hubiese producido una interrupción del aparato.

—Berta, Berta —exclamó él ávidamente.

—Estoy aquí.

—¿Y mañana?

—Hay varios vuelos, pero acaso continúe el viento y no puedan salir. Tú no te preocupes —dijo ella al fin—, yo estoy perfectamente. Leeré un par de novelas policíacas.

—Llámame con lo que sea —repuso él, y ella se despidió, asegurando que lo haría.

Por la tarde no salió de casa. Se le presentó, acuciante, la necesidad de continuar aquel relato comenzado tantos meses antes. Descubrió que el personaje de su historia estaba atrapado en una ciudad aislada, al otro lado del mar. El viento era cada vez más fuerte, el avión no podía despegar y se iban cancelando los sucesivos vuelos. Entre el viento lleno de polvo y arena que hacía volar pedazos de periódico y jirones de plástico, el viajero estaba sumido en una profunda confusión y se esforzaba en no perder la conciencia. Había subido al barrio viejo, pero las casas deshabitadas o en ruina acrecentaban su malestar y regresó una vez más al aeropuerto.

Sentada en una de las sillas de espera, con un pequeño maletín oscuro colocado con cuidado a sus pies y un bolso de mano en el asiento contiguo, estaba la mujer que había visto antes en la cola de pasajeros. El viajero se acercó al grupo de personas que escuchaban ante el mostrador las razones del empleado. Este aludía a una llamada de la península que tendría lugar en poco tiempo, para autorizar el vuelo de la última hora, aunque era evidente que no esperaba que las noticias fuesen favorables.

Titubeó unos instantes, tras el impulso de regresar al exterior, donde los arbustos que rodeaban las cristaleras se combaban bajo el soplo del viento. Por fin se acercó a las sillas, se sentó en el asiento vacío más cercano a la mujer y permaneció inmóvil, contemplando el perfil de ella, que estaba también quieta, con ambas manos posadas sobre un libro cerrado. Tenía las piernas juntas y una actitud un poco forzada, señal acaso de impaciencia.

La miraba con tanta fijeza que, advertida de su atención, la mujer volvió el rostro. Para cuando sus ojos lo descubrieron hubo en ella un sobresalto, como si algo en la facciones del viajero la hubiesen sorprendido hasta el susto. La alteración fue tan grande que se alzó de repente y el libro cayó al suelo. El hombre disimuló su propio desconcierto inclinándose para recogerlo, pero ella fue más rápida. En la actitud de la mujer había un gesto de desagrado, como si se hubiera sentido agredida. El hombre se puso también de pie y, con un enorme esfuerzo por serenarse, le habló. Y aunque sus palabras aludían al temporal que a todos los tenían detenidos, intentaba, empleando un tono respetuoso, excusarse por aquel sobresalto que su presencia había provocado en ella y también iniciar un diálogo que, por nimio que fuera el asunto, lo distrajera durante un tiempo de su angustioso deambular.

Estuvo escribiendo hasta muy tarde, esperando la llamada de Berta, que no se produjo. Se esforzaba por no preocuparse, atribuyendo la falta de noticias a incidencias sin importancia. Por fin se acostó —otra vez en el sofá— y permaneció mucho tiempo insomne. Cuando quedó dormido, soñó que estaba de nuevo resguardado del chaparrón bajo la marquesina de un portal y que el mismo transeúnte empapado de agua y portador de dos bultos se había acercado a él y repetía sus preguntas de aquella mañana. Mas, cuando estaba a punto de contestar —recuperando en el sueño la escena no como un recuerdo, sino llena de intensidad, tan verdaderos eran el ruido y el fulgor metálico de la lluvia, y la sensación de humedad— apareció Berta. Él intentó hablar con ella, pero Berta ni siquiera le miró: se dirigía, solícita, al viajero; le hacía cobijarse ante el portal y, sacando de su bolso un paño blanquísimo, le enjugaba el rostro, el cuello, las manos, con meticulosidad y evidente ternura. Descubrió en los ojos y en el gesto de Berta una disposición amorosa de la que nunca él se había sentido objeto. Sintió que la tristeza inmovilizaba su cuerpo e intuyó que se quedaría para siempre quieto y solo en aquel portal, ante la lluvia.

Despertó al amanecer y se dispuso enseguida a continuar escribiendo el relato.

El viajero perdido ha encontrado en el aeropuerto una pasajera, obligada también a esperar que cese el viento. Unas frases iniciales, sobre la peripecia que los afecta van enhebrando un largo diálogo. Al cabo de un tiempo, reciben la noticia de que se ha cancelado el último vuelo de la jornada. Juntos, los dos viajeros dejan el aeropuerto y recorren la ciudad, distraídos en su charla.

Aquella ciudad lejana y ajena, y todas las circunstancias de su peculiar naufragio, facilitan en ambos una sinceridad que se va incrementando a lo largo de las horas. Al principio, el viajero habla de su trabajo, recuerda los tiempos primeros, en que lo continuo de los viajes tenía gusto de aventura, cuando llegaba a cada ciudad con el ánimo dispuesto para descifrar algunos de sus secretos. Ella le cuenta también los momentos inaugurales de su propio trabajo, cuando vivía cada proyecto como el desarrollo de una historia que estaba siempre encaminada a cumplirse felizmente.

Luego, él le relata todos los extremos de su progresivo miedo, cómo al correr de los años y de los viajes ha ido sospechando que un día olvidará su nombre, se perderá sin remedio entre las callejuelas de una ciudad como esta, entre las tiendecillas que ofrecen quimonos, grabadoras y relojes de cuarzo. Ella le cuenta entonces su lucha en la empresa a lo largo del último año, el cansancio creciente ante las conspiraciones.

Desecharon ambos el viaje en el barco, que debería salir a las once. Confiaban en que el viento cediese por la noche y el avión regularizase su comunicación con la península a la mañana siguiente. Cenaron juntos, y más tarde se sentaron en uno de los cafés cercanos a la plaza y permanecieron allí hasta la hora del cierre. El viento había amainado.

Ante la gran plaza circular, construida para escenario de los desfiles y las pompas militares, el parque alzaba sus palmeras y sus muros fantasmales, extendía sus paseos blanquecinos y desiertos, que solo ellos recorrían. Hablaron y pasearon durante otra hora, y regresaron al hotel donde ambos se albergaban. El soñoliento recepcionista les entregó las llaves. Habían bebido y estaban los dos locuaces, pero despejados. Entonces ella recordó que tenía en su habitación un par de botellas de whisky, adquiridas en la tienda de un indio como posibles regalos para el viaje de vuelta, y le invitó a tomar una copa.

Así bebiendo y charlando, llegaron al alba. Iba clareando cada vez más en la parte del mar cuando ella le contó sus sucesivas decepciones amorosas, le habló de su actual compañero, con quién la unía principalmente un sentimiento amistoso y el esfuerzo de evitar la soledad. "Pero estoy muy sola", confesó. Entonces él acercó su rostro y le relató la pérdida de su mujer, en un accidente, bajo la lluvia del invierno. "Ese recuerdo no me deja vivir —murmuró—. No consigo olvidarla, no puedo olvidar aquello —exclamó—. Lo llevo siempre dentro, como un demonio que no tiene piedad". Como una bestia que roía su imaginación abriendo continuos desgarrones.

Se separaron tras el desayuno, para descansar un par de horas antes de ir al aeropuerto. Sin embargo, con la mañana, el viento había recuperado su vigor y soplaba sobre la ciudad, velando entre remolinos de polvo el perfil de los montes lejanos.

A mediodía, Berta seguía sin telefonear. El relato había avanzado mucho, pero al releerlo se suscitó en él la extrañeza y hasta aversión por lo escrito, y supo certeramente que aquello no podía continuar; no estaba conforme con el desarrollo de la historia, que le parecía fruto de una lógica demasiado convencional; el misterio del viajero perdido no podía resolverse al fin en un encuentro fortuito con una mujer, por muy atractiva que esta pudiera ser, y trató de reelaborarlo todo a partir del momento en que el hombre comienza a hablar con la pasajera en el vestíbulo del aeropuerto, intentando sustituir la relación entre ambos —tras el sobresalto de ella al descubrir aquel rostro— por un suceso de significación totalmente opuesta.

En lugar de entablar conversación con el viajero, la mujer se pondría en pie, recogería su equipaje y se marcharía apresuradamente. Así, la aproximación entre ambos nunca podría ocurrir, la creciente intimidad del actual relato se trocaría en alejamiento y apenas unas frases muy breves enlazarían intermitentemente a los dos personajes a lo largo de una noche en la que ella huiría mientras él pretendería alcanzarla, sin conseguirlo nunca.

Mas el relato no se acomodaba al nuevo rumbo que había decidido marcarle. Cambió varias veces el texto, y a pesar de su repugnancia por el planteamiento inicial, sucesivas lecturas de la nueva redacción le obligaron a asumir que el encuentro, con la posterior intimidad de los viajeros, no resultaba menos dramático y novelesco que su desencuentro.

Por otra parte, en el dilatado diálogo podían introducirse elementos que le diesen a todo una dimensión azarosa, pues se le ocurrió que acaso el viajero empezara a sospechar, tras los ademanes y rasgos de la pasajera desconocida, algún enigma que pudiera concernirle.

Era la media tarde del sábado y estaba lleno de despecho. "Es un relato absurdo", pensó, sabiéndose avasallado por aquella historia que buscaba desarrollarse sin coincidir plenamente con su voluntad.

Solo había comido algo de fruta y unas galletas, y se encontraba torpe y adormilado, pero se aferraba al relato como a un conjuro cuyo abandono pudiese acarrearle toda clase de penas e infortunios. Se encontraba muy solo, en una tarde llena de malos presagios que se alargaba con irreal lentitud, y el relato, aunque rebelde a algunos de sus designios, era al menos un testimonio de realidad y de coherencia.

Los dos viajeros se quedaron un día más en la ciudad. Su continua comunicación los había hechos cercanos y sentían con gusto la mutua compañía. El viento no cesaba y los vuelos seguían suspendidos, de modo que aquella noche sacaron sus pasajes para el barco, viéndose obligados a compartir el mismo camarote. El viajero iba descubriendo en la mujer, con desasosiego a la vez placentero y temeroso, las señales de una terrible familiaridad.

Permanecieron en la gran sala, donde algunas gentes bailaban bajo reflejos fluorescentes. Apenas había transcurrido una hora cuando el baile se hizo muy difícil, a causa de los bamboleos del navío entre el temporal. La caída de un bailarín sobre una mesita, con estrépito de vasos rotos y chillidos histéricos, marcó el final de la velada y la gente se retiró.

Las luces eran muy débiles, y el camarote presentaba las trazas de alguna cripta antigua que hubiese sido recientemente descubierta por la suerte y la habilidad de los arqueólogos. Ella se sentó en una de las literas y se quitó los zapatos, con un gesto en el que el viajero encontró la clave definitiva de su inquietud.

Ella tenía la cabeza inclinada y los cabellos le tapaban el rostro, pero el viajero sabía ya que se trataba de una presencia que solo algún viejo engaño y la persistencia de un incomprensible desvarío —si no se trataba de un sueño inmediatamente anterior, del que ahora salía descubriendo su mentiroso tejido—le habían hecho creer desaparecida. Y cuando la mujer le miró, su esperanza se convirtió en júbilo, al recuperar con toda certeza los rasgos vivos de su rostro.

Aquel quiebro de la trama —un inesperado restallido de la imaginación— interrumpió definitivamente sus esfuerzos.

Estupefacto, releyó el último fragmento: sin que él pudiese comprender las razones, el viajero perdido resultaba hallarse en plena irrupción en unos contornos nunca sospechados ni previstos por el narrador.

Era ya de madrugada y sacudía la oscuridad de las calles el frenesí intermitente de los conductores del sábado. No quiso continuar escribiendo y se fue a la sala, donde permaneció de pie durante mucho tiempo, embebido en el desconcierto ante el desarrollo de su relato, que no parecía conducir sino a la confusión y a la locura. El progresivo desánimo lo llevó por fin a la consideración implacable de la propia soledad.

Tardó en dormirse, y a las nueve de la mañana el teléfono lo sacó bruscamente de su sueño. Era Berta, que había llegado en barco a la península. En su voz había la ronquera del insomnio y un vago molestar.

—¿Estás bien? —preguntó él con inquietud.

—Muy bien —repuso ella, y en su entonación parecía esquiva.

—¿Cuándo vienes?

Entonces ella le dijo que iba a tomar un avión a mediodía.

—Tengo algunas cosas que hablar contigo —añadió al fin.

En el tono de sus palabras sospechó él una amenaza insidiosa y no supo qué responder. Solo dijo que estaría esperando en el aeropuerto. Se sentía muy desasosegado y se fue a la calle. El domingo se manifestaba despoblado y silencioso. Comenzó a vagar, ajeno al esplendor del sol, dejándose llevar por el mero azar de sus pisadas. No quería pensar en Berta, preso de una sombría premonición que reproducía los sentimientos de aquel sueño del día anterior, cuando la había visto destinar a un desconocido tanta ternura. Tampoco quería pensar en el relato que esperaba en el escritorio cumplir su desenlace. Sin embargo, no conseguía olvidar ninguno de ambos asuntos y continuaba su paseo de largas zancadas, con los ojos demasiado abiertos, produciendo extrañeza y hasta aprensión en los escasos transeúntes que se cruzaban con él.

Se había alejado mucho en su caminata cuando fue consciente de que era ya hora de acercarse al aeropuerto. Mas un impulso de inescrutables resonancias le obligó a regresar a casa. Encendió el ordenador, buscó el relato que estaba escribiendo desde hacía tantos meses y dio las órdenes precisas para hacerlo desaparecer. Y cuando el relato quedó borrado, suspiró.

Una vez más había sido incapaz de terminar una historia, y acaso también esta vez el recuerdo del planteamiento no resuelto se iría pudriendo en su obsesión, impidiéndole durante mucho tiempo ordenar los elementos de otra. Pero faltaba ya muy poco para la llegada del avión, y salió de casa con apresuramiento.

Un personaje absorto

A lo largo de diez años había publicado cinco relatos y desechado, por incapacidad para rematarlos, otros cinco; por fin, poco después de que Berta le dejase, y llevado de una determinación algo delirante y del todo paradójica, que pretendía aumentar la esperanza del éxito haciendo mucho más grande la dificultad de conseguirlo, había acometido la redacción de una novela. Tenía la certeza de un personaje y la percepción minuciosa del lugar y del tiempo en que el personaje se encontraba; solamente le faltaba la intuición, siquiera difusa, de la peripecia dramática y de sus confines.

Imaginó alguien que, apartado repentinamente de sus ocupaciones habituales, se había retirado a la casa paterna con el pretexto de ordenar gran cantidad de documentos, acaso en la preparación de una testamentaría. Debían rodearlo otros personajes no demasiado definidos, pero enfrascados en un embobamiento hecho de silencio y mala salud.

El personaje, que posiblemente había comenzado desarrollando su trabajo con animosa dedicación, para apartar de su recuerdo asuntos ingratos, se deslizó luego con parsimonia hacia una progresiva inmovilidad, entreteniéndose cada vez más en el puro curioseo de gacetillas y cartas sin interés patrimonial, y en la revisión de documentos accesorios al motivo principal de su labor, hasta alcanzar un marasmo que, por otra parte, se amoldaba bien a las rutinas domésticas de aquella casa, en la que multitud de tiempos muertos se habían fosilizado bajo la forma de peculiares olores, crujidos y penumbras. Acabó pues por relegar el motivo inicial de su dedicación, de manera que pertenecía más al olvido que a la voluntad, hasta convertir el escrutinio de papeles y facturas en una simple manipulación y enredarse en ordenaciones interminables de los sellos, monedas y cartas postales que iban apareciendo a lo largo de su pesquisa. Mientras se abismaba en aquella actitud iban transcurriendo sus días, alargados en meses que crecían y se fueron haciendo años. De su primitiva misión quedaron solamente los gestos originarios, convertidos en los hábitos vacíos con que se iban cumpliendo sus jornadas.

Así arrancaba la novela, y en la escrupulosa descripción de aquella evolución del personaje ensimismado empleó casi cuarenta folios, propiciando el alargamiento de la situación, en la esperanza de que pudiese originar un espacio amplio y firme, favorable al brote de alguna peripecia convincente. Sin embargo, nada sucedía.

Su personaje era bastante madrugador; daba cada mañana, antes del desayuno, un largo paseo por los barrios viejos —procurando cambiar todos los días su rumbo, para que los vericuetos de las calles pudiesen renovar alguna extrañeza en aquella estupefacción suya sin mudanzas—, regresaba luego a casa y se entretenía en dispersar el revoltijo de escrituras, memoriales y copias de epístolas, hasta la hora de almorzar. Dormía la siesta y volvía al despacho de muebles robustos y espesos cortinones, para continuar manoseando las piezas innumerables de aquellos archivos, que iban perdiendo poco a poco los últimos atisbos de cualquier engarce coherente. Algunas noches, después de cenar, salía otra vez a las viejas callejuelas para comprobar la muerte del día en los desperdicios que se desparramaban por las aceras. Atisbaba con avidez, buscando de nuevo las únicas sorpresas de la jornada, los bultos escurridizos de los gatos, la sombra de los transeúntes en el momento de cerrar las puertas a sus espaldas, los resplandores mortecinos en las habitaciones de los pisos altos.

Eso era todo. Al principio, creyó tener sospechas bastante certeras sobre las razones profundas que habían determinado aquella reclusión particular de su personaje, y cierta seguridad en que se suscitarían sucesos que, haciendo progresar la novela, definirían al cabo causas y resultados. Pero no pasaba de aquellos cuarenta folios y, con el transcurso de días y días sin escritura, comenzó su desazón.

Desembocó en una situación llena de dudas e inseguridad, que lo hacía encontrar en las noticias sobre las novelas que se publicaban señales de que habían fructificado precisamente en ellas las intuiciones que él no acababa de vislumbrar, y de que se mostraban designios que deberían haber sido suyos en las declaraciones de otros escritores sobre sus modos narrativos. Ojeaba con temor las reseñas y críticas de los libros que, con su aparición, iban presentando los premios y las novedades de la temporada, y leía o escuchaba con ansiosa prevención las entrevistas con sus autores, algunos mucho más jóvenes que él. Cuando los críticos especulaban sobre la reelaboración implacable de los contenidos de la memoria o los autores decían que, en literatura, los recuerdos y los retornos tienen ciclos de veinte años, sentía dentro de sí ese vacío que precede al desfallecimiento, y en la familiaridad de las referencias que los juicios y las manifestaciones sugerían hallaba la imagen precisa de su impotencia, al comprender cuán ordenada y claramente debía estarse llevando a la luz, en ficciones imaginadas por otros, eso mismo que a él tanto le costaba poner por escrito. Reconocía, pues, con amargura, rasgos de identidad que, debiendo haber diferenciado su propia ficción, habían de ser desechados ya por él, pues marcaban los hallazgos ajenos.

Así, lo que leía y escuchaba aumentaba su indecisión, imponiéndole una espera desconfiada, sin que se determinase a significar a su personaje con ninguna pasión concreta, con ningún fracaso conocido. “Es un hombre de mi generación. Debe de estar harto de todo. Algo ha colmado su paciencia, pero algo debe agitar otra vez su ánimo en un futuro próximo”, pensaba a veces, aunque sin resolverse a poner en marcha el mecanismo que debería sacudir aquella inmovilidad de la novela, para dar paso al desarrollo de un argumento más complicado que el de la desnuda soledad del personaje.

Mas el tiempo iba transcurriendo y su personaje se mantenía inmóvil dentro de él, en la actitud de un huésped enquistado que, ceñido con creciente firmeza a su propia cotidianidad, hubiese llevado al límite su sedentarismo. Un huésped que se movía con implacable lentitud en el espacio temporal y físico de la ficción, y que parecía crear sin remedio las condiciones precisas para evitar la posibilidad de cualquier cambio. Se cernía así la amenaza de que la novela no saliese de aquella situación, mientras el ensimismamiento del personaje iba proyectando sobre su propio ánimo una sombra cada vez más intensa.

La obsesión de aquel personaje absorto y solitario le ayudaba a soportar la definitiva separación de Berta, que al fin se había llevado sus cosas, sin haberle dejado siquiera las nuevas señas. Pero sentía que en su incapacidad para imaginar una historia se iban abismando, como en una grieta sin fondo, todos los caudales de su energía. Había guardado en un bolsillo interior de la americana una agenda para tomar notas y la llevaba siempre consigo, pero apenas hacía anotaciones, y descubría cada noche la agenda con desaliento que formaba ya parte de su insatisfacción habitual.

Antes de Semana Santa, decidió emplear el breve período de vacaciones escribiendo la continuación de su novela, pero pasaron aquellas fechas y el personaje seguía igual. Por aquellos mismos días empezó a colaborar en la parte gráfica de la revista una muchacha que había residido durante bastante tiempo en el extranjero y que apenas tenía amigos en la ciudad. Comenzó él a acompañarla, con una dedicación fervorosa que enmascaraba su ansiedad por el abandono de Berta y el doloroso quebranto que le había producido. Sin embargo, fue creciendo entre ellos buena amistad, y su comunicación se hizo pronto más íntima y bastante placentera para ambos. Él le dio a leer sus relatos y ella los valoró con aprecio. Él le contó sus dificultades con la novela estancada y ella le hizo algunas bromas.

Mas él comprendió que, incluso para plantear su futuro con la muchacha, debía salir de su obsesión y resolver definitivamente el problema de aquel personaje, haciendo que la novela se desarrollase y realizase. Además, en los últimos tiempos sentía como si aquel producto de su imaginación empezase a trascender lo puramente literario: ninguna peripecia obligaba al personaje a entrar en movimiento, y su hosca soledad iba creciendo hasta alcanzar la consistencia de un acecho que parecía encaminado a una posesión cada vez mayor de sí mismo.

—Haz que vengan a buscarlo. Pueden necesitar su ayuda. Un viejo amigo, una llamada lejana —proponía ella.

Pero sus borradores no conseguían solidez. El personaje estaba tan taciturno, tan cerrado a todo contacto exterior, que cualquiera de aquellas intervenciones –el mensaje de un amigo, la aparición de un visitante– parecía carecer de una lógica que pudiera equipararse a la rotunda verosimilitud de aquel ensimismamiento.

Su obsesión lo llevó al insomnio. Permanecía en la cama dando vueltas, con la pequeña agenda sobre la mesita, preparado para anotar la idea salvadora con el mismo desasosiego con que se espera el aplacamiento de un dolor crónico. Mientras tanto, los demás seguían publicando las novelas que él debería haber escrito, y su proyecto literario se iba convirtiendo en un mero complemento de su actividad mental, tan inexorablemente inserto dentro de sus pensamientos que se incorporaba a su flujo con la naturalidad de lo vivido.

Una mañana le llamaron de la revista con mucha urgencia. Al parecer, en alguna capital, al otro lado del océano, se estaban produciendo inesperadas convulsiones sociales. Ante una subida de precios decretada por el Gobierno, los habitantes de los ranchitos desparramados por las colinas que rodeaban la ciudad habían descendido al centro urbano y a las colonias residenciales, para asaltar con violencia las tiendas y las casas. El furor de aquella población miserable había generado una respuesta oficial a través del ejército, que estaba, al parecer, produciendo centenares de muertos.

—Te va a tocar a ti —le dijo Juan Costa por teléfono—. A Adolfo le ha dado un cólico nefrítico.Hacía pocos meses que lo habían trasladado de la sección de cultura y aquél iba a ser su primer trabajo en el extranjero, dentro de la nueva sección. Debía partir aquella misma noche, de madrugada, pero a mediodía le comunicaron que al fin no sería necesario su desplazamiento, pues se encargaría del asunto otro periodista. Mientras tanto, había tenido un hallazgo muy prometedor, que le compensaba de la decepción de no haber sido él el encargado del reportaje: entre los mapas que había consultado para hacerse una idea completa de la ciudad y de la región, encontró un topónimo, el nombre de una pequeña población, que despertó en él especiales resonancias novelescas.

Aquella misma tarde se puso a escribir, percibiendo con claridad que el texto iba resultando convincente y que se ajustaba sin estridencias a la primera parte de la novela; pareciera que, en tal ocasión, el personaje aceptaba sin objeciones el sentido de la trama.

Su personaje compraba el periódico siempre que, en sus matutinas caminatas por las callejuelas del casco viejo, su itinerario —cada día distinto— se cruzaba con un quiosco. Más que cumplir con un interés por las noticias del mundo, aquella adquisición suponía sobre todo la ejecución de un gesto inusual, capaz de alterar, siquiera levemente, sus acendradas rutinas, aunque luego, durante el desayuno, repasase con desgana las hojas del periódico.

La mañana en que la novela recuperaba su actividad, el personaje se llevaba a casa el periódico que reseñaba los sucesos violentos ocurridos en aquella capital sudamericana, y su habitual desinterés desaparecía de pronto para dar paso a una curiosidad vigente todavía tras el desayuno, que lo llevaba también a consultar los mapas de un atlas, hasta tener a la vista toda la región y descubrir aquel mismo topónimo.

Puerto Temblores. El personaje sintió, al leerlo, la imprecisa evocación de algún lugar imprescindible. Y el resto de aquel día, abandonando por primera vez, después de tanto tiempo, su inútil repaso de documentos y facturas, se puso a buscar, con ánimo que tenía sabor de resurrección —hasta tal punto en el largo marasmo anterior había habido una impasibilidad un poco mortuoria— nuevos datos sobre la villa perdida en las orillas de un gran lago.

A partir de entonces su personaje tuvo también una obsesión acuciante, y él presintió que empezaba a vislumbrarse la posibilidad de conducir la novela hasta su natural conclusión, logrando que, por fin, el personaje se extinguiese dentro de sí.

No era fácil, pues la obsesión del personaje por la lejana ciudad —que lo llevó, en una actividad cuya descripción consumió bastante espacio, a consultar los fondos de la biblioteca pública y muchos atlas y enciclopedias en diversas librerías— se convirtió también en una costumbre morosa, tan rígida como la inmovilidad anterior, y que consiguió arrastrarse a lo largo de muchos días y veinticuatro folios.

Vivía tan intensamente la peripecia del personaje que, hasta en los momentos de mayor intimidad con Montse, sus pensamientos le acompañaban en sus imaginarias indagaciones sobre la ciudad lejanísima, percibiéndolo tan vigoroso y acechante como en los capítulos de su ensimismamiento.

Un nuevo esfuerzo —que debió emprender mientras iban asentándose los calores del verano— le hizo avanzar en la redacción de siete páginas que resultaron decisivas, pues en ellas el personaje tomaba la determinación de viajar hasta la ciudad cuyo nombre tanto interés había suscitado en él.

Al parecer, el personaje podía disponer fácilmente del dinero suficiente —el largo período de alejamiento de sus habituales quehaceres profesionales así lo indicaba— y una noche cruzó el Atlántico, en busca del lugar que de tal modo lo había inquietado.

Desde aquel punto, la novela se convirtió en el único objeto de sus esfuerzos. Tomó las vacaciones, anunciando que tal vez necesitase un ulterior permiso. Era tal su enardecimiento, que no se sintió intimidado por la decepción de Montse, que pretendía irse con él a las playas de su país natal y que al fin se marchó sola, aunque despidiéndose con la promesa de telefonearle todos los días.

Se sentía comprometido en un empeño decisivo, del que dependía su equilibrio más íntimo. Pues el personaje de la novela, aunque embarcado en aquel viaje caprichoso e incoherente, seguía manifestando gran vitalidad, causando sus insomnios y turbando sus vigilias.

Imaginó que, acosado por presentimientos indescifrables, su personaje llegaba por fin a la capital del aquel estado, entre las tensiones originadas por la brutalidad de los militares y la desesperación popular, y comenzaba a buscar, ante las contrariedades propias de un tiempo azaroso —de toque de queda diario y controles continuos en el movimiento de gentes— el camino menos dificultoso hasta Puerto Temblores.

A finales de julio hubo muchas tormentas. Un nubarrón permanente volcaba sobre la ciudad diluvios discontinuos. Montse apenas le telefoneaba y su lejanía se iba superponiendo a la ausencia, ya distante, de Berta, hasta revelar el perfil del mismo abandono. Mas él continuaba escribiendo. Avanzaba lentamente pero con ahínco, en el convencimiento de que cada párrafo y cada línea eran un paso más hacia aquel desenlace que lo libraría para siempre del personaje.

Ante la imposibilidad de conseguir pasaje en un avión, el personaje tomó un tren que, cruzando la cordillera, arribaba a un punto cercano al de su destino. Durante el viaje, mientras contemplaba los cambiantes paisajes montañosos, intentaba una vez más, sin conseguirlo, encontrar entre sus recuerdos los posibles motivos ocultos de aquella curiosidad tan imperiosa que lo había hecho cruzar el océano.

El viaje estuvo lleno de incomodidades e incidentes, entre ellos el robo de su maleta. Al fin, con muchas horas de retraso sobre el horario anunciado, el tren llegó a su destino, una estación oscura en la que repentinos brillos de fusiles ametralladores y siluetas de cascos daban testimonio de las prevenciones militares. Un taxi de carcomida carrocería lo condujo hasta la ciudad, depositándolo en un hotel desvencijado y húmedo.

Algunas luces alumbraban lo que debía de ser la calle principal, en el centro de una oscuridad que apenas permitía escrutar la presencia de otros espacios habitados, y cuando llegó el nuevo día, el atisbo nocturno no se vio favorecido por un entorno urbano más complejo: Puerto Temblores era apenas una larga calle polvorienta que desembocaba en un muelle de maderas podridas, entre las que chapoteaban los cerdos y los chiquillos. Alrededor, sin orden, había muchas edificaciones de tierra en cuyas ventanas rectángulos de plástico sucio sustituían a los cristales. El personaje recorría aquellos lugares con el sólido ensimismamiento de que era capaz y con tal aplicación, que en poco tiempo no le quedaba por descubrir ningún rincón del pueblo.

Había transcurrido apenas otra media doce de páginas cuando se le ocurrió un elemento antes insospechado, que de pronto se introdujo en el relato.

Al alba del tercer día de la estancia del personaje en aquel pueblo —una estancia que amenazaba también con transformarse en un absurdo y pesadísimo marasmo— se oyeron ráfagas de disparos y gritos, y enseguida la población fue ocupada por un grupo de guerrilleros, que al parecer llevaba bastantes meses merodeando por la zona. El personaje fue conociendo fragmentariamente aquellos sucesos, que agitaban de modo tan contundente su habitual atonía: el destacamento de la Guardia Nacional se había rendido pronto; los guerrilleros habían ocupado la emisora educativa de una secta religiosa y emitían furibundos mensajes; el alcalde y otras tres personas habían sido muertos a tiros en el muelle y sus cuerpos permanecían en el lugar de su ejecución, mientras sus mujeres los lloraban desde lejos, bajo la vigilancia de algunos guardianes.

Se prohibió circular por las calles y el personaje permaneció en el vestíbulo del hotel, manteniendo entre las manos un libro que apenas leía. A primeras horas de la tarde

—cuando resultó evidente que aquella jornada no habría almuerzo— uno de los hombres armados vino a decirle que su comandante quería hablar con él. El personaje fue conducido ante un hombre menudo, de pelo gris, que vestía con atildamiento ropas de campaña, cuya tez blanquecina contrastaba con el rostro oscuro de los miembros de su tropa, y se quedó ante él sin moverse ni decir una sola palabra. El otro miró un momento al personaje y leyó su nombre, que estaba anotado en el registro del hotel, antes de preguntarle si se trataba de la misma persona que había estudiado tal carrera en tal universidad y en tal fecha. El personaje repuso afirmativamente, y aquel hombre, alzándose bruscamente, le preguntó si no lo reconocía.

Había llegado a uno de esos momentos de sorpresa susceptibles de dar un gran giro a cualquier relato y que deben ser administrados con prudencia. Sin embargo, el personaje, por lo ambiguo de sus contornos y lo poco conocido de sus antecedentes, era susceptible de soportar con bastante verosimilitud cualquier revelación sobre sus relaciones con los demás.

Observó al otro sin comprender todavía quién era, e incluso cuando el otro, dando fuertes voces que atrajeron a sus guardaespaldas —a los que hizo retroceder con gesto seco—, proclamó su identidad, tardó unos instantes todavía en recordar de quién se trataba. Luego, el nombre de aquel mismo pueblo en el que se hallaba y los de muchos otros parajes rebuscados en los atlas, en un tiempo de lejana juventud —Sierra Escondida, Puerto Dulce, Oaxacoalco, Orientalitos— y que se iluminaron bruscamente en su imaginación, se fundieron a la remembranza de algunos compañeros de aquel tiempo, hasta recuperar en el rostro del comandante la certidumbre de unos rasgos conocidos.

A partir de entonces, el personaje parecía deslizarse fluidamente por los vericuetos del naciente argumento. "Soy Ochoa, Manolo, *Ilich,* ¿no te acuerdas, mamón?". Él hizo un esfuerzo por sonreír: "¡Cómo no me voy a acordar!".

Comenzó así una conversación lenta y prolija, cuyas únicas referencias —vigentes con precisión en la memoria empedernida de su interlocutor— eran aquellos años de la juventud, las noches de alcohol barato y largos debates, cuando creían ver en el continente que sustentaba aquellos topónimos misteriosos la esperanza de una futura salvación de todo y de todos. Pero el otro ya no recordaba aquellas admiradas lecturas de los mapas, con el dedo siguiendo el contorno de las inmensas cordilleras, mientras en el tocadiscos sonaba una música de ecos melancólicos y justicieros; hablaba solamente de un tiempo arriesgado, hecho de sótanos y bares tenebrosos, sábanas sucias y compañeras afectuosas.

Al final de la tarde, uno de los hombres de la guerrilla entró impetuosamente en la sala para anunciar el hallazgo de algo o de alguien. "¿Estás seguro?". El otro asintió sin titubear. "¿Dónde está?" "Ahí fuera." "Pues ya conocen lo que se debe hacer." El enigmático diálogo tuvo como colofón una inesperada ráfaga de ametralladora que resonó en la calle, muy cercana. El hombre, a quien sus amigos habían llamado *Ilich* tantos años antes, se levantó y se acercó a la ventana para mirar la calle. Luego regresó a su asiento. "Habíamos pensado que iba a ser el Génesis y ha resultado el Apocalipsis", comentó.

Aquella noche, mientras una patrulla rondaba las calles solitarias, el personaje recuperó con claridad muchos de los hechos lejanos que completaban la imagen del compañero recobrado. Sin embargo, las evocaciones no le devolvían ninguna emoción amable, sino gestos confusos y angustiados, una inquietud permanente, la añoranza de algo inalcanzable y la sospecha —que entonces intentaba aturdir con ginebra y poemas— de que su paso por el mundo estaba destinado a aquella apatía final. Y cuando logró quedarse dormido, la imagen del antiguo compañero se mantuvo todavía en su mente, en la actitud de observar desde la ventana, con la pipa en una mano y un gesto de indiferencia en los labios, el cadáver de aquel detenido al que había mandado fusilar. Y le pareció —por la falta de sentido que adquiere lo imaginario en esos momentos límites de la vigilia— que había asistido ya innumerables veces a aquel mismo ademán del otro.

La ciudad despertó muy pronto. Él supo más tarde —cuando pudo comer algo— que el ejército regular se estaba aproximando. El comandante de la tropa guerrillera se mostraba tan flamante y bien afeitado como el día anterior y le saludó sonriente. El aplomo de los viejos tiempos se había revestido de un evidente aire despótico.

Al personaje le admiraba la trayectoria que, de la rebeldía revolucionaria al terrorismo, había conducido al joven compañero hasta aquella misma sala de hotel, veinte años después de los comunes tiempos de la facultad. “Nos vamos —le dijo el otro—. Y voy a despedirme con un escarmiento”. Debió de observar en él la mueca de desagrado y se echó a reír. “No te preocupes, ya no vamos a fusilar a nadie más. Diré que les maten algunos animales.” “¿Por qué?”, preguntó él. El otro cargó su pipa con cuidado. “Todo ha cambiado tanto —explicó—. Ya no hay inocentes”, concluyó, encogiéndose de hombros.

El personaje observó al otro con la misma falta de benevolencia que mediara al evocar sus años jóvenes y los años que habían transcurrido hasta convertirse en el hombre que era. Sentía crecer en sí una hostilidad muy pura, esa que se produce fuera del corazón cuando se ha perdido toda fe. Al contrario, el otro recuperaba imágenes gratas, acaso aquellas de las exaltaciones iniciales en que había empezado a manifestarse un destino que él consideraba heroico, su indiscutida condición de cabecilla, cuando era el primero en conquistar a las muchachas y el que recibía de los jefes secretos las consignas y el material de propaganda, y quien era capaz de sufrir sin doblegarse los interrogatorios de la policía. “Nos vamos en media hora —añadió— pero tienes que hacerme un favor”.

Al llegar a aquel punto, supo que todo cuanto viniese a continuación debía ser sopesado con escrúpulo y resuelto sin error. Se encontraba en un momento de peligro, si aquella conversación del personaje con el viejo amigo reencontrado al cabo de tantos años culminaba en una situación inverosímil.

En aquella escena había un propósito de trampa. Pues se trataba, fundamentalmente, de entretener al personaje, alargando en lo posible la invención, para conjurar la amenazante consecuencia lógica de un retorno al ensimismamiento inicial —si se producía el regreso a la casa familiar—, lo que resultaría grave para la novela, que apenas había llegado al folio número cien, y catastrófico también para sí mismo, pues acaso el personaje, al volver de su escapada, incrementaría su temeroso acecho hasta acabar imponiéndose definitivamente dentro de la obsesión de su inventor.

Una trampa, pensó también el personaje, aunque por razones distintas a las suyas. Mas ¿qué necesidad tenía el antiguo camarada de tenderle una trampa? Si quería hacerle daño, en Puerto Temblores lo tenía a su merced y podía torturarlo, e incluso fusilarle, con toda impunidad.

El otro le miraba con lo que debía de ser un gesto amistoso, que multiplicaba alrededor de sus ojos rasguños innumerables, como los que rebordean los refugios de algunos insectos. “Es solo un sobrecito —añadió—. Nadie va a sospechar de un turista. La dirección está muy céntrica”.

Luego se desentendió de él y en muy poco tiempo los guerrilleros habían desaparecido del pueblo y las calles se llenaron de gentes silenciosas, que recogían los cadáveres de los hombres y de las bestias.

Aquella fue la primera vez que apareció en su imaginación la posibilidad de procurar la muerte del personaje, y retuvo la idea con avidez cautelosa. Sin duda la muerte sería un modo eficaz de eliminar para siempre al personaje de sus obsesiones, y puesto que no se trataba de una novela fantástica, la resurrección era imposible. No obstante, descartó aquel vislumbre, pues no creía necesario adoptar una decisión tan extrema; además, fuese cual fuese el modo de suscitarla, podía resultar prematura —por la dimensión que hasta entonces había alcanzado el relato— y demasiado determinante, en lo dramático, como desenlace de un proceso tan largo y denso de abismamiento y soledad.

Sin conocer, pues, lo que iba a suceder, pero con la voluntad exasperada de desarrollar la trama lo más posible, hizo que el personaje se encargase de llevar aquel sobre. Todavía hubo de esperar un día más en el pueblo, pues la entrada de las tropas del ejército regular trajo de nuevo violencia y pesquisas, y él debió soportar el interrogatorio de un militar que, tras hacerle muchas preguntas, algunas muy absurdas, y presionarlo hasta conseguir que le cambiase bastantes dólares con una equivalencia irrisoria, consintió en firmar el documento que le permitiría tomar el tren para regresar a la capital.

Durante el viaje repasó aquellas aventuras con una sensación fuerte de extrañeza y repugnancia. La obstinación del antiguo compañero —por fin derivada hacia tanta brutalidad— le resultaba mucho más ajena que su propia apatía. Cuando llegó a la capital se instaló en un buen hotel, y los pequeños halagos de la comodidad le hicieron olvidar su encargo. Pero al fin encontró entre sus cosas el sobre, y fue consciente de los alcances de su tarea, pues sin duda estaba destinado a alguno de los corresponsales clandestinos que su antiguo compañero tenía en la ciudad. Los sucesos en que se había visto mezclado últimamente le recordaron algún sueño desatinado. Se acostó pronto, y a la mañana siguiente, despertando bruscamente por el estímulo de una decisión sin titubeos, llevó el sobre a la policía.

No imaginaba que su colaboración le obligaría a estar presente en lo que luego ocurrió. Ante todo, se vio forzado a retrasar el vuelo de regreso más de veinticuatro horas, para colaborar en determinados trámites y diligencias; luego, se le impuso acompañar a los policías que habían recibido su denuncia, en el acto de detener al destinatario del mensaje. Aunque intentó eludirlo, incluso mediante el cohecho, no lo consiguió. Todo aquello le resultaba muy angustioso, y pensó que se estaba cumpliendo la premonición de trampa que había sentido cuando el antiguo compañero le entregó el mensaje.

Sobre la ciudad se cernían espesas y oscuras nubes. El destinatario de la carta habitaba una casa de dos plantas, en uno de los barrios residenciales de la capital. Cuando llegó el personaje con la policía, el ejército rodeaba la zona. Quienes habían de ser detenidos, apercibidos del cerco, se dispusieron a resistir. Se inició entonces un asedio violento, que duró cuatro horas, y los soldados acribillaron la casa, de la que surgían también disparos. Al fin, desistiendo de capturar vivos a sus moradores, los militares decidieron concluir abruptamente la operación, y arrojaron a la casa granadas y bombas cuyas explosiones originaron un gran incendio, que destruyó el edificio con todo lo que estaba dentro.

El personaje había pasado del ensimismamiento al desasosiego, vislumbrando lo que podía sucederle.

Este era un momento muy importante de la novela, que había superado ya los ciento cincuenta folios. Había la posibilidad de que el personaje intentase resolver su turbación regresando a Puerto Temblores, como si allí pudiera existir alguna respuesta para su confusión, pero desistió tras intentarlo durante bastante tiempo, en la ineficaz reelaboración de un párrafo que introducía la acción bajo el pretexto de un mal sueño.

Encerrado, pues, en su habitación del hotel, el personaje esperaba, ansioso, el momento de regresar a aquella casa natal donde permanecían los incontables elementos de un acopio que había sido resultado de muchísimos años de transacciones, permutas y enredos patrimoniales. Necesitaba la sombría soledad de aquel refugio con esa querencia inexorable que lleva a las fieras a su cubil. La madrugada de su partida llamó a un botones y le dio una propina cuantiosa, para que le buscase un taxi conocido. Cuando abandonaba las calles periféricas, el taxi debió detenerse: una camioneta obstruía la carretera y, al azulado resplandor del alba, el personaje puedo ver cómo el antiguo compañero descendía del vehículo interceptor, vestido de paisano y empuñando un machete.

Concluyó la novela los primeros días de septiembre. Todos regresaban, pero Montse permanecía en aquella playa de la infancia y había dejado de telefonearle. Su ausencia no era, sin embargo, tan dolorosa como la pérdida de Berta, que aún se mantenía amargamente en él.

No había demasiado trabajo en la revista y se encontraba apático y vacío, como si haberse librado del intruso absorbente y voraz resultase también una pérdida.

Fue por aquellos días cuando comenzó a pensar en aquel brutal aventurero que había matado a su personaje. Imaginó que se trataba de alguno de sus propios compañeros, llenos como él mismo de ideales en aquellos tiempos de la universidad. Quizás alguno de los que no había vuelto a ver jamás. Lo sintió regresando a su campamento, por los senderos de la sierra, desbordante de furor desesperanzado.

—Ahí hay un relato— murmuró, con una mezcla de alivio y temor.

Los valedores

Ahora, cuando la última luz de la tarde ilumina tan precariamente el monte, la fachada de la casa y la cinta de la carretera, llega el hombre en la moto, la deja junto al pequeño macizo de flores y, tras un gesto de extrañeza por encontrar la casa a oscuras, aquella soledad y aquel silencio, se queda inmóvil delante de la puerta abierta. Sin duda ha llamado en voz alta a la mujer, a la gente, y mira con desconcierto a su alrededor. Los niños han debido de intuir su presencia, porque han vuelto a comenzar los gimoteos y los sollozos: sus lloros agudos atraviesan los viejos muros, se filtran por las rendijas y llegan claramente hasta esta habitación. Pero el hombre de la moto no debe de oír nada. Está demasiado lejos, y acaso los silbidos del viento ocultan cualquier otro sonido. Entra en la casa y, al cabo, una luz amarillenta se escurre por entre los cristales de la ventana de la cocina.

Sería preciso, a pesar de todo, intentar atraer su atención, pedirle socorro, solicitar su ayuda, su presencia humana en esta habitación oscura y polvorienta, llena de crujidos. Sin embargo, sabes que es inútil. Los ventanales están firmemente atrancados y los pequeños vidrios forman una tupida red irrompible.

Además, ellas están a tu espalda, muy cerca de ti, acaso a punto ya de alcanzar tu cuello, tus hombros, tus costados.

Apenas han transcurrido nueve horas. Nueve horas desde que os detuvisteis delante de la humilde casa, a la sombra mañanera de la gran fachada del monasterio, pero tienes ahora la conciencia de que ha sido un tiempo dilatadísimo, acaso el único tiempo real de toda tu vida. La jornada de hoy, que está a punto de terminar, te ha marcado con la intensidad de esos hechos decisivos que iluminan claramente el destino y hacen ver toda la vida anterior solamente como un cúmulo de ensoñaciones sin consistencia ni significado.

Unos kilómetros antes del monasterio, Casio detuvo la furgoneta. Colombia y tú sacasteis los carteles de la trasera y los fuisteis colocando en cada uno de los laterales.

—Os ponéis también las gorras —dijiste luego—. Eso de las gorras es de lo más importante.

Casio lanzó una carcajada, mostrando los recónditos huecos oscuros de su dentadura. Reemprendisteis la marcha. La salvaje soledad del bosque os rodeaba: masas espesas de árboles, altas peñas grises, súbitos torrentes. La carretera estaba llena de baches y, en muchos trechos, solo quedaban los guijarros que algún día cubrió una modesta capa de alquitrán.

—Aquí es donde Cristo dio las tres voces —dijo Casio.

No estabas preocupado, pero repasabas de modo mecánico la carpeta, con las fotos de las imágenes y los demás papeles. Colombia fumaba otro cigarrillo, con la mirada perdida. Al llegar a un recodo, visteis en lo alto la masa oscura del monasterio y la pequeña casita, al otro lado de la carretera.

—Ahí está —exclamaste—. Y acordaos de lo del chico. Ojo con él.

En eso hubo suerte. El chico no estaba. Cuando detuvisteis la furgoneta y salió la mujeruca al exterior, guiñando un poco los ojos ante el resplandor del sol, fue lo primero que le preguntaste.

—Buenos días, señora, ¿está su hijo?

Sí, parecía que había suerte en eso. Ella dijo que el hijo había subido con la moto, a cobrar lo del paro. Que no vendría hasta la tarde. De la casa salieron una mujer joven, que debía de ser la mujer del hijo, con un niño en brazos, y una niña pequeña. Os contemplaban.

Le dijiste el motivo de vuestra visita. Sacaste de la carpeta los papeles que te había preparado el Semi y se lo explicabas, mirándola a los ojos y hablándole con acento persuasivo. La mujer tomó los papeles y los manoseaba, indecisa.

—Así que nos abre, si es tan amable —añadiste.

Casio y Colombia habían bajado también de la furgoneta y se colocaron a tu lado. Se pusieron a fumar. La mujer debió de advertir en ellos algo sospechoso, porque agarró las llaves que le colgaban del cinto, como en un ademán de protección. Adivinaste entonces que la cosa no iba a ser tan sencilla como os habían asegurado.

—Si hace el favor —insististe.

La mujer te devolvió los papeles.

—A mí don Restituto me ha dicho que no deje salir nada sin que esté él delante.

Te quedaste un momento desconcertado. Nadie te había informado del tal don Restituto.

—¿Don Restituto?

La mujer afirmaba enérgicamente con la cabeza.

—Bien claro. Vino el domingo a la tarde y me dijo que no se me ocurriese dejar que sacasen nada sin su autorización, vamos, que viéndolo él.

—Pero nosotros somos del Patrimonio, mujer, somos del Estado. ¿No ve lo que pone ahí? —dijiste tú con seguridad, señalando la furgoneta—. Somos del servicio de restauración.

La mujer se aferraba a sus argumentos.

—Fuese quien fuese, aunque fuese el mismísimo señor obispo. Me dijo que tenía que estar delante él.

—Voy a acercar la furgoneta a la portalada —masculló Casio, tirando al suelo la colilla.

—Yo lo siento mucho, señora, pero tenemos nuestras instrucciones. Así que haga el favor.

En el fondo de los ojos de la mujer había una luz desvalida.

—No les puedo dejar, de verdad. ¿Por qué no suben a por él? En dos horas están allí. Se lo traen y, con él delante, yo les abro y sacan lo que sea.

Buscaste dinero en el bolsillo. Mil pesetas. Le alargaste el billete a la mujer.

—Tenemos el tiempo contado, señora. Tome, por las molestias.

Pero la mujer rechazó el dinero y retrocedió un paso.

—Nada de eso. Guárdeselo usted. Ya le he dicho que no les abro sin que esté aquí don Restituto.

Te quedaste inmóvil, sin saber qué hacer. El viento gemía en el monte y las escasas nubes atravesaban el cielo a toda velocidad. Entonces, Colombia se acercó a la mujer y la agarró de un brazo.

—¡Suélteme usted! —gritó la mujer.

Comprendiste que no había otra alternativa. La mujer joven se acercó a vosotros.

—Pero ¿qué hacen? ¡Suéltenla!

Colombia miró a la joven duramente y le gritó que se apartase. Arrastró a la otra hasta la portalada, exigiéndole que abriese, pero ella chillaba y pataleaba. La joven se había alejado un poco y sujetaba con la mano libre a la niña, que se había puesto a llorar. Tú terciaste.

—Señora, sea razonable. Nosotros tenemos nuestra obligación.

Pero por las buenas no había nada que hacer. La mujer comenzó a darle manotazos a Colombia. Entonces, Casio la sujetó por el otro brazo. Entre los dos intentaban quitarle el cinturón de cuero negro del que pendían las grandes llaves, pero aquella mujeruca ofrecía una resistencia verdaderamente tenaz. En sus violentos pataleos, debió de hacer daño a Colombia, ya que éste lanzó un juramento. Casio se quedó un instante quieto, sorprendido. Entonces, Colombia le dio a la mujer un fortísimo puñetazo en la cara. La cabeza de la mujer golpeó contra la reja con un sordo retumbar y, luego, su cuerpo se desmoronó entre las yerbas que crecían al pie del muro. Colombia se agachó y le soltó el cinturón, sacando el manojo de llaves.

—Le arreaste bien —comentó Casio—.

La joven había echado a correr hasta la mujer caída y le hablaba. Ahora lloraba ella también, y el niño que llevaba en brazos contestaba a su lloro con otro llanto agudo. Colombia probaba sucesivamente las llaves en la enorme cerradura. Acertó por fin, pero cuando empujaba la puerta, la mujer joven comenzó a gritar.

—¡Está muerta! ¡La mató! ¡La mataron!

Nada de suerte, sino todo lo contrario. Claro que estaba muerta, no había más que verla, con los ojos desorbitados y la boca desencajada, de la que asomaban unos pocos dientes amarillos. Colombia sacó entonces la pistola, se la puso a la joven en el vientre y os dijo que buscaseis un sitio para encerrarlos.

A la izquierda del gran zaguán estaba la puerta maciza del cuarto de portería. Era una habitación vacía, sin salidas, con un pequeño ventanuco alto que debía de dar a la trasera del edificio. Obligasteis a entrar allí a la mujer con los niños, cerrando luego con llave. El triple lloro resonaba en la penumbra como la música de un órgano. En cuanto al cadáver, Casio lo arrastró por los pies hasta ocultarlo tras un montón de piedras, restos acaso de alguna portalada derruida que había unos metros más allá.

Por un momento, dudaste. Pero la soledad del lugar, su evidente aislamiento, apartaron de ti cualquier premonición temerosa, y te animaban a ejecutar lo proyectado. Decididamente, no hubo suerte.

—Vamos, traed las mantas —les dijiste, y penetraste en la iglesia.

La gran nave estaba iluminada tenuemente por los lejanos ventanales. El viento retumbaba allí como un quejido que parecía el contrapunto grave de los agudos sollozos de la mujer y de los niños, que llegaban débilmente. Encima del altar había un gran crucificado oscuro. Siguiendo las instrucciones, entraste en la sacristía, donde se encontraban algunas imágenes. Pero las mejores estaban arriba, en la biblioteca.

Colombia y Casio llegaron con el atado de las mantas y las herramientas.

—¿Por cuál empezamos? —preguntó Casio.

Señalaste la escalera, al fondo de la sacristía, y subisteis. Aquello estaba casi a oscuras, y un olor a polvo y humedad lo invadía todo. Colgaban algunas telas de araña, que al rozaros os obligaban a sacudir la cabeza con asco. La escalera desembocaba en una sala alargada y alta, que tenía a un lado varios ventanales y, al otro, viejas librerías llenas de un desordenado montón de libros y papeles, que también estaban desparramados por el suelo. Al fondo, una puerta abierta permitía vislumbrar una habitación más pequeña.

Las imágenes estaban desperdigadas por la gran sala. La primera era un san Pablo de grandes barbas, sobre cuya calva se alargaban, simétricamente, tres mechones de pelo. Tenía ojos grandes y negros, de mirada fija y obsesiva. Había luego un san Juan Evangelista de mejillas sonrosadas, que sostenía un cáliz en la mano derecha. Más allá estaba un san Miguel Arcángel, pisando la cabeza humana de un culebrón que pinchaba con una lanza, mientras en la otra mano sostenía una espada. Había también una virgen de la Esperanza, con la mano derecha sobre la abultada tripa, y enfrente un obispo de vestiduras doradas que tenía en mitad del pecho un relicario de cristal. Al fondo de la sala había más figuras, pero destacaba un gran crucificado renegrido y flaco, colgado en la pared a un lado de la puerta, y al otro lado una Magdalena semidesnuda, con la boca abierta en gesto de embeleso, que cubría sus pechos con el brazo derecho y sostenía con el izquierdo una gran cruz negra.

—Menudo panorama —dijo Casio, y silbó—. Habrá que colocarlos muy bien, para que quepan.

—Tengo el orden de preferencia —dijiste tú—. Primero, lo que más vale, la Magdalena y el Crucificado.

La Magdalena estaba encima de una gran peana que tenía casi la altura de un altar. Casio arrimó un viejo sillón y se encaramó para sujetarla. Colombia y tú, desde abajo, sosteníais la base de la imagen mientras Casio, rodeándole con un abrazo esforzado, la iba separando de su peana. De repente, Casio lanzó un grito y soltó la escultura, que cayó sobre vosotros. Vuestros cuerpos impidieron que la imagen se golpease contra el suelo.

Casio tenía una mano en la cara y los ojos muy abiertos.

—Me ha mordido —dijo.

Vosotros le mirasteis sin decir nada. Estabais bastante magullados. Él tenía en la mejilla derecha una gran herida sangrante. La imagen mantenía aquella expresión inmóvil de arrobo, con la boca entreabierta. Los pequeños dientes estaban teñidos de sangre.

—Te cortaste con esos dientes —explicabas—. Al vencerse el peso hacia ti.

Casio se limpiaba la cara con un pañuelo arrugado. Miró a la imagen con extrañeza.

—Me pareció que me mordía. Fue toda la sensación de un mordisco.

—Vamos, hay que darse prisa —dijiste tú—. Envolvedla en una manta y para abajo con ella.

La envolvieron entre los dos. Luego, Casio levantó el gran paquete en los brazos.

—Yo puedo de sobra —dijo—. Id descolgando el Cristo.

Entre Colombia y tú, fuisteis desenganchando la cruz de la escarpia. Cuando ya teníais el Crucifijo en el suelo, un ruido resonó en las escaleras, mezclado con voces de Casio. Dejasteis el Crucifijo y recorristeis la sala hasta las oscuras escaleras, que descendisteis con rapidez. Muy cerca del último escalón, sentado en el suelo, Casio os contemplaba con perplejidad. Más allá, inmóvil, se encontraba el bulto de la Magdalena. Después de remangarse, Casio mostró el antebrazo, donde se percibían una serie de heridas intermitentes, formando un dibujo circular.

—Me mordió otra vez. A través del saco. Me mordió y se movió para hacerme caer.

Efectivamente, la herida tenía el aspecto de una mordedura. Pero era imposible. Tú hablaste con enérgica severidad.

El viento se había detenido, así como los lloros de la mujer y de los niños, y tus palabras retumbaron en la sacristía.

—Déjate de figuraciones. Todo esto está lleno de clavos, y astillado. Hay que mirar por dónde se va, andar con cuidado.

Está claro que teníais la suerte de espalda. Subisteis arriba todos, para preparar el Cristo. Tú leíste las notas. Desclavarlo de la cruz. Separarle los brazos por lo hombros, con cuidado, si no se manejaba bien.

Colombia arrancó los grandes clavos con las tenazas. Era un Cristo bien hecho, impresionante. Parecía que las espinas estaban clavadas en aquella cabeza. Velaba los ojos con un gesto de auténtica agonía y tenía la boca crispada, como a punto de lanzar un alarido. El mismo polvo de que estaba cubierto le daba una extraña verosimilitud.

Mala suerte. No fuisteis capaces de comprender lo que pasaba. Colombia puso el Cristo de pie y era tan alto como él. Con aquellos brazos separados, parecía que iba a abrazarlo. Colombia dio un traspié. Debió de haber resbalado y reculó. El Cristo se vencía hacia Colombia y había en su movimiento una sensación de poderoso desplome. Entonces, Colombia tropezó con la siguiente imagen, un pequeño san Roque peregrino que mostraba una úlcera en el muslo izquierdo, y a cuyos pies un perrillo escuálido le lamía la pantorrilla con su larga lengua. A partir de ese nuevo tropezón, todo transcurrió confusamente. Nadie hubiera supuesto que las imágenes estaban tan cercanas entre ellas. El caso es que, igual que las fichas de dominó cuando se colocan verticales unas detrás de otras, de modo que la caída de una de ellas provoca la de todas las demás, la caída del Cristo, de Colombia y del pequeño san Roque arrastró a las otras esculturas a un derrumbamiento general.

Las fichas del dominó caen con un movimiento similar y preciso, porque todas tienen idéntica forma y el mismo volumen. En cambio, aquellas imágenes dispares, tan diferentes en sus actitudes, en su conformación y en sus tamaños, caían de modo desconcertado, tras bamboleos que les daban apariencia de grotescos danzantes. Además, acabaron derrumbándose todas hacia el mismo lugar, sobre el cuerpo de Colombia, que tenía encima del suyo el del Cristo desclavado.

Durante un instante, el cuerpo de Colombia y el del Cristo ofrecieron una misteriosa estampa de forcejeo, de lucha. Luego, las imágenes se derrumbaron del todo sobre Colombia y le ocultaron a vuestra vista. Y entonces, Colombia lanzó aquel alarido largo, intenso, desesperado.

El montón de imágenes estaban por fin quieto. Las separasteis a los lados con rapidez. Visteis luego el rostro de Colombia, sus ojos abiertos en un gesto fijo, de horrorizado sobresalto. Al cabo, solo quedaba una imagen encima de él, pero no era la del Cristo, que acaso se había escurrido en los movimientos del desplome general, sino la del arcángel. Su brazo derecho se había desplazado también, y la espada de madera, que había adquirido una posición oblicua, atravesaba el pecho de Colombia, a la altura del corazón. Una gran mancha de sangre se desparramaba sobre las losas polvorientas.

Os quedasteis mudos de estupor. Entonces, Casio se volvió a ti y te agarró de las solapas. Gritaba.

—¡Vámonos de aquí!

Tú seguías contemplando fascinado el rostro de Colombia, que, sucio de polvo y telarañas, inmóvil en aquella mueca petrificada, parecía el de alguna figura tallada también por las hábiles gubias de algún maestro imaginero.

Casio se alejó de ti precipitadamente, en dirección a las escaleras, y descendió por ellas con rápidos pasos.

Debieron de transcurrir solo unos instantes. De pronto, le oíste gritar abajo, con otro alarido de horror. Luego, te llamó. Pedía socorro. Toda tu tranquilidad había desaparecido y sentías en las sienes el retumbar de un latir agitado. Bajaste con pavor los escalones oscuros, aunque no llegaste al final de la escalera: te detuviste en el punto en que empezaba a divisarse la sacristía.

En la puerta que comunicaba con la iglesia, las imágenes de la sacristía formaban un grupo apretado en torno a Casio. Las imágenes no se movían, ni de ellas salía sonido alguno. Era él quien movía sus brazos, quien lanzaba gritos, como si estuviese bajo los efectos de alguna dolorosa tortura. La penumbra suave, reflejada en los colores severos de las esculturas, daba a la escena una paradójica serenidad. Al cabo, Casio dejó de gritar, y de su garganta salieron unos largos y oscuros estertores, hasta que guardó silencio definitivamente. Por fin, su cuerpo se escurrió entre las figuras y cayó al suelo, asomando más acá de las bases de las imágenes sus brazos ensangrentados, su cabeza inmóvil.

Aquella visión te dio la certeza de la situación: el cuerpo de Casio en el suelo, muerto también sin duda, a los pies de un compacto grupo de esculturas que te presentaban las espaldas y que cerraban la salida con sus cuerpos de madera.

Subiste otra vez a la biblioteca. Cuando separasteis las figuras desplomadas sobre el cuerpo de Colombia, las habíais vuelto a dejar en su posición vertical. Sin embargo, su distribución había cobrado ahora un orden sutil, como formando un pasillo hasta la puerta del fondo. Sin pensarlo, sin mirar el cadáver de Colombia, atravesaste la biblioteca y penetraste en la habitación.

Es una gran sala vacía, con tres ventanales de vidrios emplomados que dan a la carretera.

El viento soplaba otra vez y las ramas de los árboles se movían. Abajo, junto a la carretera llena de sol, la furgoneta ofrecía la libertad y la huida. Enfrente, en la fachada de la casita de la guardesa, una mancha de flores y plantas parecía el pregón irónico de una placidez general.

Fue entonces cuando intentaste abrir los enormes ventanales. Pero las fallebas estaban sujetas por un óxido antiguo que remachaba aquella inmovilidad inquebrantable. Intentaste romper los vidrios, pero tus puñetazos, que te desgarraron los nudillos y te llenaron de sangre el dorso de las manos, solo consiguieron torcer los nervios del bastidor emplomado y producir algunas abolladuras.

Y, cuando te volviste, ya estaban todas dentro. Alineadas al fondo de la habitación, inmóviles, la Magdalena, la virgen de la Esperanza, el san Juan Evangelista, el san Pablo, el san

Roque, el obispo de las doradas vestiduras, el Miguel Arcángel con el filo de su espada tinto en sangre verdadera.

Durante mucho tiempo te quedaste contemplándolas con estupor. Unas simples imágenes. Unos pedazos de madera policromados y polvorientos, que solo en algunos casos consiguen imitar, y siempre vagamente, el verdadero ademán humano.

Las contemplaste durante mucho tiempo, hasta que comenzaste a sospechar que todo lo anterior había sido solamente una ofuscación: sin duda aquellas imágenes habían estado siempre allí, y los sucesos anteriores habían sido lamentables accidentes en los que coincidió la intervención pasiva de otras imágenes, en este viejo edificio lleno de rincones y de esculturas polvorientas.

Sin embargo, estas consideraciones se vieron frustradas. Tras la breve distracción, que apartó tu atención de las figuras, las cosas habían cambiado y todas las imágenes, manteniendo la misma posición inmóvil, se encontraban más cerca de ti. Casi imperceptiblemente, pero más cerca.

Así ha ido transcurriendo la jornada. Durante muchas horas, has mantenido tu atención concentrada en esos cuerpos inertes. Pero tras cualquier momento de desfallecimiento, de olvido, de mínima ensoñación, las has ido encontrando más cerca.

El día se apaga poco a poco. Una luz horizontal y amarilla iluminó las imágenes cuando solo les separaban dos pasos de ti. A esa iluminación crepuscular y directa pudiste comprobar todos los detalles de su apariencia, el polvo y las telarañas que las envuelven como un ropaje cotidiano. Son solo pedazos de madera.

Pero al fin no pudiste resistir su cercanía y volviste las espaldas. La luz se fue extinguiendo entre los montes. Ahora, el viento se ha calmado.

El hombre sale otra vez a la puerta de la casa, cruza con lentitud la carretera en dirección a la furgoneta. Los niños lloran con fuerza y la mujer grita el nombre del hombre, como adivinando también su presencia. Acaso han oído el ruido de la moto.

Tú estás aquí trémulo, sin atreverte a volver la mirada, esperando el desenlace.

El desertor

El amor es algo muy especial. Por eso, cuando vio la sombra junto a la puerta, a la claridad de la luna que, precisamente por su escasa luz, le daba una apariencia de gran borrón plano y omiso, no tuvo ningún miedo. Supo que él había regresado a casa. La suavidad de la noche de San Juan, el cielo diáfano, el olor fresco de la hierba, el rumor del agua, el canto de los ruiseñores, acompasaban de pronto lo más benéfico de su naturaleza a la presencia recobrada.

La vida conyugal había durado apenas cinco meses cuando estalló la guerra. Lo reclamaron, y ella fue conociendo entre líneas, en aquellas cartas breves y llenas de tachaduras, las vicisitudes del frente. Pero las cartas, que al principio hacían referencia, aunque confusa, a los sucesos y a los parajes, fueron ciñéndose cada vez más a la crónica simple de la nostalgia, de los deseos de regreso. Venían ya sin tachaduras y estaban saturadas de una añoranza tan descarnadamente relatada que a ella le hacían llorar siempre que las leía.

Entonces no estaba tan sola. En la casa vivía todavía la madre de él, y la vieja, aunque muy enferma, la acompañaba con su simple presencia, ocupada en menudos trajines, o en las charlas cotidianas y en los comentarios sobre las cartas de él, y las oscuras noticias de la guerra. Al año, murió. Se quedó muerta en el mismo escaño de la cocina, con un racimo en el regazo y una uva entre los dedos de la mano derecha. Ella supo luego por otra carta de él que, cuando le llegó la noticia de la muerte de su madre, los jefes ya no consideraron procedente ningún permiso, puesto que la inhumación estaba consumada hacía tiempo.

Quedó entonces sola en casa, silenciosa la mayor parte del día —excepto cuando se acercaba a donde su hermana para alguna breve charla— en un pueblo también silencioso, del que faltaban los mozos y los casados jóvenes, y que vivía esa ausencia con ánimo pasmado.

Se absorbía en las faenas con una poderosa voluntad de olvido. Así, con minuciosa rigidez de horario, cumplía las labores cotidianas de la limpieza y la cocina, del lavadero y de las cuadras, y el calendario sucesivo de los trabajos del campo, segando y trasladando la hierba, escardando las legumbres y cavando los frutales, majando el centeno. Abstraída en la tarea del momento, que acaso le exigía con el esfuerzo físico, un ritmo preciso, llegaba a pensar la ausencia de él como una nebulosa ensoñación no del todo real, de la que saldría en algún inmediato despertar.

Pero el tiempo iba pasando y la guerra no terminaba. Ella no sabía muy bien los motivos de la guerra. Desde el púlpito, el cura les hablaba del enemigo como de un mal diabólico y temible, infeccioso como una plaga. Al cabo, ya la guerra y el enemigo dejaron de ofrecer una referencia real y era como si el esfuerzo bélico tuviese como objeto la defensa a ultranza frente a la invasión de unos seres monstruosos, venidos de algún país lejano y mortífero. Hasta tal punto que, en cierta ocasión, cuando atravesó el pueblo un convoy con prisioneros y los vecinos salieron a verlos con acuciante curiosidad, una mujerona manifestó, en su pintoresca exclamación, la decepcionante sorpresa de comprobar que los enemigos nos mostraban el aspecto que las diatribas del cura y otras noticias les habían hecho imaginar:

—¡No tienen rabo!

No tenían rabo, ni pezuñas, ni cuernos. Eran hombres. Tristes, oscuros, vestidos con capotes sucios, con chaquetones raídos. Sobre las cabezas peladas, llevaban pasamontañas y gorrillas cuarteleras. Casi todos tenían la barba crecida en los rostros flacos, aunque también se veían las mejillas barbilampiñas de algunos mozalbetes.

A ella, la visión de aquellos soldados maltrechos le trajo a la imaginación la figura de su propio marido, acaso en esos momentos también acarreado en algún camión embarrado, encogido bajo un pardo capote. Hasta creyó reconocer en varios rostros el rostro querido, sumida en una súbita confusión que la llenó de angustia.

Pasó el tiempo. Otro año. El pueblo siguió perdiendo gente y, al fin, solo quedaron los niños, las mujeres y los viejos. Las veladas habían dejado de ser ocasión alegre de contar fábulas y recordar sucesos, y eran ya solamente motivo de rezos. Rosarios y letanías, novenas y misas, ocupaban las horas de la comunicación colectiva.

Cuando llegó aquel San Juan, ya ni creían recordar el tiempo en que los mozos, con su rey, encendían la gran hoguera tradicional en lo alto del cerro. Fueron los niños los que suscitaron la memoria de la antigua fiesta, haciendo un gran fuego en la plaza. El fuego atrajo a la gente, que fue reuniéndose en torno a él. Era una noche clara, cálida, sin una pizca de viento.

Los niños gritaban alrededor del fuego, en el límite del caluroso reverbero. Los mayores recordaron otras noches de San Juan, a sus mozos llenándolas de algarabía y desorden. Lo que, cuando estaban los mozos, se aceptaba con esa obligada mezcla de indulgencia y malhumor que traía la sumisión de un rito inevitable, aquella noche se añoraba como una parte amputada de la vida.

Por aquel año, como el pasado, no habría necesidad de vigilar los huevos, las matanzas, los hervidores. Nadie llegaría sigiloso en las noches para hurtarlos. Y tampoco nadie borraría las sendas ni profanaría el rescoldo de los hogares. El pueblo se había quedado sin mocedad, y el aliento dulce de la noche le daba a aquella evidencia, más dolorosa aún por las circunstancias que la motivaban, una particular melancolía.

Cuando la hoguera se extinguió, el encuentro improvisado se deshizo. Ella pasó por casa de su hermana, saludó rápidamente a la familia y se fue a su propia casa. Entonces vio la sombra junto a la puerta y, reconociéndole al instante, echó a correr y le abrazó con todas sus fuerzas.

Había cambiado. Estaba más flaco, más pálido, y en sus gestos había adquirido una especie de reflexiva demora. Supo que había desertado. Herido por la metralla de una granada, había ingresado en el hospital. Cuando estuvo curado y repuesto, decidió escapar y volver a casa. Fue una huida penosa, que duró semanas. Pero allí estaba ya, silencioso y sonriente.

Era preciso el sigilo más completo. Ella disimuló su alegría y continuó haciendo la vida de costumbre. Él permanecía oculto en algún lugar de la casa durante las horas de luz. Por la noche, cuando la oscuridad lo tapaba todo, salían a la huerta y se sentaban uno junto al otro, sintiendo latir las estrellas parpadeantes, el río que murmuraba, los pájaros que se reclamaban entre las enramadas invisibles.

Recuperó en sus brazos el sabor de aquellos primeros tiempos de matrimonio, y la congoja de los besos y de los abrazos definitivos. Y como el amor es algo muy especial, todos los problemas —la guerra, su esfuerzo solitario que debía multiplicarse en tantas tareas, los complicados trueques para conseguir lo necesario para una regular subsistencia— pasaron a una consideración muy secundaria.

Su única preocupación era que él no fuese descubierto. Una tarde, cuando regresaba con unas cargas de leña, encontró a los guardias en su casa. Portadores de la denuncia que produjo la deserción —cuyo propósito había sido al parecer anunciado entre las pesadillas febriles del hospital —, los guardias registraron la casa. Y aunque no fueron capaces de encontrarlo, aquella visita inesperada la colmó de angustia, al pensar que podían sorprenderle algún día y llevárselo otra vez, para castigar acaso su huida con la muerte.

Así, entre las dulzuras de tenerlo en casa y los sobresaltos de sus temores, fue transcurriendo el verano. A veces se ponía a cantar, sin darse cuenta, y en el pueblo callado y mohíno su actitud era acogida con una sorpresa desconcertada.

Sin embargo, un extraño sentimiento le hacía desvelarse en mitad de la noche y, a pesar de sentir el cuerpo de él a su lado, cruzaba su imaginación un tropel desordenado de miedos sombríos, como si el futuro estuviera ya marcado y se cumpliesen en él toda clase de augurios desfavorables.

El mismo día que empezaba septiembre, cuando despertó, no estaba junto a ella. Era un día gris, oloroso a humedad. Lo buscó en la casa, en el corral, pero no pudo hallarlo. Aquella ausencia, que le devolvía la imagen de la larga soledad, suscitó en ella una intuición temerosa.

A la hora del ángelus vio acercarse a los guardias. Se había puesto a llover con más fuerza y tenían los capotes de hule cubiertos de agua.

Lo habían encontrado. Estaba en lo alto del cerro, entre las peñas, con los miembros estirados para asomar lo más posible la cabeza en dirección al pueblo. Sin duda la herida se le había vuelto a abrir en el largo camino de la huida. El cuerpo estaba reseco como una muda de culebra. Los guardias decían que llevaría muerto, por lo menos, desde San Juan.

La costumbre de casa

Lo inesperado de su muerte añadió dramatismo al suceso. Nadie se imaginaba que aquel hombre pudiese extinguirse con tanta rapidez, y el estupor se convirtió en nuestro sentimiento predominante desde que Fermín, tras llamar frenéticamente a la puerta de casa, entró para anunciar que se había desvanecido donde Flavio y que no volvía en sí.

Bajamos corriendo los tres que estábamos en casa, Fernando, Marisa y yo, porque aquella tarde mamá se había ido al concierto con tía Flora. Había algo de gente fuera del bar, mirando a través del pequeño escaparate con el envaramiento de la curiosidad temerosa. Los ajetreos y el nerviosismo habían impreso en el rostro de Flavio un aspecto inusual, y el bisoñé desplazado sobre su cabeza le concedía una frente más ancha, pero asimétrica, que hacía un poco grotesca su rotunda mueca de consternación.

Papá estaba frente a la parte más larga del mostrador, sentado en una silla, con una postura tensa y poco natural, como si hubiera sido forzado a colocarse allí ajustando con violencia su cuerpo a los planos del asiento y del respaldo. Tenía el rostro oscuro y los ojos vidriosos, y de su boca salía un ronco gorgoteo. Llegó un médico que lo auscultó sin hablar, y al rato una ambulancia que se lo llevó al hospital, con Fernando de acompañante, mientras Marisa y yo íbamos a buscar a mamá al Auditorio.

Vino luego la espera tensa y sumisa entre las huidizas presencias de facultativos, enfermeras y mozos y el olor a desinfectante y frituras que fluye por esos largos pasillos resonantes, donde la luz blanquecina iguala día y noche y embadurna todas las horas con su reflejo de apósito, y al final nos anunciaron que papá acababa de morir.

Solo cuando lo vimos en el ataúd, en ese edificio repartido en salitas de espera adonde llevan a los cadáveres antes del entierro, fuimos conscientes de forma cabal de lo que había sucedido. Solo entonces, por lo menos yo, y me puse a llorar con un desconsuelo que creo que ha sido la sensación más intensa de mi vida. Los colegas y los amigos evocaban la fortaleza y la jovialidad como sus características singulares, y yo intentaba inútilmente reconocer en la inerte postración de su cuerpo la habitual solidez aplomada y recordar el sonido de su risa.

Lloraba con violencia, comprendiendo también que aquel apartamento extraño, construido como última habitación antes del desplome definitivo de los cuerpos humanos, que debía ostentar alguna señal de su terrible condición fronteriza, tenía sin embargo aire de destartalada cotidianidad. Y mirando el perfil de mi padre entre las flores, a través del cristal que, como una vitrina de una sala cualquiera, enmarcaba la pequeña estancia donde se encontraba el ataúd, mis lágrimas tenían la humedad de un bautismo y yo las lamía en las comisuras de mi boca sabiendo su significado, pues fueron verdaderamente las primeras que me hizo llorar el conocimiento de ese asaltante imprevisible final que a cada uno nos acecha.

Para la familia fueron días tristes, sobre todo para mamá, y todas las noches la oíamos sollozar en su cuarto con una pena tan fuerte que su eco resonaba dentro de cada uno de nosotros. Pero sin duda el tiempo acaba aquietándolo todo, y unas semanas más tarde, aunque muy desmejorada, mamá había vuelto a las rutinas de la casa y los demás íbamos metiéndonos de nuevo en la normalidad, con el aturdimiento de esa postración que, como una convalecencia, deja la muerte en los cercanos supervivientes.

Y fue precisamente entonces cuando papá se nos apareció por primera vez.

Era un domingo por la noche. Fernando había salido con Esther y Marisa con sus amigas, y también se había marchado ya la tía Flora —que muchos días acompañaba a mamá hasta las ocho, hablando de bobadas de las revistas o intentando convencerla para que vendiese de una vez el piso y buscase otro más pequeño, en una zona moderna–, de modo que nos habíamos quedado solas mamá y yo.

Estábamos las dos en la sala, ella contestando algunas cartas de pésame que habían llegado con retraso y yo estudiando en el piano. Porque tenía sed, pero sobre todo para interrumpir un momento mis ejercicios, que me ponían muy nerviosa, me levanté y me fui a la cocina a beber un vaso de agua, y me lo encontré sentado junto a la mesa, en el rincón.

Es el único espectro que he tenido ocasión de ver en mi vida, pero su aspecto no tenía demasiada semejanza con lo que cuentan los relatos de miedo o las películas de terror: quiero decir que no estaba hecho de materia traslúcida, ni presentaba un rostro excesivamente lívido, ni parecía flotar, sino que tenía el aspecto de siempre, llevaba puesto el mismo traje con que le vestimos para enterrarlo, y lo único fuera de lo cotidiano estaba en que la luz de la lámpara no hacía sombras en su rostro ni en su cuerpo. Por eso, su figura parecía rechazar la luz y conseguía un fulgor propio que le daba cierto aire de imagen proyectada.

Existe también la convención de que los fantasmas producen un pavor irresistible en quienes se tropiezan con ellos, pero lo cierto es que, salvo la sorpresa de reencontrar la presencia de mi padre bajo aquella extraña forma —que, como es lógico, fue muy grande y se mezcló con mi congoja por su pérdida, causándome un sentimiento desorientado y contradictorio—, yo no tuve ningún escalofrío de horror. Tampoco supe qué decir y, sin sacar la jarra de agua del frigorífico, regresé a la sala y le conté a mamá lo que pasaba.

—Papá está ahí —murmuré—. En la cocina.

—Qué cosas dices —exclamó mi madre, sin comprenderme.

—Ven, anda —repuse—, míralo tú misma.

Yo no sentía miedo de volver a entrar allí, pero estaba sobrecogida por lo raro del asunto. A mi madre le pasó como a mí, que no supo qué decir. Se sentó también a la mesa, y yo junto a ella, y contemplamos ambas el fulgor espectral que formaba la figura de papá.

—Perdóname, Rosa Mari, y tú, Rosita, hija, perdonadme —dijo el espectro—. Ya sé que no tenía que estar aquí.

Tampoco las historias de miedo ni las películas han sabido reflejar la voz de los fantasmas. En aquella voz no había ningún eco cavernoso, ninguna modulación que infunciese terror, salvo que era muy débil y tenía algún chirrido poco común, aunque luego comprendimos que la voz no salía de su imagen, sino de la radio que está en el mueble de la vajilla, junto a la mesa. Me di cuenta de que, como me había pasado a mí, mamá no tenía miedo, y las verdad es que el espectro daba más lástima que otra cosa, el rostro un poco más delgado de lo habitual y en todo el cuerpo un aire insólito de timidez y pesadumbre.

—Ya sé que no tenía que estar aquí —repitió— pero no me acostumbro, no puedo acostumbrarme. El olvido llega poco a poco, y mientras tanto aquello es tan estrecho, tan frío, no es que lo note, claro, no noto nada, pero no estoy cómodo, y a estas horas me entran unas ganas tremendas de estar en casa, de tomarme un vaso de vino mientras todos vais llegando y se acerca la hora de cenar, aunque qué iba a cenar yo. He intentado acostumbrarme, porque sé que es imposible volver, hasta que no pude aguantar más.

Mamá no dijo nada pero se levantó y, con un gesto tan delicado que parecía una caricia, llenó de vino un vaso y lo puso delante del espectro, que no hizo ningún movimiento.

Luego se sentó otra vez junto a él, extendió la mano derecha y la intentó colocar encima de una de las del espectro, que las tenía apoyadas en el borde de la mesa, pero no lo consiguió, ya que su mano atravesó la otra, entre un leve chisporroteo fosforescente, mostrando que era la única que tenía la solidez de las cosas reales. Yo tampoco dije nada y guardamos las dos silencio, hasta quedar impregnadas de la quietud de la casa como dos muebles más.

El espectro, de vez en cuando, volvía a hablar con aquella voz que la radio ayudaba a formarse, quebradiza y quejosa, y aludía de nuevo a su aburrimiento, a su soledad.

—No sabéis lo que es estar muerto, lo duro que es, aunque no se sufra.

A eso de las diez llegó Fernando y, al oír el ruido de la llave, salí al vestíbulo para advertirle.

—¿El fantasma de papá? —exclamó—. ¿En la cocina?

Yo me encogí de hombros y le dije que no se preocupase, que no daba ningún miedo, y él entró, se sentó en otra de las sillas y contempló fascinado al espectro, que le saludó con una sonrisa humilde.

—Ya ves, Fernando, hijo, dándoos la lata.

Marisa llegó bastante más tarde y estuvimos todos sentados alrededor del espectro de papá, oyéndolo quejarse, contemplando su extraña figura en los largos momentos en que guardaba silencio. Pero cerca de las doce se desvaneció y tampoco fue como en las películas, disolviéndose lentamente en el espacio, sino de un modo brusco que dejó en nuestras retinas un súbito vacío.

Tardamos unos instantes en tener conciencia de lo que había sucedido y luego nos miramos con asombro, pero repito que sin pizca de miedo, porque la aparición del espectro había carecido de cualquier vislumbre amenazador y de eso que se llama el aire de ultratumba. Ninguno de nosotros hablaba, incapaces todos de hacer comentarios, hasta que nos dimos cuenta de que no habíamos tomado nada de cenar. Mamá se fue a la cama en ayunas y los demás picoteamos algo apresuradamente.

Se nos apareció al día siguiente, a eso de las nueve y media, en la misma silla y en idéntica actitud. Habló muy poco. Pidió otra vez perdón y volvió a referirse, quejumbroso, a lo incómodo y aburrido que se encontraba, a lo dura que le estaba resultando la muerte, sobre todo por el proceso del olvido. Como el día anterior, estuvimos primero mamá y yo y luego fueron llegando los demás, y asistimos en silencio a su presencia y a la brusca desaparición, que ocurrió un poco más tarde que la primera vez.

Las apariciones continuaron día tras día, y llegó un momento en el que mamá, sentada junto al espectro, con su mano incrustada en la mano impalpable, parecía tambien una visión.

Lo reiterado y puntual de la llegada del espectro hizo que nos acostumbrásemos a tenerlo allí e intentamos volver poco a poco a nuestros hábitos, de manera que, excepto mamá, los demás empezamos a comer algo a la hora habitual y también a intentar charlar, procurando comportarnos con normalidad, aunque la presencia del fantasma, sentado frente a aquel vaso de vino que nunca bebía y que acabó adquiriendo cierto sentido de cáliz macabro, impedía que pudiésemos dejar de sentirnos cohibidos. Lo peor fue que mamá recuperó su pena y, cuando se iba a la cama, tras la diaria desaparición del espectro, la oíamos sollozar como en los primeros días que sucedieron a la muerte de papá.

El primero en protestar fue Fernando. Desde que el espectro inició sus apariciones, había dejado de subir a casa con Esther, que antes cenaba muchas veces con nosotros. Además, tanto ellos como los demás, después de cenar, solíamos ver algunos programas o concursos de la tele, pero la presencia del espectro nos imponía a todos una coacción que no podíamos soslayar, y nos sentíamos obligados a quedarnos en la cocina hasta que se le ocurría desaparecer, siempre inesperadamente y sin horario fijo, entre las doce menos diez y las doce y cuarto.

Una noche, después de la desaparición, cuando mamá se alejaba por el pasillo arrastrando los pies, Fernando exclamó que estaba harto.

—Yo ya no lo aguanto. Tiene que darse cuenta de que esto no puede seguir así.

Y resultó que Marisa opinaba igual que él, porque estaba cansada de no poder actuar con libertad, ni traer a las amigas a casa a esas horas de la noche.

—Nosotros todavía lo soportamos —dijo— pero la tía Flora ha dicho que no vuelve por aquí mientras sigan esas apariciones, que son una aberración.

Como se puede entender, el tema era muy delicado, pero, por encima de todo, la presencia cotidiana del espectro le estaba haciendo daño a mamá, que tenía un aspecto deplorable, así que decidimos hablar con él, tantearle por lo menos, haciéndole ver lo anómalo de la situación. Y al día siguiente, mientras Marisa entretenía a mamá en la sala, Fernando y yo esperamos la aparición de papá para exponerle nuestro punto de vista.

Yo no recuerdo muy bien si en los cuentos y en las películas de miedo es posible entablar diálogo con los fantasmas; desde luego en mi experiencia el intento resultó totalmente fallido, y me atrevería incluso a afirmar que el espectro de papá no nos escuchó, acaso por alguna imposibilidad puramente física. Empecé hablando yo, para decirle que había sido un padre buenísimo, que todos habíamos llorado mucho su muerte y que lo recordábamos con inmenso cariño, pero que lo que estaba sucediendo no era natural y que su diaria presencia nos devolvía continuamente el recuerdo de una pérdida que, por muy dolorosa que fuese, no tenía remedio alguno.

Entonces Fernando tomó la palabra y, como es tan vehemente, parecía que estaba enfadado. Dijo que mamá no paraba de llorar, que cada día estaba más débil y flaca y que iba a perder la salud por culpa de aquella insistencia morbosa suya, así la llamó, insistencia morbosa, en aparecerse.

—No quiero ser cruel contigo —dijo también—, pero tienes que hacer un esfuerzo —y añadió algo que a mí me pareció brutal—: Fuiste bastante buen padre cuando estabas vivo, no lo vayas a estropear ahora.

Pero el espectro no dio señal alguna de haber escuchado nuestros reproches y quejas, y con aquella voz metálica que le prestaba el altavoz del transistor –que funcionaba como vehículo de su voz aunque no estuviese enchufado– repitió su cantinela cotidiana de que no conseguía acostumbrarse, de que estaba incomodísimo, sobre todo a aquellas horas vespertinas, y en esto Marisa no pudo entretener más a mamá y entraron las dos en la cocina y mamá, con un aire tan endeble que daba congoja mirarla, pero con el gesto resolutivo de quien cumple gustosamente un deber, se sentó a su lado, embutiendo su mano en la mano ectoplásmica.

—Fernando, hijo, sírvele un vaso de vino a tu padre —dijo.

—Yo me voy a ver la tele —contestó Fernando con malhumor, y salió de la cocina.

Y ante la dolorida sorpresa que asomó a los ojos de mamá al verlo salir, Marisa y yo permanecimos sentadas allí hasta la medianoche, pero cuando el espectro de papá desapareció y mamá se fue a acostar, nos reunimos los tres hermanos y, tras contarle a Marisa los infructuosos resultados de nuestro intento de conversación con el espectro, deliberamos sobre la mejor manera de actuar.

Fernando fue quien propuso las soluciones más tajantes

—El vacío —dijo—, hay que hacerle el vacío, como yo hoy. No quedarse en la cocina o no venir a casa hasta pasadas las doce y media. Que no nos encuentre, que comprenda que no podemos aguantarlo más.

La idea no estaba mal, aunque preveíamos que iba a ser difícil apartar a nuestra madre de aquella cocina, como así resultó. Además, las ausencias de los tres, casi unánimes durante los primeros días, se convirtieron para ella en un motivo más de disgusto, con lo que Marisa y yo nos sentimos obligadas a seguir presentes en la cocina mientras duraran las apariciones del espectro.

Entramos en el mes de diciembre y las lágrimas de mamá, que ya constituían normal expresión de su carácter, se duplicaban mientras consideraba entre suspiros lo amargas que iban a ser las fiestas navideñas, con el pobre papá en tal estado. Un día de aquellos Fernando entró en mi habitación y me dijo que creía haber encontrado un procedimiento para librarnos del espectro, pero no quiso explicármelo.

—Si desaparece, considéralo mi regalo navideño —concluyó.

En efecto, casi dos semanas más tarde, sería el diecisiete, a la hora en que Marisa y yo esperábamos resignadas la llegada del espectro y mamá observaba la silla del rincón con la amorosa compasión de cada día, la aparición no se produjo. Una hora después, Marisa buscó en la radio música y se puso a freír huevos y patatas, y de vez en cuando daba un paso de baile, al compás de la música. El espectro no se presentó tampoco al día siguiente, ni al otro, y dejamos de pensar en él. Transcurrieron cinco o seis días más, y mamá había dejado de hablar con tono lloroso y ya no sollozaba por las noches.

La noche de Navidad, aunque en la cena no hubo el bullicio de otros años, estuvieron con nosotros la tía Flora y la prima Amelita y mamá solamente lloró un rato cuando la cena hubo terminado y la gente intercambió regalos. Fernando me dio un beso y me dijo al oído: "Mi regalo ya lo has tenido". Y al día siguiente me contó que, pensando que con ello acaso podía resolver nuestro problema, había hecho todas las gestiones necesarias para incinerar el cuerpo de papá:

—Me hicieron ir y volver a cincuenta sitios, pero al fin lo conseguí. Como has visto, la cosa ha dado resultado. Dispersé las cenizas por el parque del Oeste. Al pobre papá le gustaba tanto pasear por allí…

Pero Fernando estaba equivocado y, aunque nunca he querido recordárselo, lo cierto es que aquel año no me hizo ningún regalo en Navidad: pues el espectro de papá reapareció el día 4 de enero, en el mismo sitio y a la hora aproximada en que había venido haciéndolo antes.

Aquella vez estábamos todos en casa, y también Esther y la tía Flora, y además en la cocina, asistiendo a las meticulosas operaciones con que mamá preparaba la masa de un roscón de Reyes que se le había ocurrido hacer. Esther y la tía Flora recibieron la aparición con horror y Fernando se las tuvo que llevar a la sala, para que se tranquilizasen un poco antes de irse. La pobre mamá, con su mansedumbre habitual, se lavó las manos, se quitó el delantal y fue a sentarse junto al espectro tras servirle un vaso de vino. Y el espectro, mediante la voz metálica de la radio, susurró que se había propuesto firmemente no volver a molestarnos y que había aprovechado aquellos días para intentar el alejamiento definitivo, pero que seguía sin hacerse a la muerte.

—No puedo olvidar —musitaba—. Debe de ser la costumbre de casa.

Tanto Marisa como yo lo contemplábamos ya sin sentir pena ni simpatía y sería una hipócrita si dijese otra cosa. Pero la fría mirada de nuestra contrariedad nos permitió apreciar varios aspectos de la aparición: ante todo, que su fulgor y el volumen de su voz habían decrecido; también, que el propio traje que lo vestía parecía mucho más desvaído, como si estuviese decolorándose.

Se lo contamos más tarde a Fernando, no solo por ayudarle a atenuar su disgusto sino también por crear entre los hermanos una expectativa esperanzadora. Y al día siguiente, cuando como temíamos se apareció de nuevo, estábamos los tres allí, junto a mamá, atisbando cada detalle que nos permitiese deducir que en el espectro se estaba llevando a cabo un proceso de desvanecimiento.

Con júbilo, Fernando nos dio la razón: parecía indudable que el fantasma se iba difuminando, que su resplandor había perdido la intensidad de las apariciones anteriores a los días navideños, y a partir de entonces nos turnamos cada día uno de los tres, para estar presente en las horas de las apariciones, verificar los datos reales del desarrollo del fenómeno y comunicárselos a los demás.

El espectro de papá fue disipándose cada vez más. A finales de febrero parecía la imagen de la proyección de una diapositiva borrosa y casi no se oía. A mediados de marzo había desaparecido del todo. Todavía durante casi tres meses seguimos temiendo que regresase, pero ya no lo hizo nunca más, y cuando llegó el calor mamá era realmente viuda y nosotros tres unos huérfanos normales y corrientes.

Y siempre recordaré que mamá, una tarde de finales de junio, mientras preparaba el gazpacho —yo había entrado en la cocina durante una de aquellas interrupciones con que iba sobrellevando la práctica de mis estudios musicales, aún menos llevaderos desde la muerte de mi profesora doña Isabel, una vecina de la misma calle– me confesó, con un suspiro:

—Ay Rosita, hija mía, menos mal que el fantasma del pobre papá se esfumó de una vez por todas, porque te prometo que llegué a pensar que no iba a poder soportarlo.

Mundo Baldería

Un tipo alto, vestido con una ropa ajustada, brillante, azul celeste. Había soñado algunas noches con él, pero aquella vez, cuando desperté, no desapareció.

—Tranquilo, no tengas miedo —me dijo—. ¿Es que no me reconoces?

Claro que tenía miedo de encontrármelo inclinado sobre mí. A aquella distancia pude comprobar que su ropa era rígida, una especie de armadura, y que de su gran cinturón colgaba un bulto alargado que podía ser un arma.

—¿Tanto he cambiado? Soy tu primo Lito —añadió.

Habían pasado tantos años desde la desaparición de mi primo Lito que tardé unos instantes en recordarlo. Mientras seguía hablando con voz ansiosa, me pareció descubrir en los rasgos del insólito interlocutor un aire familiar.

—Escucha, me tengo que ir enseguida, no puedo quedarme más tiempo. Te necesito, te necesitamos.

Yo estaba tan asombrado que seguía sin poder hablar, pero a él parecía bastarle con que le escuchase.

—Vengo de Mundo Baldería. Los geriones han repetido la invasión. Necesitamos la fórmula de la macrobalita. Allí no tenemos los libros, ¿comprendes? La fórmula de la macrobalita. Busca los libros, ayúdanos.

Después de decir todo esto, se dio la vuelta y salió deprisa de mi habitación, y su figura fue solo un fulgor apagado de repente. Comprendí entonces que lo que había creído un despertar había sido otra apariencia del sueño, y que el verdadero despertar se producía en aquel momento, cuando ya era la hora de levantarse.

Me esperaba una jornada de mucho lío, porque aquella temporada la situación bursátil era desastrosa, pero a lo largo del día no olvidaba un detalle de mi sueño, la precisión con que el extraño personaje aludía a los libros de Mundo Baldería y pronunciaba esa palabra, macrobalita, olvidada por mí muchos años antes.

La mención soñada de aquellas novelas trajo una luz grata a las sombrías rutinas del día, y entre la insistencia de las llamadas telefónicas y la urgencia de los documentos y de los faxes, iba reconstruyendo en mi memoria su forma, las tapas de cartón verde con las imágenes de los guerreros de las diferentes especies, y con aquellos enormes artefactos invasores medio orgánicos medio mecánicos, que llamaban geriones. Estaba a punto de exclamar "¡Eran tres!", pues recordé la imagen de los tres libros alineados en la estantería de mi alcoba infantil, cuando mi padre entró en el despacho con el móvil pegado a la oreja, hablando del desastre de este y de aquel, de vender y de no vender. "Y todavía no hemos acabado de tocar suelo", añadió antes de salir, y comprendí que aquella visita era solo producto automático de su nerviosismo.

Regresé a mi casa muy tarde, pero intenté encontrar las novelas de Mundo Baldería entre los libros y me di cuenta de que hacía demasiado tiempo que los libros ya no eran objetos cercanos, pues al manosearlos tenía la conciencia de reencontrar un tacto perdido. Me había alejado de los libros, tan importantes para mí en la niñez y en la adolescencia, casi inseparables, y en mis estanterías, entre innumerables vídeos y deuvedés, permanecían las últimas muestras de una pasión terminada quince años antes, con el aire un poco arqueológico de los objetos que han dejado de ser cotidianos. Y entre ellos no se encontraban las novelas de Mundo Baldería.

Durante toda aquella temporada, la crisis financiera se fue haciendo cada vez más grave, pero el recuerdo de las novelas de Mundo Baldería seguía perfilándose en mi memoria con mayor nitidez: un planeta desértico, en el borde de la galaxia, donde existía un único lugar vivo, un inmenso valle regado por un río que, en sus periódicas crecidas, le concedía una fertilidad extraordinaria, capaz de alimentar a la población de especies inteligentes que, resultado de sucesivos naufragios estelares, lo habían colonizado. Las especies inteligentes eran tres, una similar a la humana, otra de vegetales semovientes, y la tercera de grandes artrópodos.

Las novelas describían el mundo originario, el valle del inmenso río en medio de un completo desierto, el aposentamiento de los náufragos de las distintas especies, sus iniciales enfrentamientos, la progresiva ordenación de las comunidades en que por fin se federaron, la construcción de sus ciudades a lo largo de las orillas, la llegada de los invasores, tres enormes seres capaces de desconcertantes transformaciones físicas que pretendían esclavizarlos, la resistencia, las batallas, y cómo para vencer a los invasores fue decisivo el descubrimiento de la macrobalita.

La lectura de aquellas novelas me había hecho vivir momentos apasionantes. Mi padre temía cualquier estímulo que, aparte del fútbol, pudiese distraerme de mis obligaciones escolares, pero no había ocasión de santo, cumpleaños o Navidad en las que mi abuela no me regalase libros. Como era buen estudiante, mi padre toleraba que, en mis ratos libres, o en vacaciones, leyese aquellos libros diferentes de los de texto. Mi primo Lito no tenía esa suerte, porque no era tan buen estudiante como yo. También a él la abuela le regalaba libros, pero nunca los pudo leer porque eran requisados inmediatamente por su padre. Lito llevaba una vida que me daba mucha lástima, encerrado siempre en su cuarto, castigado por las malas notas, sentado frente a los libros de texto con un aspecto al que solo le faltaban la jarra de agua, el mendrugo de pan y unos ratones para parecer un presidiario de tebeo.

Nuestras familias pasaban en casa de la abuela buena parte del verano y fue allí donde Lito descubrió, leyendo mis libros a la luz de una linterna, lo que era Mundo Baldería. Jamás antes de entonces había leído una novela, y el hallazgo le entusiasmó tanto que no quería hablar conmigo de otra cosa, para contrastar nuestras ideas sobre aquellas lecturas. Consiguió leer una novela durante el primer verano y otra en el verano siguiente, porque la implacable tutela paterna apenas le dejaba tiempo a solas. El tío Ángel estaba cada vez más enfurecido con su hijo, y muy a menudo le reprochaba en público los desastrosos resultados escolares, que atribuía a la falta absoluta de interés de Lito, a su radical vagancia, a su desvergüenza. Al igual que mi padre, el tío Ángel esperaba que Lito hiciese una carrera para luego ayudarle a él en su bufete, y declaraba continuamente su desesperación al imaginar que su hijo acabaría de repartidor de pizzas, como mucho.

Y volví a soñar con aquel hombre alto, de armadura azul celeste, que decía ser mi primo Lito. La cabeza muy cerca de la mía, me pedía con zozobra la fórmula de la macrobalita, y yo le respondía que no había encontrado aquellos libros, que a saber adónde habrían ido a parar.

—Tienes que buscarlos, Fernando, debes encontrarlos, esta vez los geriones no vienen a hacernos sus esclavos, sino a exterminarnos. Y allí nadie conoce la fórmula.

Es sorprendente cómo los sueños pueden ofrecer tanta certeza. Desperté y me parecía sentir aún el sonido de su voz acuciante, vislumbrar todavía sus ojos muy abiertos, el brillo de aquella coraza que simulaba los abultamientos de su tórax.

La rememoración de aquellos veranos me empujó a escaparme de la agencia para rebuscar en las casetas que venden libros viejos en la cuesta de Moyano, y al fin encontré el primer ejemplar de la trilogía. El tipo de la caseta me aseguró que intentaría localizar los otros dos, y aquella noche releí la primera parte de las aventuras que tanto me habían fascinado cuando tenía doce o trece años. Reencontré los nombres de las tres especies: hadanes, la similar a la humana; arbos, los grandes vegetales ambulantes; insas, los enormes artrópodos. Reviví las primeras escaramuzas entre ellos, el acercamiento al que los obligó la vida en aquella ribera arrasada y revitalizada periódicamente por la inundación, su especialización en el cultivo del muti, del que todos, cada uno según su naturaleza, se nutrían. Los arbos se ocupaban de los diques, de los canales y las acequias para el riego, los insas eran labradores y los hadanes, molineros.

Aquella noche volví a soñar que el hombre que decía ser Lito me visitaba y se mostraba muy contrariado al saber que yo solo había conseguido encontrar la primera de las tres novelas.

—Sigue buscándolos, Fernando, por favor, no dejes de seguir buscándolos, nuestra situación es desesperada.

Al despertar, recordé a Lito el segundo verano de aquéllos, diciéndome lo mismo: "Mi situación es desesperada". Lito no quería estudiar, pero su padre no lo admitía. "Pero ¿qué vas a ser de mayor?", le preguntaba yo, y él me decía que podía ser jardinero, mecánico, fontanero, cocinero o electricista, y que hasta puede que no se le diesen mal los ordenadores, si su padre le dejase intentarlo. "¿Por qué voy a tener que ser abogado? Yo no sirvo para eso, me parece lo más aburrido del mundo".

Aquella tarde había llovido mucho, una tormenta muy fuerte que vuelve a retumbar en mi memoria. Lito y yo corriendo por la senda bajo los enormes castaños, el agua rebotando sobre la tierra, llenando en instantes los cauces secos del riego, las rodadas del camino. Nos guarecimos en un pajar abandonado y ruinoso. Terminaba el verano, y como Lito no había podido leer la última novela de Mundo Baldería, había querido que se la contase, y lo hice. Narré la desesperada resistencia de las tres especies, la voladura de los diques, la muerte de Ans, el valeroso insa, y el sacrificio de Urdo, el líder de los hadanes.

Los tres geriones se habían unido en un solo cuerpo gigantesco, erizado de antenas emisoras de rayos mortíferos, que se desplazaba sobre cientos de patas con las que se asentaba y que le permitían resistir sin inmutarse la feroz avenida del agua. Tras varias jornadas de batalla, unos insas voladores arrojaron sobre el Trigerión la bomba de macrobalita, descubrimiento de los científicos arbos.

"Macrobalita", repetía Lito con admiración, como quien pronuncia un conjuro capaz de preservarlo de todos los maleficios. Estuvimos un rato callados, mientras la tormenta continuaba descargando, y al fin dijo aquello de que su situación era desesperada.

—Tan desesperada, que voy a escaparme de casa.

Tenía una expresión a la vez desolada y decidida.

—Pero ¿adónde vas a ir?

Me miró con complicidad y me agarró de un brazo.

—Ojalá supiese cómo llegar a Mundo Baldería.

Aquella tarde descubrí que Lito creía que todo lo que había leído en aquellas novelas era cierto, y no abandonó su idea a pesar de mis objeciones. ¿Cómo no iba a ser verdad todo aquello tan verosímil, tan bien contado, impreso además en un libro?

—¿Y qué me dices del autor? —aducía, remachando su argumentación–. Comodoro Benzuy de Borox. ¿Tú crees que un comodoro, con lo importante que debe de ser un comodoro, iba a ir contando mentiras así como así, firmando con su nombre? Lo malo es que no tengo ni idea de cómo se puede llegar hasta allí, pero si lo supiese, mi padre no iba a volver a verme el pelo en su vida, y que haga lo que le dé la gana con el dichoso bufete.

Yo estaba tan estupefacto ante la firmeza de su fe, que al fin desistí de intentar convencerlo.

—¿Y qué ibas tú a hacer allí? —le pregunté.

—Sería molinero, como los hadanes, aunque tampoco me importaría trabajar como labrador, o en los canales de riego. Y si volvían los geriones, o los invasores que fuesen, lucharía contra ellos. Tengo muy buena puntería.

Lito desapareció a los pocos días de regresar a la ciudad y nunca más se supo de él. A mí me quedó la pesadumbre de haber sido testigo de su desesperación aquella tarde de tormenta y no haber comprendido lo certero de su propósito. Pero habían pasado los años y su nombre volvía a mí en la figura de aquel guerrero soñado, mezclado con los recuerdos difusos de unas novelas que habían seducido mi imaginación cuando era casi un niño.

La jornada siguiente, cuando estaba en la Bolsa, me llamó al móvil el tipo de la cuesta de Moyano y me dijo, como si se tratase de un secreto de alta seguridad, que ya había conseguido los otros libros. "El resto de los volúmenes", precisó, como si se tratase de una colección amplia e importante, sin duda para justificar el precio, que me pareció exagerado, aunque lo acepté sin discutir. "Pasaré a recogerlos enseguida", contesté, a pesar de que imaginaba que en aquel momento había bastante complicación en la oficina.

Por aquellos mismos días estaba aún reciente mi divorcio de Elisa, y su vacío en la casa, sus objetos olvidados que a menudo parecían asaltarme, incrementaban mi indolencia, mi desapego. Y mientras me encaminaba a paso rápido hacia la cuesta de Moyano, descubría que a la rebeldía y falta de aplicación de Lito se había opuesto siempre mi sumisión, mi docilidad. Yo había aceptado el destino que mi padre había dispuesto para mí, pero después de tantos años sentía que en aquellos veranos de la niñez, en aquellas lecturas exaltantes, se escondían imprecisas imágenes de un futuro en que la prosperidad de los negocios no era la parte sustantiva. Cuando regresé a la Bolsa, Manolo estaba bastante nervioso: "¿Dónde te habías metido? ¿Cómo no has ido a la oficina? Tu padre anda buscándote muy cabreado, tenías una reunión con esos consultores de Barcelona y les has dejado plantados".

Pasaron algunos días y no volví a soñar con el hombre de la armadura que decía ser Lito. Releí los otros libros de Mundo Baldería, reconocí la fundación de las Siete Ligas: Felecha, Calbón, Amuz, Contrigo, Avido, Sanfel y Morla, la capital, donde residía el Comité Federal. En la tercera novela, reencontré la fórmula de la macrobalita que en mis sueños me era reclamada con tanta vehemencia, compuesta de elementos de la arena del desierto y del limo del valle: araz, vatal, comonia, ustina.

Aquella misma noche volvió a asaltarme el sueño recurrente, aunque esta vez había en el personaje señales infaustas. Su coraza mostraba abolladuras y marcas oscuras, uno de sus ojos estaba cubierto por un parche y llevaba una mano vendada. Le dije que ya tenía los libros y me pidió que le llevase en mi coche sin perder un minuto. Bajamos al garaje. Supe entonces que hay en la ciudad al menos cuatro puntos desde los que es posible acceder a Mundo Baldería: la glorieta del Ángel Caído, el espacio bajo la marquesina del cine Coliseum, los soportales ante la Casa de la Panadería y la entrada sur del Santiago Bernabéu.

El Bernabéu es lo que más cerca de casa me queda, y lo llevé allí. La noche era suave y las calles estaban vacías. Al fin detuve el coche y me acerqué a los muros del estadio con el personaje de mi sueño, que apretaba los libros contra su pecho como una reliquia venerable. Le pregunté que cómo se entraba en Mundo Baldería.

—Pensando. Hay que cerrar los ojos y pensar muy fuerte en ello. El día que me escapé de casa, andaba por el Retiro desorientado, sin saber qué hacer, era casi de noche, estaba en esa plaza en que está el demonio, el ángel caído, y me sentí sin fuerzas, cerré los ojos y deseé con todo mi corazón llegar a Mundo Baldería. Así entré.

De manera que yo también cerré los ojos y pensé en aquel valle inmenso incrustado en un planeta desértico. Al volver a abrirlos, me encontré ante la corriente de un río, a una hora que debía de ser crepuscular. Dos astros grandes como la Luna, uno amarillento y otro rojizo, cercanos al horizonte, ponían en la penumbra un brillo dorado. Mi acompañante lanzó un grito y unos seres propios del sueño, una enorme mantis y un gran arbusto que se desplazaba sobre sus raíces, ambos revestidos con una coraza azul celeste, se acercaron a nosotros.

Me atemorizaban la luz nunca vista, una extraña melodía de insectos o de pájaros, las grandes masas vegetales de la ribera, en que la doble iluminación de los astros ponía un reflejo morado, el olor acre aunque no desagradable que lo impregnaba todo, aquella corriente que resonaba pese a lo horizontal de su fluir, las monstruosas figuras que se acercaban, un chirrido espantoso que llegaba de la lejanía.

—Para volver tienes que hacer lo mismo —me dijo Lito, como si fuese consciente de mi temor—. Cierras los ojos y piensas en tu casa.

Pero cuando abrí los ojos no estaba en mi casa, sino en la acera del Bernabéu, y no tenía la sensación de estar soñando, sino de que aquello era la realidad de la vigilia. Y resultó la vigilia, en efecto, pues aunque había cogido las llaves del coche para llevar a Lito no había hecho lo mismo con las del piso, y me encontré ante la puerta cerrada, en pijama, completamente despierto y sin posibilidad de volver a la cama. Bajé otra vez al garaje y me refugié dentro del coche hasta que llegó la mañana y el portero, mirándome con aire suspicaz, me abrió la puerta de mi casa con la llave maestra.

La experiencia me perturbó tanto que aquel día no fui a trabajar. Mi padre me telefoneó varias veces y por la noche vino a visitarme. Le dije que me encontraba fatal, desanimado, sin fuerzas para levantarme. Al día siguiente me vino a ver su amigo, el doctor Bustifer, que atribuyó al estrés lo que me estaba sucediendo, y me prescribió reposo, a ser posible en un lugar más tranquilo, acaso a la orilla del mar. A mi padre no le hizo gracia el consejo del médico. "¿No puedes hacer un esfuerzo? No son días para ponerse enfermo". Reencontré en sus ojos la mirada del tío Ángel cuando amonestaba a Lito. "Lo intentaré", repuse, y se mostró muy complacido: "Te lo agradezco de verdad, hijo. Este verano te vas un mes al Caribe".

Sin embargo, en mi trabajo estaba distraído, las horas que antes pasaban casi inadvertidas formaban ahora pesados grumos de tiempo, mi desasosiego no me permitía cumplir con mi labor decorosamente. Aquella fantástica aventura nocturna me había devuelto al tiempo de la niñez, a la primera pubertad, a los sueños de aventura que los libros habían hecho brotar en mí y a los que había luego renunciado, como si crecer y hacerse mayor consistiese en aceptar la puerilidad y la falta de sentido dominantes en el mundo adulto.

Ante la frenética actividad de mi padre y de nuestros empleados, recordaba aquel tiempo en que no podía imaginar que mover dinero y hacerlo fructificar fuese siquiera un trabajo, cuando creía que lo propio de los seres humanos tenía sobre todo que ver con la exploración de lo desconocido, buscar los secretos del mundo, trabajar las materias terrestres, conocer otras gentes y otros espacios. Así, en la resistencia de Lito a asumir su deber de estudiante, más allá de sus condiciones intelectuales, reconocía una actitud de extremada osadía, incluso heroica.

Mi melancolía no se apaciguaba ni siquiera de noche, pues me había sobrevenido un insomnio que no me daba ocasión a la tranquilidad ni al olvido. Releí otros libros que, tantos años antes, habían iluminado mi imaginación. Las graves circunstancias financieras que atravesaba el mundo, y hasta el mucho dinero que había conseguido ganar con mi trabajo, me parecieron anécdotas banales, que en cualquier novela interesante apenas serían el pretexto para una trama secundaria. Como no dormía, Lito no volvió a aparecerse, y aunque no me atrevía a pensar que había sido verdad aquel viaje hasta el Bernabéu en que yo mismo le había acompañado a Mundo Baldería, las luces, los sonidos, los olores, permanecían vivos en mi recuerdo, y las grandes figuras de aquel árbol que andaba y del enorme insecto de ojos facetados.

Al día siguiente, cuando llegué a la oficina, mi padre me llamó. "Escucha, Fernando, si estás enfermo debes internarte, que te traten, que te curen de una vez, esto no puede seguir así".

Aquel día, las amenazas de Estados Unidos contra Irak habían hecho subir los precios del petróleo, las bolsas habían caído todavía más, y nuestros clientes no dejaban de telefonear. En la agencia había crispación, parecía que viviésemos el comienzo de una catástrofe.

"Me voy a casa", repuse. Salí de la oficina y eché a andar. Era una mañana fría pero muy soleada, de esas en las que Madrid resplandece. Recorrí el paseo del Prado. A la luz blanca, la Cibeles parecía de porcelana. Anduve, anduve, y de pronto estaba delante del Bernabéu. Me acerqué a las taquillas del sur y ya no pude evitar las imágenes de aquella noche, incapaz de saber si la vigilia y el sueño me habían enredado en un laberinto confuso.

Mundo Baldería, pensé, y me quedé quieto, cerrando los ojos con fuerza, como un homenaje a los tiempos en que leía libros y creía en otras aventuras diferentes de la Bolsa, y los efectos económicos de extraños ataques terroristas, y guerras cuyas razones verdaderas solo unos pocos poderosos conocían.

Al abrir los ojos me encontré ante el gran río inmenso y sonoro, que tenía brillo de plata. En el cielo anaranjado no había lunas, y alrededor brotaba la suave melodía de gorjeos o de élitros. Alteraban la placidez el eco de explosiones lejanas y aquel chirrido agudo que me había sobresaltado la vez anterior. En la ribera, cubierta de matorral morado y escarlata, dos enormes mantis se acercaron a mí. Una me tomó en sus patas delanteras y remontó el vuelo. Me depositó otra vez en el suelo ante una construcción azul, con aspecto de búnker. Allí estaba Lito.

—¿Qué haces tú aquí? —preguntó.

—He venido para quedarme —respondí.

El caso del traductor infiel

Un hombre se veía afligido por una profunda melancolía: tal resultaba la versión directa, la más natural, y el texto se ofrecía sin dificultad, como las demás páginas de aquel capítulo, menos complicado de traducir que los anteriores. Pero la inercia que lo mantenía sentado ante el ordenador desde hacía una hora, tecleando casi sin titubeos, quedo de pronto interrumpida ante la figura evocada de aquel hombre melancólico —al parecer, el original se refería a la locura de alguien que recordaba con remordimiento un suceso de su pasado— y el hombre se dibujó en su imaginación con el trazo de los símbolos reconocibles.

Hizo retroceder la silla, encendió un cigarrillo y volvió la vista a la calle. Eran ya las diez pasadas, pero el invierno amontonaba sobre la ciudad una inmensa nube oscura, marcando la mañana con apariencia de crepúsculo interminable.

Mañana, eres la misma tarde sucia de ayer, pero te cambio el nombre para disimular esta quietud tenebrosa de la que nada puede salvarnos, había escrito en una de las iluminaciones que a veces intuía, raramente desarrolladas hasta convertirse en poemas, pero que conservaba con inevitable sentimiento patrimonial: esta permanecía en la misma cuartilla en que la había escrito, clavada con una chincheta en la cercana pared, junto al calendario.

Un aire crepuscular en la calle y la estufa de gas bisbiseando junto a la mesa, pugnando por oponerse a la invasión del frío que se colaba por las rendijas de la vieja casa, en un barrio hecho, como todo lo humilde, a la costumbre de las inclemencias.

Habían pasado ya bastantes años desde sus tiempos de estudiante, huésped de algunas pensiones del mismo barrio, y el futuro había resultado estar compuesto de una materia muy parecida a la que formaba la realidad cotidiana de aquellos años: frío, humedad, escaleras oscuras, olorosas a guisos, pisos que desconocidos moradores habían ido repartiendo hasta desmenuzarlos en pequeñas habitaciones de techos altísimos, frente a balcones tras los que se adivinaba una realidad similar, resultado también de la sucesión de interminables divisiones de salones llenos de muebles destartalados.

El mismo escenario, aunque ahora era él quien pagaba el alquiler y no estaba en una pensión, sino en lo que el administrador del inmueble —un viejo flaco que vestía un traje de rayas y se tocaba con un sombrero gris, como algunos personajes del hampa en las antiguas películas policíacas— llamaba eufemísticamente apartamento estudio.

Pagaba el alquiler, como pagaba todo lo necesario para atender aquella vida que, tras sus sueños juveniles, había resultado la única conquista posible para asegurar su independencia. Y para pagar el alquiler y todo lo preciso para la subsistencia, traducía libros.

A veces, viendo lo menguado de su progreso en la vida, pensaba que acaso hubiera sido mejor haber podido seguir cobrando a final de mes el dinero puntualmente remitido desde la ciudad originaria, donde su padre atendía la pequeña fábrica de muebles que a él le hubiera correspondido heredar. Pero tampoco aquella vida de modesto rentista hubiera sido posible, pues su despego del negocio familiar había sido reemplazado por la atención solícita de un cuñado que, con el tiempo, se había hecho dueño de todo; y muertos los padres, al fin había perdido la comunicación con aquella ciudad de su infancia y juventud.

Sin embargo, él no estaba descontento de ser quien financiaba la austeridad de su vida presente, que recordaba tanto la de los lejanos años estudiantiles. Concluyó el cigarrillo y, apartando de su imaginación la figura del hombre melancólico, aproximó otra vez la silla al ordenador y continúo escribiendo con fluidez la traducción del resto del párrafo: *como todos los melancólicos, su espíritu estaba enfocado a una idea fija, y esta idea era para él ocasión de una tristeza continuamente renovada,* cuando sonó el teléfono.

El contestador automático era uno de los pocos lujos que se permitía. Con la aprensión que suscitaba siempre en él oír su propia voz, la escuchó de nuevo: este es el número tal y tal y tal; si quiere, puede dejar su mensaje después de que suene la señal. Oyó enseguida la voz de Amaya, soy Amaya, e inmediatamente tomó el auricular, conectó la comunicación y se dispuso a hablar con ella. Amaya tenía algunas dudas sobre las pruebas de un catálogo que él había traducido y, tras buscar la copia, se las fue aclarando.

Cuando parecía que la conversación había terminado, Amaya le contó algunas noticias de la editorial y, por fin, que le habían anunciado la llegada de otra novela de Kate Courage.

—Oye, te aviso de que llega otra novela de Kate Courage —había dicho—. Nos la mandan en disquete porque se va a publicar al mismo tiempo en no sé cuántos países. Parece que corre bastante prisa, así que te la enviaré en cuanto la tenga.

—¿Cuánta prisa?— había conseguido contestar él, con alarma que solo aparentemente indicaba preocupación profesional, pues no tenía más que un libro pendiente.

Tampoco es para mañana —dijo ella, tranquilizándolo —. Primero tengo que tenerla yo, cuando te la mande le echas un vistazo y hablamos.

Encajó la noticia con más inquietud que sorpresa, porque llevaba esperando aquello mucho tiempo, y el aviso de que al fin había sucedido le devolvía la premonición amenazadora que habían hecho surgir en él las ya lejanas cartas sobre los libros de Kathleen Crossfield. El desasosiego tan largamente contenido se le revolvió dentro y sintió incorporarse la ansiedad agazapada, pero hizo esfuerzos para mantener la tranquilidad y no dejarse arrastrar por el pánico.

La imagen de una vieja despeinada que sacudía bayetas en uno de los balcones despintados de la sucia fachada frontera, testigo involuntario de su perplejidad en la mañana gris y fría, le quitó del todo las ganas de continuar trabajando y decidió salir, adelantando bastante el momento en que tenía la costumbre de hacerlo, pues aunque le gustaba pasear por el barrio a aquellas horas, cuando parecía que todavía quedaba en las calles algo de la quietud y del olvido de la noche y solamente las recorrían, en el trajín de la compra, mujeres y jubilados, habitualmente renunciaba a ello para convertir su trabajo en una auténtica atadura laboral, y permanecía sujeto a su ordenador como si dependiese de una nómina y estuviese obligado al horario fijo de los funcionarios, concediéndose solamente, a eso de la once y media, veinte minutos de asueto para dar un rápido paseo en que tomaba un café y compraba el periódico, el pan y el tabaco.

En la Corredera, junto a la iglesia que, en pasadas centurias, había sido parroquia sucesiva de portugueses y de alemanes, varios mendigos empezaban a formar ya el primer esbozo de lo que a mediodía habría de convertirse en la nutrida cola del almuerzo de la caridad. Con el tiempo, había llegado a conocer bastante bien la historia del barrio. En la cola de San Antonio se mantenía la ancestral y piadosa tradición del Refugio, como las rameras que ya pululaban en la plaza, un poco más arriba, continuaban ejerciendo un oficio asentado por aquellos parajes en el mismísimo Siglo de Oro.

Aquél era un barrio de putas y de poetas. Las putas se habían instalado en él cuando ciertas actividades jaraneras, en los patios traseros de las casas que fueron formando la calle Ancha de San Bernardo, equilibraban el peso de la severidad a que estaba obligado el gesto de las fachadas. En cuanto a los poetas, por allí tuvo casa Quevedo y vivieron Rubén, Carrere y Juan Ramón, y en una de aquellas calles había nacido José Hierro.

Más allá de la acera de las putas, algunos grupos de gente mísera vivaqueaban aprovechando el resguardo de los soportales, casi inmóviles entre mantas cochambrosas y grandes cartones de embalaje. Paradójicamente, a él aquella penuria no le producía pena ni repugnancia, sino una tranquilidad fatalista, y la aceptaba porque se correspondía muy bien con el deterioro de los edificios y la falta de aseo de las calles.

Sin nobleza ni empaque ya, sin atisbos de perdurabilidad, en todo se manifestaba uno de los rostros verdaderos del mundo, ese que evoluciona naturalmente hasta convertirse en el gesto de los esqueletos y la mueca de las calaveras.

Como cada día, en la acera interior de la plaza lo abordó Nico, el mendigo, para pedirle un cigarrillo y darle una opinión sobre el tiempo. Él lo escuchó con ademán atento, pero se despidió enseguida y fue rodeando la gran excavación central donde se dispersaban los bancos y los parterres de tierra desnuda, cubierta de innumerables excrementos perrunos. En la librería de la esquina con Silva descubrió de pronto los libros de Kathleen Crossfield, que formaban una fila en el centro del escaparate. Se detuvo, contempló las portadas de todas aquellas novelas que él mismo había traducido, y pensó que, aquella precisa mañana, el inesperado y compacto friso de los libros de la americana parecía un mensaje burlón que le estuviese especialmente destinado.

Desde que leyó la primera de aquellas novelas, cuando le encargaron su traducción, había sentido por el personaje protagonista una antipatía beligerante. Tal como la presentaba su autora, la detective Kate Courage —*nom de guerre* que encubría otro mucho más distinguido— era una mujer de poco más de treinta años, esbelta, los cabellos del color de la miel, enormes y vivos ojos violeta y finísimo cutis, que aparte de poseer una cultura muy sólida y hablar varios idiomas —vástago de una importante familia de Boston, había sido educada en el más distinguido colegio femenino del Este— tenía excelente preparación física y lo mismo conocía el kempo-karate que disparaba, esgrimía el florete, montaba a caballo, controlaba el rumbo y manejaba el velamen de un yate que pilotaba un avión. Además de todo esto era irónica, vivaz, alegre y seductora.

Tanta perfección —elemento principal de aquellas novelas policíacas, abundantes en escenas académicas y conversaciones cultas, en las que sucedían pocas muertes, todas ellas bastante pulcras —le había abrumado ya en el primero de los libros, pero se convirtió en insufrible cuando supo que debería traducir, por lo menos, media docena más.

Lo sacó de su inmovilidad un reflejo en el escaparate y cambió de postura dando un respingo, en el temor de ser arroyado por algún vehículo, antes de descubrir que el reflejo había sido producido por una figura humana que acababa de surgir de modo repentino tras el gran contenedor de cascotes instalado en la acera opuesta.

Era un hombre bastante joven, de pelo claro, que vestía un chaquetón azul. Su aspecto encogido y huidizo le hizo pensar que se trataría de alguno de los transeúntes que solían verse por los alrededores, cliente acaso del comedor de caridad, pero llamaron su atención los ojos del recién aparecido, fijos en él con evidente expresión de amenaza. Supuso entonces que sería algún adicto a las drogas en el difícil momento de sentir evaporarse su placentero cobijo interior, y se apartó del escaparate, apretando el paso camino de la Gran Vía.

Vivía sobre todo de traducir libros y no podía elegir los textos según su propio gusto o el interés literario o cultural que, a su juicio, pudieran tener. Su ausencia de discriminaciones a la hora de aceptar originales, unas traducciones precisas y correctas, rápidamente ejecutadas, eran los factores que le habían ayudado a estar bien considerado en las editoriales y a que nunca le faltasen los encargos. Pero la traducción de las tres primeras novelas de aquella Kate Courage —*Enredo en el simposio, Nunca en sabático y Demasiados mirlos en el campus*— le había resultado muy poco grata, casi insufrible por lo pretencioso que juzgaba al personaje, reflejo sin duda de la personalidad de la autora, y la perspectiva de verse obligado a traducir otras aventuras suyas le hacía intuir los fastidiosos hastíos que con ello iba a verse obligado a soportar.

Al principio, había confesado su opinión a la persona que, en la editorial, era su interlocutor profesional, cuando Amaya no trabajaba todavía allí. Sin embargo, sus reparos habían encontrado una firme y casi desconfiada reprobación. Cómo era posible que no le interesasen los libros de la Crossfield. Aquella autora era un prodigio de finura, un acervo de cultura viva y trepidante. Antes de dedicarse en exclusiva a la escritura, había ejercido como profesora en una famosa universidad, estaba muy valorada en los círculos cultos y era una figura imprescindible dentro de la narrativa criminal escrita por mujeres. Su interlocutor de entonces concluyó su apología con una mirada menos comprensiva que condescendiente. Dijo al fin que suponía lo difícil que debía de ser disfrutar realmente de un libro cuando nos encadena a él la obligación de traducirlo a plazo fijo, "pero esos libros tienen calidad, verdadera calidad", y él se había ido con cierta sensación de ridículo y hasta con un atisbo de mala conciencia, pues acaso lo que sentía era simple envidia ante la seguridad que aquella autora mostraba a través de su personaje, convencida al parecer del sentido de la escritura y de las acciones, cuando él en sus iluminaciones poéticas —que nunca había mostrado a nadie, ni siquiera a Marta— lo único que conseguía reflejar, como elemento más sólido de su personalidad, era la turbada y cada día más sincera incomprensión del mundo.

Pero tras hojear nuevamente aquellas novelas que el editor tanto defendía, perdió sus remordimientos y reparos: sin duda su autora se contaba entre los que tenían la osadía de pretender comprender el sentido último de las cosas, y Kate Courage era una clave más entre tantas otras que para él solo eran signos de ciega y satisfecha petulancia.

En la Gran Vía se eclipsaba la sordidez del barrio, aunque las secuelas de la miseria subsistían en la figura de algún mendigo acuclillado detrás de su escueta proclama. Anduvo callejeando durante casi dos horas por los barrios del otro lado y descubrió que cada vez mayor número de ciudadanos mostraba una actitud delirante: personas que hablaban solas o tipos que pedían limosna argumentando sorprendentes motivos. Una mujer le cortó el paso para mostrarle, con ademán de requisitoria, una foto borrosa. Al esquivarla se encontró con que, algunos pasos más atrás, aquel hombre de los ojos amenazadores que había surgido junto al contenedor parecía seguir su mismo camino. Pensó que ya era hora de volver a casa y regresó con rapidez, abandonando la idea de acercarse hasta el mercado de la plaza de los Mostenses para hacer unas compras.

Fue al traducir la cuarta de la novelas de Kate Courage —*El caso del decano distraído*— cuando había conseguido hallar un procedimiento para convertir aquella labor aburrida y empalagosa en una actividad estimulante y divertida. Llena de compasión por la fealdad de un profesor de Literatura, el tímido y bondadoso Harvey, la gentil Kate se entrega a él una noche, después de la larga e infructuosa búsqueda del microfilm de un manuscrito, una de las pistas para localizar al secuestrador, y al cabo asesino —por pura envidia de doctorando en el trance de realizar su tesis— de una profesora recién contratada. En el original, la escena estaba construida para suscitar una mezcla de humor y ternura, con algunas evocaciones poéticas, como la que hacía referencia a la dulce consumación del encuentro amoroso entre la Bella y la Bestia.

Imaginando sin simpatía sinónimos para calificar la gordura de Harvey —cuyo agradecimiento a la generosidad de Kate le hacía balbucear en el original abundantes "Dios mío" y "Cielos"— tuvo la idea de matizar la escena en un sentido grotesco y descubrió por casualidad que, si utilizaba algunos sinónimos, el fraseo del diálogo podía sugerir en la imaginación lectora más lubricidad que ternura. Con regocijo y por puro juego, siguió perfeccionando la traducción de la escena desde aquella perspectiva, hasta conseguir lo que a él le pareció un resultado aceptable, cuya ambigüedad propiciaba las resonancias obscenas, un texto muy divertido que solo aparentemente respetaba la voluntad de equilibrio de la autora, que había pretendido adornar con delicadeza la escena de un cópula.

La adaptación le exigió esfuerzo, pero quedó tan satisfecho de su logro que no resistió la tentación de utilizarla como si fuese la traducción literal del contenido de aquel fragmento de la novela. Y a partir de entonces procuró seguir tratando a Kate Courage de modo parecido, hasta conseguir que su brillantez se tiñese de prepotencia, su osadía de temeridad y su cultura de pedantería. También encontró la manera de que su empleo del sexo como forma sincera de comunicación humana manifestase indicios de vulgar promiscuidad.

El trabajo no era fácil y le obligaba a dedicar más horas de las acostumbradas para tal clase de literatura, pero lo hacía con gusto, casi con pasión, pues la dificultad estribaba principalmente en conseguir un texto ponderado y medido, donde a pesar de los matices de su traducción, Kate Courage continuara siendo un personaje culto, inteligente, elegante y animoso, que al final de cada trama elucidase con brillantez los misterios y resolviese los problemas. El reto estaba dirigido a su propia imaginación y creatividad, y consistía en transformar sutilmente la Kate Courage que había diseñado la autora en un personaje menos idealizado, buscando incluso resaltar con ironía aquellos aspectos que a él lo empachaban: la distinción que tanto debía la ficticia detective a su selecto origen familiar, y aquellos conocimientos al parecer enciclopédicos que poseía.

Y resultó que, después de haber traducido con tales pautas dos nuevas novelas de Kate Courage, nadie, ni el editor ni los posibles lectores, acusó haber apreciado diferencias entre la traducción y el original. Así, su primitivo aborrecimiento hacia los libros de la americana se transformó en interés, y esperaba con curiosidad las nuevas entregas de la serie, sabiendo que su traducción le iba a proporcionar muchos ratos sabrosos de auténtica creación literaria, como cuando debía enfrentarse a la traducción de algún texto de verdadera calidad.

Al llegar a su casa buscó a Toribio en las penumbras del chiscón para recoger el correo, subió las escaleras crepitantes, entró en su pequeño piso e intentó trabajar un rato antes de la comida, pero aunque aquella parte del ensayo no ofrecía complicaciones, él no se sentía capaz de conseguir la concentración necesaria. La noticia sobre la llegada del nuevo libro de la Crossfield le había desazonado profundamente, y lo cierto era que el recuerdo de lo sucedido seguía suscitando en él incomodidad y disgusto, hasta el punto de que no había podido tirar la correspondencia que hubo de mantener en torno al asunto, pues aquellas cartas tenían esa misteriosa solidez de la verdad, que no se puede destruir sin causar un daño definitivo en la propia estimación.

Cuando ya estaban en el mercado siete libros de Kate Courage y él celebraba con secreto regocijo la impunidad y maestría de su labor de metamorfosis, llegó a sus manos, por medio de la editorial, la carta que una profesora llamada Valdez le había dirigido:

He conocido personalmente a Kathleen Crossfield, por la que siento admiración y viva simpatía, y me ha dado a leer las traducciones que usted ha venido haciendo de sus novelas del ciclo de la detective Kate Courage. Creo que mi experiencia como profesora en el departamento de español de esta universidad me otorga cierta autoridad en la materia, pero la razón de mi carta no es juzgar los aspectos formales de la traducción —arrastrada en demasiadas ocasiones por la inercia de la construcción original— sino referirme a otros más sutiles, donde no juegan tanto la habilidad y los conocimientos que, sobre las respectivas lenguas, debe tener la persona que emprende profesionalmente la traducción de una obra literaria, cuanto el estricto e imprescindible respeto a la voluntad expresa del autor al determinar la naturaleza y el carácter de sus personajes. Señor Lugán, no conozco su comportamiento en la traducción de otros libros, pero en la de los de Kathleen Crossfield ha actuado usted como un traductor desleal y perverso. Usted ha convertido a la inteligente, valiente y liberal Kate Courage, un personaje inolvidable en su género, en un ser bastante estúpido, alocado y dogmático. He analizado con todo cuidado los libros y he comprendido que la manipulación ha radicado, de manera principal, en la elección de los adjetivos usados para describirla o calificar sus actitudes, o en los conceptos que usted ha puesto en su boca, a lo largo de los abundantes diálogos de las novelas. Ha creado usted entre el narrador y la detective una distancia que no está en el original, con el indudable propósito de ridiculizar la figura de esta y que, sin duda, ha conseguido menoscabarla y perjudicarla extraordinariamente. Insisto en que todo esto es sutil, y sería difícil probar ante un tribunal lo que yo afirmo, puesto que, en definitiva, la traducción no es una ciencia, ni una técnica que responda a métodos seguros e inmutables, pero para mí está claro que ha buscado usted los términos sinónimos, las oraciones y los enfoques expresivos que más pudieran distorsionar la imagen de Kate Courage que aparece en los textos originales. Su conducta es incalificable. Como conozco la sensibilidad de la doctora Crossfield, sé que el conocimiento de su traición resultará muy doloroso para ella, pero no puedo dejarla en la ignorancia en un asunto que tan directamente afecta a unos de los inalienables derechos morales de que es poseedora. Sé que se indignará y espero que su indignación llegue de inmediato al conocimiento de sus editores españoles y que usted reciba los que se merece, que, a mi juicio, debería consistir, sobre todo, en su fulminante alejamiento de un ejercicio profesional que no puede basarse en actuaciones como la que usted ha perpetrado, sino en el estricto respeto al texto original y en la insoslayable fidelidad a los designios del autor.

La lectura de la carta le devolvió a una realidad que había llegado a olvidar, envuelto en el embeleso de su juego secreto y vio claramente la gravedad del asunto y las desagradables consecuencias que podría acarrear para él, en el caso de que la Crossfield plantease una reclamación. Durante toda aquella jornada estuvo imaginando posibles soluciones, y al fin decidió contárselo a Marta. La llamó para concertar una cita y ella le invitó a cenar el siguiente viernes.

—Pero tienes que llevarme al cine —dijo, reafirmando el hábito de reciprocidad que era una de las condiciones de su trato.

Las relaciones entre Marta y él conservaban la camaradería estudiantil, y aunque se acostaban juntos de vez en cuando, no podía decirse que su vínculo tuviese las características de un noviazgo, sino más bien de una afectuosa sociedad eventual de solitarios. En las confidencias que se hacían sobre sus respectivos trabajos, él le había contado sus fastidios con los libros de la Crossfield —que a ella no le parecían tan abominables— y luego aquella manipulación que había transformado su fastidio inicial en un juego lleno de creatividad. A Marta la falsificación le había parecido digna de reproche y, aunque no solía opinar sobre sus asuntos si él no se lo pedía, en aquella ocasión le dijo que no debía seguir haciendo aquellas traducciones inexactas.

—Es poco profesional, por lo menos.

—¡Bobadas! —había respondido él—. Es hacer una especie de traducción experimental. ¿Por qué los traductores no vamos a poder experimentar, como los autores?

—Se supone que garantizáis la verdad del texto, que transmitís lo más fielmente posible el propósito del autor— repuso ella.

—¿El propósito del autor? —había exclamado él—. ¿Y por qué se tiene que suponer que podemos deducir claramente el propósito del autor? El sentido de las palabras es muchas veces equívoco y casi siempre viene cargado de ambigüedad.

—Mira —contestó Marta—, yo creo que en estas novelas está claro lo que la autora quiere y de qué manera ha perfilado su personaje.

—Eso es lo que tú crees —arguyó él—, pero acaso una voluntad profunda de esa Crossfield sería describir una Kate Courage con los matices que yo me he inventado. Al fin y al cabo no cambia el resultado de las acciones del personaje, ni sus aciertos se convierten en fracasos. Acaso una profesora tan distinguida como ella, con amistades tan refinadas, no se atreva a hacer explícito todos los datos turbios, o simplemente vulgares, que puede imaginar sobre el personaje.

—No me gusta nada, nada—había afirmado tajantemente Marta, dando por terminada la conversación—. Así que no me lo cuentes, si no vas a dejar de hacerlo.

El viernes posterior a la llegada de la carta de la profesora Valdez, Marta tuvo la delicadeza de no recordarle sus antiguas objeciones. Habían visto una película bastante aburrida y luego fueron a cenar a casa de ella. Durante la cena, él le leyó la carta de la profesora, pero Marta no dijo nada. Fregaron luego los cacharros y se prepararon unos whiskies, pero Marta seguía sin dar su opinión.

—¿A ti qué te parece? —preguntó por fin él, a quien aquel silencio de Marta estaba haciendo aún más preocupante sus premoniciones sobre los problemas que podía empezar a tener.

—Anda —dijo Marta—, vamos a la cama un rato y luego hablaremos. Yo creo que te has metido en un buen lío.

Los consejos de Marta habían abundado en lo que él, a pesar de su repugnancia, creía que convenía hacer para prevenir en lo posible los peligros que una airada denuncia del caso podría acarrear a su vida profesional, y tomó la determinación de escribir inmediatamente a la profesora y a la propia autora, haciendo protestas de inocencia.

Respetuoso, con humildad que asumía con bastante asco, contestó a la profesora, rogándole que no hiciese una lectura de sus traducciones tan desfavorables para su trabajo, pues en ningún caso había habido por su parte intención de modificar el original y mucho menos de falsificarlo, poniendo una ironía suplementaria a la que él, acaso equivocadamente, le parecía encontrar en las obras de la gran escritora Kathleen Crossfield. Que había venido realizando su labor de traducción a lo largo de más de veinte años, vertiendo en lengua española, para las mejores editoriales, muchos textos poéticos, narrativos y ensayísticos de la cultura anglosajona y de la francesa, sin que nunca se le hubiese planteado queja o reclamación alguna. Que, no obstante, estaba dispuesto a dar toda clase de explicaciones y justificaciones técnicas a la señorita Crossfield, o a quien fuese necesario. Que, como muestra de su buena fe y de su pesar por las modificaciones indeseables deslizadas en su traducción de modo inconsciente y contra su voluntad, tenía incluso el propósito de financiar de su propio bolsillo, en las posibles ediciones sucesivas, las rectificaciones que se estimase necesario introducir, a pesar de que la correspondencia exacta entre las lenguas era prácticamente imposible, como sin duda la profesora conocía mucho mejor que él, sobre todo si pertenecían a subgrupos lingüísticos diferentes, como era el caso, etcétera, etcétera.

En la carta a Kathleen Crossfield puso aún mayor cuidado y su humildad llegó a la abyección, pues tras repetir los argumentos, excusas y promesas de la carta a la profesora, se declaró entusiasta admirador de Kate Courage, personaje literario fascinante, lleno de vigor y arrolladora simpatía, que merecía estar en la galería de los inmortales, etcétera, etcétera.

Envió ambas cartas por un procedimiento caro y rápido y, durante algunos días, esperó con zozobra, en la vergonzosa conciencia de haber reaccionado como un pobre diablo, a ser convocado por la editorial para justificar su conducta, como consecuencia de la anunciada denuncia. Repasó con cuidado los libros, procurando apoyar lo más sólidamente posible aquellas opciones lingüísticas que había elegido a la hora de caracterizar al personaje de Kate Courage y hacerle vivir sus aventuras en lengua española, pero no hubo novedad, y aunque habló un par de veces con la persona que, antes de la llegada de Amaya, llevaba en la editorial los temas de traducción, nada le hizo pensar que se hubiese producido la esperada reclamación.

Por fin, un día recibió una carta de los Estados Unidos, que enviaba al parecer la propia Crossfield, y se dispuso a leerla con desasosiego. Con escueta displicencia, la autora acusaba recibo de sus excusas y añadía que intentaba no preocuparse demasiado por su traición, de la que le había informado detalladamente su amiga, la profesora Valdez, habida cuenta de la escasa difusión que suponía el mercado de España para sus libros, dentro del vasto mundo en que su obra era conocida y apreciada. Por eso no le había preocupado el sexo del traductor, que en el caso de países importantes, como Alemania o Francia, debía ser una mujer, por exigencia contractual.

Por ahora, ni siquiera considero imprescindible quejarme de usted. Además, por encima de su miserable actuación de varón resentido, la otra, la de verdadero traduttore traditore, *me ha sugerido la idea de un nuevo libro, en el que aparecerá un personaje como usted, un traductor infiel cuya muerte —pues será de víctima el rol que le va a corresponder a tal personaje en la trama de mi novela— va a ser meticulosa y eficazmente investigada por Kate. No solo no lo voy a vetar, sino que consideraré incluso la posibilidad de que sea usted el traductor del libro, y lo haré si consigo despejar mis serias dudas sobre su real y correcto conocimiento de mi idioma, y si usted sigue vivo para entonces.*

La vergüenza y el malestar de aquel episodio se mantenían dentro de él con toda la vigencia, y sus preocupaciones habían resucitado con la misma intensidad que tuvieron. Incapaz de conseguir que su inquietud se aplacase lo suficiente como para permitirle continuar trabajando un rato más antes de comer, abandonó sus esfuerzos y, tras hojear el periódico de manera también distraída y nerviosa, comió mecánicamente y permaneció bastante tiempo sentado ante los restos de su escaso almuerzo, hasta terminar la botella de vino.

Aquella misma tarde llamó por teléfono a Amaya, para saber si el disquete había llegado ya, pero ella había olvidado sin duda la conversación de la mañana.

—¿Qué disquete?

Cuando él se refirió a la nueva novela de la Crossfield, Amaya se echó a reír.

—Perdona, me has entendido mal —aclaró—, nos ha llegado un fax con el aviso de que nos lo van a mandar pero todavía no lo han hecho. Yo te lo enviaré con un motorista en cuento lo tenga, no te preocupes.

Al día siguiente, cuando salía a la calle para cumplir con la rutina del desayuno, el tabaco y el pan, después de unas horas en que apenas había conseguido mejorar el poco rendimiento de la víspera, Toribio asomó a la ventana del chiscón para preguntarle si ya se había ido la visita.

—¿Qué visita? —preguntó.

Toribio le explicó, extremando su aire cazurro de permanente desconfianza, que un hombre joven, posiblemente extranjero, había llegado como una hora antes y había preguntado por él, que dónde vivía y si estaría en casa a aquellas horas.

—Se lo dije, subió y no lo he visto bajar.

Él se encogió de hombros con gesto de indiferencia para no dejar traslucir un temor sin fundamento, pero comprendió que el bulto humano que le había parecido vislumbrar en el descansillo superior al de su piso debía de pertenecer al hombre del que hablaba Toribio.

—A mí me ha parecido ver a alguien en el descansillo de encima de mi casa, pero visita no he tenido ninguna— contestó antes de marcharse.

Como siempre, Nico estaba en la plaza, junto al quiosco, y vino hacia él con un trotecillo.

—Dame un pito, anda y espera que te cuente una cosa. ¿Tú conoces a un fulano rubio, con ojos de chiflado, que debe de ser extranjero?

—Yo qué sé— contestó él, intentando mostrar buen humor—, con ojos de chiflado conozco a unos cuantos, extranjeros, nacionales y autonómicos.

—Cuando pasaste ayer por la plaza, después de que hablamos, un fulano que seguro que no es de aquí se me acercó para preguntarme, hablando español muy malamente, si te conocía y si eras un trasladador de libros, así mismo lo dijo— explicó el mendigo.

—¿Y qué le contaste tú? —preguntó él.

—¿Qué querías que le dijese? Le dije que no, claro, que no te conocía ni sabía nada de ti.

—Muy bien, Nico, te has ganado otro cigarrillo —exclamó él con aplomo.

—Seguirá sin llover — informó Nico—. Los taberneros lo tienen jodido, pero está muy bien para los que vivimos de este oficio.

Las noticias de que un tipo extraño andaba preguntando por él dieron más consistencia a su desazón, de acuerdo con sus intuiciones. Así, a través del mecanismo que movía la lógica de su temor, atribuyó al desconocido interrogador de Toribio y Nico la apariencia de aquel individuo que, el día anterior, había descubierto observándole junto al contenedor de la calle de Silva, frente a la librería, y que había vuelto a percibir a sus espaldas a lo largo del paseo. Sus temerosas sospechas se hicieron más intensas cuando, al regresar a su casa, Toribio le llamó y luego salió del chiscón para hablarle, mostrando en lo rígido y lento de sus gestos la gravedad de los motivos que lo impulsaban.

—El tipo estaba ahí —exclamó—. Subí a echar un vistazo y estaba ahí, quieto, yo diría apostado, como esperando algo. Le llamé y salió corriendo como un galgo, casi me tira por las escalera el muy cabrón.

Por la tarde se esforzó en la traducción del ensayo francés con ahínco desacostumbrado, más con el afán de no pensar en la anunciada novela de la Crossfield y en la presencia del misterioso visitante que con el avanzar en la metáfora del hombre melancólico, pero su inquietud le hacía muy dificultoso el trabajo, y a menudo separaba la mirada del libro y de la pantalla para dejarla perderse en los balcones fronteros, donde los objetos depositados, tiestos con plantas o trastos de desecho, eran la bandera del talante de sus inquilinos.

Un inesperado revoloteo verdoso llamó su atención y descubrió la menuda figura de dos periquitos que se posaban en una de las balconadas. Los vio alzarse al rato y desaparecer de su vista con aleteo torpe. Sin duda eran fugitivos de algún cautiverio que, sin embargo, había sido su único medio para sobrevivir, y la consideración de aquella libertad que conducía a la inanición y al frío lo hizo entregarse otra vez a su trabajo con fervor.

Aquella noche no salió a cenar, ni los dos días siguientes dejó el piso para otra cosa que bajar al portal a pedir el correo y encargar a Toribio que le comprase el pan y el tabaco, aduciendo que se encontraba con algo de gripe. Intentaba justificarse a sí mismo en los buenos resultados de su trabajo de traducción, que aquel aislamiento estaba favoreciendo, pero su temor lo avergonzaba tanto que no le contó nada a Marta cuando ella lo llamó para proponerle un encuentro el siguiente fin de semana. Por fin, después de aquellos dos días, se decidió a salir a la calle para vencer una cautela que tenía todas las trazas de la cobardía injustificada.

Salió pues, hizo la compra de la semana y, aunque iba alerta para prevenir cualquier sorpresa, no le sucedió nada anormal, ni se encontró con aquel individuo que, al parecer, estaba tan interesado en su persona. La tarde de aquel día pudo comprobar que su vehemente labor de las pasadas jornadas había hecho avanzar la traducción de modo extraordinario, y se dispuso a salir a cenar a uno de los restaurantes baratos de la zona. Comió abundantemente y luego se acercó a la Gran Vía para tomar una copa, más en el impulso de un exorcismo que en el de una celebración.

Al regresar a casa, junto a unos cubos malolientes de basura, una figura se interpuso en su camino. Comprendió enseguida que se trataba de aquel mismo sujeto de ojos extraviados e inquietantes que había visto contemplándole, la mañana que descubrió el friso de las novelas de Kathleen Crossfield. El individuo esgrimía un cuchillo grande como un machete.

—Tranquilo —musitó él—. Te daré todo lo que llevo encima, hasta la chupa, si te interesa.

El otro no parecía escucharle, y su modo de inclinar el torso y retirar hacía atrás el brazo armado indicaba claramente que iba a atacar sin condiciones. Con un quiebro, él consiguió esquivar la cuchillada y, empujando al agresor, le obligó a seguir el impulso de su acometida, perder la estabilidad y caer. Luego hizo que se volcasen sobre él los cubos de basura y echó a correr con todas sus fuerzas, buscando en los bolsillos las llaves de casa. Se sentía tan excitado que en su carrera le parecía volar sobre el suelo húmedo, rasgando la bruma invernal vertiginosamente.

La casa estaba muy fría y puso varias mantas en la cama, pero no consiguió calentarse. Aquella noche apenas durmió, sin poder dejar de darle vueltas a la agresión que había sufrido. En los años que llevaba viviendo en el barrio había sido interpelado con amenazas un par de veces, por jóvenes drogadictos en busca de dinero, aunque nunca con la mortal agresividad que había mostrado aquel individuo, y después de tanto tiempo de vecindad era ya tan conocido que podía moverse por las viejas calles sin tener que tomar demasiadas precauciones.

En su inquietud, llegó a relacionar la agresión con la advertencia de que estaba a punto de llegar aquella novela de Kathleen Crossfield cuya víctima era al parecer un traductor, e intentó ajustar en aquella noticia las figuras del extranjero que andaba preguntando por él y de su violento agresor, pero comprendió que era absurdo establecer algún nexo verosímil entre la autora americana y aquel navajero de ojos extraviados. Sin duda había recalado en el barrio un tipo enloquecido y peligroso, y convenía avisar a la policía, para evitar que se repitiesen agresiones como aquélla y que el tipo cometiese alguna barbaridad. Pero cuando al fin se quedó dormido —ya muy avanzada la madrugada— encontró en el sueño los ojos feroces de su asaltante y pensó que, para describir su actitud y su brillo, serían muy adecuados los adjetivos simples y directos que resultaban tan del agrado de la creadora de Kate Courage.

El manuscrito llegó por fin la mañana del miércoles y a él le pareció muy corto, comparado con las novelas habituales de la serie, pero comenzó a leerlo con la avidez de quien intuye que el mensaje recién recibido contiene algo importante para su vida.

La traducción literal del título podría ser *El caso de traductor infiel,* y desde las primeras páginas aparecía Kate

Courage, esta vez muy lejos de los que constituían sus escenarios habituales —algún campus cuidado y limpio, entre las colinas cubiertas de bosque, los pequeños hoteles confortables y las vetustas mansiones de Nueva Inglaterra— ya que se encontraba en la capital de un país europeo meridional, de calles sucias y llenas de ruido, olorosas a aceite frito.

Kate estaba de paso por aquella ciudad, camino de un importante congreso de egiptología —era gran aficionada al tema y había heredado de un tía abuela una rica colección de objetos procedentes de Tell-el-Amarna— y durante un breve paseo por el centro encontraba, expuestas en el escaparate de una librería, las traducciones al idioma del país de los libros escritos por una profesora muy amiga suya, cuya protagonista era también una mujer atractiva e inteligente, aficionada a las labores detectivescas.

Como entre los idiomas que Kate dominaba figuraba precisamente aquél. Kate compró varias de las novelas, pues aunque las había leído en su versión original sentía curiosidad por releerlas bajo la forma del idioma de aquel país. Y aquella misma noche, al acostarse, comenzó la lectura, recibiendo enseguida una impresión muy desagradable, pues la persona que había hecho la traducción, al parecer un hombre, se había permitido manipular de tal manera el texto inglés que, aunque se respetaban todos los pasos y sorpresas de la trama, la encantadora detective se había convertido en una especie de ridículo marimacho.

Muy irritada, Kate Courage decidió aprovechar la mañana siguiente, antes de la salida de su avión, para intentar encontrarse con aquel traductor y, asumiendo la representación de su amiga, manifestarle su repulsa. Con su característico dinamismo, Kate localizó al traductor al principio de la mañana, en poco más de una hora, tras varias llamadas a la editorial en la que exigió que le facilitasen su dirección. Con la misma resolución tajante y después de intentar localizarlo por teléfono, se dirigió a su domicilio.

Cuando Kate llegó al edificio —el hombre vivía en el primer piso de una casa destartalada— había delante un coche patrullero de la policía y una ambulancia donde dos enfermeros introducían una camilla sobre la que reposaba un cuerpo. Interesada por lo que pudiera haber sucedido, Kate interrogaba sin titubeos a los policías, hasta lograr enterarse de que el hombre que estaban metiendo en la ambulancia, era, precisamente, el traductor que había ido a visitar.

En aquel punto terminaba el manuscrito y una frase cortada hacía evidente que el texto estaba incompleto. Llamó a Amaya para pedir que le enviase el resto del original, pero ella se sorprendió bastante de su petición, pues estaba segura de que el texto impreso en aquellos folios era el único que contenía el disquete que había llegado de los Estados Unidos.

—A mí también me pareció muy corta, pero la verdad es que ni siquiera le eché un vistazo. Como la ibas a leer tú... —dijo.

Le prometió que haría enseguida la pesquisa necesaria, y un rato más tarde era ella quien telefoneaba, para confirmarle que en la editorial no se les había traspapelado ninguna parte del manuscrito y que habían enviado un fax para reclamar lo que sin duda le faltaba.

Tras la brusca interrupción de su lectura intentó olvidar el manuscrito y continuar trabajando en la traducción pendiente, pero seguía sintiendo mucho frío y estaba perplejo. Por lo que había leído, aquella novela era bastante extraña. Por una lado, la Kate Courage que la protagonizaba se comportaba más como el personaje que él había recreado en sus traducciones que como el imaginado originariamente por Kathleen Crossfield: manifestaba en sus juicios un menosprecio sincero y directo —impropio de quien estaba inventada desde pretensiones de inteligente tolerancia— hacia el país en que se encontraba y sus gentes, y se mostraba impertinente y soberbia cuando intervenía en los diálogos, tanto en su búsqueda conminatoria del traductor infiel como en su charla con unos policías que respondían a las interpelaciones con atolondrada docilidad. Por otro lado, la descripción de los barrios del centro y su toponimia se ajustaban extraordinariamente a la realidad de aquella misma ciudad donde él vivía, como si la Crossfield conociese a la perfección aquellos lugares.

Tales especulaciones acabaron absorbiéndolo, y fue incapaz de dedicar su atención a ninguna otra cosa. Pero aunque había encendido todas las estufas de casa, el frío era ya insufrible y fue comprendiendo que, de igual modo que la pretendida novela de Kate Courage parecía un simulacro imaginado por él mismo, aquel frío que lo atenazaba no tenía relación alguna con la realidad de su piso.

Abrió por fin los ojos: estaba tirado en el suelo de la calle, entre las bolsas desparramadas de la basura, y en el vientre sentía un dolor intensísimo. Rememoró entonces toda la secuencia de la agresión: la aparición del hombre de mirada enloquecida, el brillo de la hoja en su mano, el ademán amenazante de su cuerpo. No había conseguido esquivar la cuchillada y cuando quedó en el suelo recibió otras, que había sentido como súbitas y profundas quemaduras. Su agresor había huido luego corriendo, tras empujar sobre él los cubos de basura. Mientras perdía el conocimiento, él había imaginado, como en aquel cuento de Bierce, que llegaba rápidamente a su casa y todo lo demás. Intentó moverse pero no pudo conseguirlo, y tampoco le salía la voz. Me voy a morir, pensó, se va a estropear toda la comida del frigorífico y nunca me enteraré de cómo era de verdad la última novela de Kate Courage.

Sin embargo, no murió. Los basureros, que llegaron a primeras horas de la mañana, encontraron el cuerpo y avisaron a la policía. El médico de un ambulatorio cercano le hizo una cura de urgencias y al fin una ambulancia lo transportó al hospital, donde le operaron enseguida. Estuvo muy mal, pero pronto empezó a recuperarse.

Cuando pudo recibir visitas, Marta fue a llevarle un sobre destinado a él y remitido desde los Estados Unidos que había recogido del chiscón de Toribio. Era uno de esos envíos urgentísimos que llevan impresa la gran cabeza de un águila multicolor y él lo abrió con torpe precipitación.

Dentro había una carta de Kathleen Crossfield, breve y alarmada, exhortándole a precaverse de una posible agresión. Un alumno de la profesora Valdez, muchacho inestable, fanático y violento, que durante mucho tiempo había disimulado la verdadera naturaleza de su carácter e impulsos, había tenido noticias, a través de determinadas confidencias de la citada profesora, de las mixtificaciones a que había sido sometida la personalidad de Kate Courage, de quien era ferviente admirador, por parte del traductor español. Otra confidencia de la profesora Valdez sobre el tema de la última novela de la Crossfield, la que debería publicarse simultáneamente en los Estados Unidos y en Europa, había al parecer desencadenado en el alumno un acceso de locura y, según se acababa de saber por una nota apasionada que el alumno había dejado a la profesora Valdez, debajo de la almohada, tenía el propósito de viajar a Europa para llevar a cabo, con sus propias manos, lo que consideraba una justa y hasta poética ejecución reparadora.

El muchacho ha desaparecido y nos tememos que pueda haberse puesto de viaje en busca de usted con propósitos agresivos. He informado a la policía, como era obvio, y le informo a usted para que esté prevenido si resulta ser cierto el acceso de demencia vengativa del joven.

La misma tarde fue Amaya a visitarlo. Le llevaba de regalo un libro sobre naves y navegación que la editorial acababa de publicar y le informó de las novedades que habían ocurrido aquellos días y, entre ellas, de la llegada de la novela de Kathleen Crossfield.

—La estoy leyendo y es bastante entretenida. Trata de un traductor un poco chalado que deforma impunemente el sentido de los textos originales para ridiculizar a los personajes que no le caen bien.

— ¿Cómo es posible hacer eso? —preguntó él, tras lanzar a Marta una mirada astuta.

Amaya se encogió de hombros.

—Es una novela, hombre, en las novelas todo es posible, y esta está muy bien llevada. Las traducciones del personaje respetan escrupulosamente los originales en el desarrollo de las tramas, pero manipulan el modo de ser de algunos personajes. Las traducciones van apareciendo y nadie se entera, hasta que el traductor tropieza con las novelas de una autora vengativa, que acaba conociendo sus manejos y decide cargárselo.

—¿Lo mata? —preguntó él, sintiéndose muy débil.

—No directamente —repuso Amaya—. Consigue que se comprometa a matarlo un joven psicópata con ínfulas de escritor, al que le da la idea como si fuese el tema para una novela que le propone escribir, asegurándole que le ayudará a publicarla. La Courage va descubriendo los motivos del crimen gracias a su dominio de idiomas y a su erudición lingüística. Hay páginas bastante divertidas sobre la ambigüedad de la comunicación entre las diferentes lenguas. Además la Courage, en este libro, está más despendolada que en ninguno. Ya llevo más de la mitad.

Aturdido, él tardo en reaccionar unos instantes y luego preguntó, por puro automatismo, cuál era el plazo en que la novela debería ser traducida.

—Ya te dije que corría mucha prisa —repuso Amaya preparándose para irse— pero tú estate tranquilo, que esta no te toca. La Crossfield ha mandado una nota exigiendo que este libro lo traduzca una mujer, ¿qué te parece?

—Ese es el mejor de todos los finales posibles —musitó él, mientras Amaya lo contemplaba con sorpresa antes de marcharse.

Las visitas de Marta y de Amaya no fueron las únicas aquella tarde. Después de que le renovaran el plasma del gotero aparecieron dos policías. Uno de ellos le mostró la foto, de frente y de perfil, de un individuo mal encarado, y le preguntaron si lo reconocía.

—Ese es —afirmó él sin titubeos—. Me anduvo siguiendo por el barrio y aquella noche me atacó.

—Ya lo tenemos —dijo uno de los policías—. Un delincuente muy peligroso, que estaba en fuga. Se ha debido de volver loco, porque es el mismo que esa noche apuñaló también a un camarero del Fuyma y a una taquillera de la estación del metro de Santo Domingo, sin robar nada a ninguno de los agredidos.

—¿No es un americano? —preguntó él y los policías lo miraron con extrañeza.

—¿Por qué iba a ser americano?

Se sentía otra vez temeroso y estaba muy cansado, pero les alargó la carta de la Crossfield y les tradujo lo que para él era más importante, la noticia de que un norteamericano psicópata podría estar buscándole para matarlo. Y era para inquietarse, insistió, esforzándose por dominar un cansancio que lo empujaba al sueño, porque en el barrio un tipo extranjero había estado preguntando por él.

—Supongo que nos podemos llevar la carta —dijo uno de los policías, y cuando él asintió se despidieron con rapidez.

También Marta se dispuso a irse, pero después de besar sus mejillas se quedó mirándolo con aire inquisitivo.

—¿Estás preocupado?

Él se encontraba confuso, pero negó con la cabeza.

—Aquí estás bien seguro —dijo Marta— y mientras tanto ellos encontrarán a ese americano, si es que es verdad que ha venido y no se trata de una broma macabra de la Crossfield. Además si hubiera venido y hubiera querido hacerte daño ya te lo habría hecho, con los días que llevaría andando por ahí, y sabiendo quién eras. Tranquilo, Antonio, lo del tipo que te asaltó es solo un caso de mala suerte.

Tuvo algo de fiebre y, entre la inquietud de los malos sueños, se despertó dos o tres veces, con sobresalto. Como quien intenta mantener el equilibrio en una superficie movediza, en todas las ocasiones tuvo que recuperar el orden de sus pensamientos, desperdigados entre los recuerdos de los sucesos reales y las fantasmagorías del delirio, donde algunas de las escenas de aquellas novelas cuya traducción había acometido como si él mismo fuese el autor del personaje pretendían cobrar también apariencia de realidad.

A primeras horas de la mañana del día siguiente, después de la visita del médico, se acercó a él una de las enfermeras.

—¿Estás despierto? —preguntó sin necesidad, porque era evidente que sí lo estaba—. Tienes una visita. Trae un pase especial.

Antes de que pudiera volverse, la mujer entró en su campo visual. Era muy bella, con el cabello color de miel. Cuando estuvo junto a la cama pudo sentir el olor de un perfume exquisito y descubrir que sus ojos tenían un insólito color violeta. La mujer habló con voz de tono grave, en un español bastante bueno.

—Ante todo, le voy a explicar quién soy yo —decía la mujer, y él comprendió que ya lo sabía, aceptando que su confusión empezaba a ser la única realidad posible.

Expiación

Se había quedado dormido de cara contra la tapia, tumbado sobre el pellejo de cabra, con las espaldas al sol de febrero, aquel tranquilo mediodía, después de comer un pedazo de hogaza con queso y beber de la bota un cuartillo de vino.

El silencio se derramaba lentamente y él se mecía en un dormir placentero, en el que era consciente de aquella dulce modorra. Un dormir sabiéndose dormir. Pero, al cabo, el frío le obligó a despertar. Una nube amarronada, como de nieve, había tapado el sol con su larga melena. Y aunque en los bordes brillaba el cielo, muy azul, a la sombra se enardecía la inclemencia del invierno.

Se sentó, ejercitándose para dominar aquella pereza gustosa de su breve siesta, y se fue alzando luego con ayuda del cayado, sintiendo todavía en el hombro derecho el tirón de un esquince ya casi añejo.

Aquella permanencia de los dolores y de los hematomas era signo inequívoco de que el cuerpo iba declinando sin remedio en su vitalidad. De igual modo, ahora sentía cómo su respiración era a veces difícil, forzándole a angustiosos instantes de ahogo, o cómo, a pesar del lento y cuidadoso masticar, los raigones de las muelas deshechas le producían largos días de aflicción.

Se sentía muy viejo, como si fuese solo un amasijo de fragmentos que un día estuvieron sólidamente unidos por la tensión de una voluntad bulliciosa, pero que se encontraban ya a punto de desmoronarse.

Se ató el pellejo al hombre, colgó encima el morral, cubrió su cabeza con el sobado sombrero, cuya ala se doblaba por el peso de la descascarillada venera, y echó a andar, dejando el pequeño rincón junto a la tapia para volver al sendero. Ahora había más nubes y una brisa norteña, que silbaba en los chopos deshojados, raspaba contra sus mejillas y sus orejas un resoplido helado.

Debía continuar su andada sin más pausas y llegar con el crepúsculo. Caminó durante largo tiempo sin encontrar a nadie. Bajo el dosel tenebroso de las nubes, los rayos oblicuos teñían de amarillo los suaves oteros boscosos, y de violeta las montañas que recortaban el horizonte.

Divisó a los lejos el promontorio que anunciaba la visión del valle y se admiró entonces de su buen paso, ya que, a su juicio, había transcurrido poco tiempo desde la siesta. Luego, la misma idea de tiempo le hizo sonreír. A estas alturas de su vida el tiempo carecía de significado, y los días se sucedían como los simples claroscuros de uno solo, girando sobre sí mismos, repitiéndose de modo exacto, aunque con alguna sutil modificación en los parajes y las gentes del contorno. A estas alturas, el tiempo había perdido para él aquella figuración, alguna vez sentida, de la celeridad de la llama que agota sin remedio el mismo combustible en que se produce, y su imagen había sido sustituida por esa otra, más confusa por lo repetitiva, pero muy precisa en su sustancia, de un panorama inmóvil en el que se amalgamaban gestos iguales, senderos, vegas, puentes, hospederías y ermitas semejantes.

En su caminar, había asistido al levantamiento de los puentes de madera, a su consolidación posterior en puentes de piedra, a la transformación de humildes ermitas iniciales en monasterios suntuosos, al crecimiento de los edificios en las viñas y en las ciudades, que se iban ampliando con sucesivos mercados, iglesias y hospitales. Había pisado sobre sendas polvorientas, pero también sobre trochas de herradura, calzadas de losas ancestrales, rutas empedradas con cantos de río, carreteras anchas y lisas como suelos domésticos.

Con el paso del tiempo, apenas concedía atención al mundo que lo rodeaba. Recorrían las rutas peregrinas, en dirección a sus opuestas puntas, hombres a pie y hombres cabalgando a lomos de caballerías o subidos en carromatos tirados de bueyes. Pero también vehículos vertiginosos que ningún animal arrastraba y en los que brillaba el sol con reflejos de coraza.

Sus ojos habían contemplado un trasiego tan vario que lo percibían ya sin interés. Era incapaz de recordar cuántas rutas había recorrido y cuántas veces lo había hecho. Cada peregrinaje quedaba marcado en su recuerdo por un peculiar sentido del sol: el sol poniéndose al frente o a sus espaldas; la sombra del cuerpo alargándose sobre las tierras a uno o a otro lado. Acaso algunas otras señales del paisaje —montaña o llano; arbolado o urces; peñascos o arenales— ayudaban a la identificación del lugar, pero sobre todo la luz del sol.

Sin embargo, no era cuestión de tiempo. Había comprendido ya que el tiempo no existía. Todo acaecía simultáneamente. La apariencia de sucesión y concatenación y, por lo tanto, de tiempo, venía solo determinada por la ilusión de cada observador. Así, la absoluta coincidencia de los sucesos parecía desagregarse, descomponerse, ordenarse de forma continuada, para que fuese posible su minuciosa, aunque breve, contemplación. Pero esa apariencia llevaba consigo el engaño de sugerir una idea de transcurso. Su misma senectud coexistía con su pubertad, y solo el horrendo pecado cometido había hecho posible que ambas estuviesen tan separadas dentro de él, obligándole a este penoso, infinito viaje por tantos rumbos diferentes.

Un golpe de viento levantó de pronto un pico de su esclavina, golpeándole un ojo. Se detuvo para enjugarse con el dorso de la mano. Antes de que el dolor se fuese aplacando, se sintió agradecido por la aflicción que le había proporcionado. Su largo peregrinar, que tenía muchas ocasiones para la incomodidad, no le deparaba, sin embargo, una concreta mortificación, sino algunas veces: la torcedura de tobillo o el golpe como consecuencia de una pisada torpe; la agresión a garrotazos de algún ladrón muy pobre; la indisposición subsiguiente a alguna limosna de comida estropeada; la mordedura de un can enfurecido… Por eso, festejaba cada oportunidad de dolor como si le proporcionase un premio y no un castigo. En su largo viaje por todas las rutas peregrinas, había buscado solamente la expiación y, sin señales todavía de que la expiación y, sin señales todavía de que la expiación estuviese cumplida, quería reconocer como un atisbo de ella cualquier accidente que le produjese un dolor o una vejación precisos, constatables.

Un milano cruzaba el cielo. Escuchó sus aleteos antes de mirarlo, planeando contra el viento. Al fondo, en lo alto, el sendero hacía un recodo que culminaba el ondulado lomo del cerro. Había a un lado la masa piramidal y oscura de un chozo. Supo que, cuando coronase aquel lugar, podría contemplar el mundo de sus orígenes, cóncavo como el hueco de dos manos unidas, atravesado por las aguas del río, rodeando la loma donde una vez estuvo el castillo de su padre.

Cuando su ancianidad parecía colmada, cuando el final se anunciaba con el quebranto de todos sus sentidos y el entumecimiento de su cuerpo, renacía en él la vieja angustia inicial que lo había empujado al continuo peregrinar. Al cabo del ancho cúmulo de peripecias, que era ya como una sola peripecia borrosa, no había encontrado jamás el signo convincente de que su penitencia fuese aceptada y, con ello, cumplida la expiación de su pecado.

Su pecado no era solo el haber matado a su hermano. La muerte de su hermano había sido el resultado de una larga rivalidad, en la que acaso ninguno de los dos fue verdadero protagonista, sino un reflejo de oscuras tensiones ajenas. Y aunque la soledad obsesiva de tantos años le había dado al recuerdo del suceso una comezón cainita, lo cierto era que su remordimiento primero se originó, sobre todo, más que en aquella muerte, en la conciencia de sus resultados.

Aquella tarde, junto al río, culminó un antagonismo que provenía acaso de sus orígenes, legítimo el uno y bastardo el otro, aunque nacidos ambos de madres que murieron al darles la vida. Desde que tenía conciencia de sí mismo, su hermano se le presentaba como un rival inmerecido, injusto, que debía ser asumido como algo irremediable e íntimo y que, precisamente por ello, provocaba un aburrimiento más insidioso.

Ya no recordaba las prolijas perfidias del castillo, pero sí que en ellas se entremezclaban intereses y sentimientos de parientes y allegados. Parecía haber en todos un especial regocijo al enfrentarlos ya desde su niñez más tierna, cuando ambos aprendían las primeras mañas. Con el tiempo, aquel careo se convirtió en la única forma de comunicación entre ellos. La revisión de los saberes impartidos por los preceptores, el cuidado y destreza con los caballos, los juegos de guerra, las habilidades para la caza, todo lo que aprendían, era observado en cada uno de ellos a través de la comparación con el otro. De ese modo, la supremacía llevaba consigo no solo el gusto de la victoria sobre el contrincante, sino también la aversión cada vez mayor hacia el rival.

La señora abuela era enemiga de aquella complacencia general en el enfrentamiento, pero su desacuerdo lo declaraba únicamente con leves murmullos doloridos. Por su parte, el señor padre parecía complacerse en acuciar el antagonismo, pensando tal vez que aquella actitud vigorizaría en ellos el reflejo de su propio carácter, cuya firmeza había consolidado la permanencia del castillo y del señorío.

Si esa era la idea, sin duda el resultado no fue el apetecido: así, a los tres días del entierro del señor padre —al que mató un gigantesco jabalí en un mal lance de caza—, ambos consideraron inexcusable dirimir definitivamente su acendrada diferencia, resolviendo al mismo tiempo la sucesión en la heredad.

En el castillo había una silenciosa expectación. Ellos se encontraron más allá de la huerta del monasterio, junto a un pozo del río y, sin hablar, comenzaron la pelea, entre el revuelo de los pájaros asustados que abandonaban la maleza de la ribera. La pelea fue larga y, cuando el sol se ponía, una estocada certera de su espada atravesó el corazón de su hermano.

Evitó a su abuela y, en espera de que velasen y enterrasen al difunto, se retiró a un escondrijo del monte con un criado fiel. Sin embargo, en breves horas, los acontecimientos se fueron sucediendo fatídicamente. La señora abuela murió, dijeron que de pena. Los señores limítrofes, con la complacencia real, ocuparon el dominio, desarmaron el castillo y se repartieron los guerreros y los siervos.

Intentó oponer resistencia violenta, pero en la primera escaramuza con una patrulla de los usurpadores quedó malherido, y su criado perdió la vida. Veló su cuerpo varios días, hasta que el hedor atrajo a los cuervos y a las alimañas. Lo cubrió entonces con piedras y ramas, en un esfuerzo penoso. Comprendía ya todo el alcance del enfrentamiento fratricida, y se comprometió a una vida mendicante y humillada, de continuo peregrinaje por todos los lugares santos del mundo, para ganar la redención de su falta.

En su largo vagabundeo había conocido centenares de iglesias y eremitorios, capillas y monasterios, dedicados a santos y a vírgenes por muchas razones venerables, que incorporaban su presencia a bosques, peñas, cuevas y manantiales milagrosos y benditos. Era un vagar pausado, sin otro objetivo que la penitencia en busca de la señal del perdón, un deambular sumiso que fiaba su supervivencia a la generosidad de los otros peregrinos o de las aldeas que surgían a lo largo de las interminables caminatas. Las asperezas del clima y lugar, las hambres y las fiebres, marcaban el transcurso de los rezos con huellas de sacrificio.

Una vez, en Roma, encontró un peregrino que hablaba el lenguaje familiar. Era joven y presentaba en su frente la cicatriz de una quemadura, acaso recuerdo infamante de algún castigo. Comenzó a hablar con él, le preguntó por aquel país común de montañas y de ríos trucheros, y poco a poco se atrevió a interesarse también por su tierra y su casa. El romero era mucho más joven que él y no lo relacionó con aquel protagonista de una historia sangrienta y oscura, pero le dio nuevas de que el castillo que se había ido consolidando a lo largo de su linaje, donde transcurriera su vida hasta el día funesto, ya no existía. Con sus piedras talladas habían construido un puente y habían ampliado el monasterio, y las gentes usaban las ruinas como adecuada cantera para levantar los muros de sus casas y de sus corrales.

Había sido un vagar sin pausa ni descanso. Y ahora que estaba cerca el final de su vida, recordaba amargamente aquel viaje hacia una respuesta que nunca había llegado y retornaba al lugar originario, sabiendo que no encontraría ya las viejas piedras familiares, pero con un afán final de empaparse en el aroma de los prados infantiles y en el sonido del río junto al que había nacido, en la convicción de que aquel encuentro tendría un latido benéfico, en el que podía encontrar, si no el perdón, al menos una sombra de consuelo.

El crepúsculo se esparcía sobre los cerros, dorado, casi rojizo. Remontó despacio la loma, recuperando el recuerdo de la suave ondulación en que contrastaban las sombras obligadas por la luz de poniente, un lugar que persistía en su memoria con una individualidad sin semejanzas.

Se detuvo y contempló el paraje, mientras una perplejidad curiosa iba despertando dentro de él. El lugar tenía la exacta apariencia de sus ámbitos juveniles: a la derecha se deslizaba la larga y suave falda del monte donde a media ladera, sobre las peñas que interrumpían la frondosidad de la floresta, se alzaba la fortaleza del castillo, con sus torres almenadas, incólume y perfecta. Algo, una calidad del aire, un olor peculiar a humedad, añadió entonces una verosimilitud especial a su visión.

No era una impresión engañosa: allá arriba, sobre los matorrales, se alzaba el castillo. Una gran columna de humo señalaba la chimenea de las cocinas y brillaba el sol en los vidrios de la ventana de la alcoba paterna, en lo alto de la torre sudoeste. Las nubes se amontonaban lentamente, muy altas. Esquilas lejanas señalaban la vuelta del ganado.

Entonces comenzó a comprender. Su mano derecha no sujetaba un cayado, sino una espada. Avanzó unos pasos, llegó a lo alto de la loma y contempló la hoz del río. En el monasterio cantaban, y el sonido llegaba suave y armonioso. Bajó con rapidez, bordeando las tapias.

Vio primero su bulto, pero fue enseguida capaz de distinguir su rostro. Tenía también la espada desenvainada. Cuando estuvieron lo suficientemente próximos, comenzaron a pelear. La lucha fue muy larga. Por fin, un movimiento inesperado le hizo descuidar la guardia. Su hermano, también sudoroso, aprovechó con ligereza la oportunidad.

Sintió cómo la espada le atravesaba el pecho como una sensación fría, pero no dolorosa. La tarde se oscureció súbitamente. Y entendió que, por fin, se le había otorgado el cumplimiento de su largo deseo. Su pecado quedaba reparado. Y antes de expirar, compadeció a su hermano, condenado por esta muerte suya a una interminable peregrinación.

La voz del agua

Poco después de que todos los amigos se hubieran ido, cuando la casa había recuperado el silencio, empezó a sonar el motor del helicóptero que vigilaba los barrios del centro las noches de los fines de semana. Primero, un murmullo ahogado, oscuro, de agua lejana precipitándose por una torrentera, luego, la trepidación más cercana de los vertiginosos aletazos, hasta que el ruido atravesaba con violencia el edificio durante unos momentos antes de alejarse otra vez.

Eva había empezado a recoger los cacharros y Álvaro le había dicho "déjalo para mañana, mujer, mañana es domingo", pero ella no le había hecho caso, "cuanto antes nos quitemos esto de encima mejor, si no mañana olerá fatal", y él, sin replicar, había colocado en la bandeja los ceniceros y algunos platos y se había ido a la cocina, pero ya no regresó.

Eva retiró lo que quedaba, pasó un paño por la mesita, arrasando el diminuto paisaje desértico que las migas dispersas habían construido sobre el cristal, y al fin se entretuvo en meter en sus sobres las fotografías desparramadas sobre la alfombra y el sofá.

A Eva, el desorden de los objetos le daba siempre inseguridad y malestar, porque intuía que el orden de las cosas que la rodeaban guardaba con su propio orden interior una relación simétrica, que no era solamente un reflejo, sino también un estímulo y hasta un apoyo para la perseverancia del equilibrio: ordenamos el mundo de nuestro alrededor según las leyes que conforman nuestra alma, y la forma que damos al mundo se convierte, a su vez, en una ley para nosotros.

La reunión con los amigos había tenido como motivo principal mostrarles aquellas fotos y relatarles los detalles del viaje. Al colocarlas, Eva no pudo evitar demorarse en la contemplación de algunas. No es raro que las fotografías embellezcan los parajes que reproducen, tamizando el brillo excesivo del sol, encendiendo más de lo natural los colores de las flores, dando mayor refulgencia al follaje de los árboles o consiguiendo representar con especial pureza lo transparente de algunos rincones marinos, y en tal mistificación se fundamenta casi toda la propaganda turística; pero en aquel caso, la realidad había resultado mucho más hermosa que la que los documentales y los folletos habían popularizado en tantas imágenes, y las fotografías que ellos habían hecho eran solo una pobre figuración de la belleza de aquellos lugares, donde las remotas construcciones se escalonaban en la gran rebanadura montañosa y una bandera de nubes separaba a menudo el cielo de la vegetación esmeralda.

Con aquel viaje habían celebrado su matrimonio tras casi ocho años de pareja, y los lugares que habían visitado estuvieron bien elegidos: las ciudades ancestrales en la gigantesca cordillera, los valles extensísimos que recorrían ríos opulentos, el lago inmenso como un mar, rodeado por sierras que se alzaban en la lejanía, macizas como continentes. Pero entre todas las evocaciones, tal vez la más perfecta e intensa era la de los dos días que permanecieron en la fortaleza, y la profusión y secuencia de las fotos testificaban con fidelidad aquellas horas.

Las repasó una a una saboreando los recuerdos, desde la que le traía la imagen de la primera mañana, con su recorrido lento entre los muros de piedra de la fortaleza, hasta las que iban recordando los rincones sucesivos del camino que unía la fortaleza con la Puerta.

En el silencio volvió a resonar el eco de un rumor, pero no era el del helicóptero y concluyó en el gorgoteo de una cañería. Aquel edificio solo conservaba de la fábrica original los muros exteriores, aunque a veces parecían descubrirse en él ecos y crujidos incongruentes, que sin duda se corresponderían mejor con los viejos interiores demolidos un día para construir aquellos flamantes apartamentos, en los años de designio optimista y especulativo en que se inventó la idea de que el centro de la ciudad volvería a servir de residencia, antes del reflujo de la descomposición y la basura.

Por el contrario, cuánta pureza en los parajes que evocaban las fotografías. Desaparecida la muchedumbre de los turistas, todo había recuperado un orden mudo en el que no era posible imaginar que el tiempo hubiera tenido alguna vez la mueca de las rutinas cotidianas, como si los constructores de aquellos muros de piedra de talla enigmática y compleja estructura no hubieran pertenecido a lo mortal. Desvaído, significando ya solamente el borroso residuo de un esplendor perdido, aquel orden no mostraba tanto una señal de muerte como de sueño impenetrable.

En muchos trechos del camino hasta la Puerta permanecía, bien conservada, la antigua calzada de piedra. Solo ellos dos estaban allí aquella tarde, caminando junto al borde del largo y abrupto talud que descendía hasta el fondo del valle. A veces era visible, abajo, el cuerpo amarillento del río que serpenteaba entre la vegetación frondosa. Enfrente, la cordillera dejaba sitio a la selva tras el súbito desmoronamiento en que concluía y, por encima de todo, el telón a medio alzar de las nubes casi conseguía cerrar el paisaje con la embocadura de una escenografía.

Llegaron a la Puerta. Entre las fotos había una de Álvaro sudoroso, sentado junto a las ruinas de un murete; tras él, a cuatro o cinco kilómetros, se veían claramente, aunque convertidas por la distancia en simples peldaños, las sucesivas terrazas de la fortaleza. Después de hacer la foto, ella se había sentado junto a él y se besaron. Ambos habían esperado con ansiedad aquel viaje, que no era solo la conmemoración del compromiso adquirido al solemnizar una unión ya larga, sino que les permitía recorrer las tierras donde habían existido las antiguas culturas que los dos admiraban, las que durante siglos, hasta la invasión del pensamiento histórico, fueron expresión inteligente de la propia naturaleza.

Se besaron y se acariciaban sin hablar, reservando las palabras para el regreso, pues cualquier palabra resultaría superflua en aquel lugar que, en sí mismo, parecía creado por la exhalación de una palabra originaria, inmovilizada ya para siempre.

Regresaron cuando atardecía: estaba la foto de lo que Álvaro llamó el fortín, y la de la puerta pequeña, y otras vistas de aquel valle hondo y estrecho, y de la floresta que descendía exuberante por las laderas empinadas. Y estaban también las fotos del gran peñasco blanquecino.

Lo habían descubierto en el camino de ida, una peña enorme cuya materia hacía que se distinguiese del resto de las masas pétreas que abundaban entre la vegetación. La peña quedaba algo retirada del camino, en el lado opuesto al que bordeaba el gigantesco talud, y algunos restos de piedras talladas, medio cubiertas por la maleza, atisbo de una escalinata desmoronada, sugerían que allí había habido, en tiempos pasados, un acceso construido por mano humana, como si el peñasco hubiese tenido algún valor sagrado. En el camino de vuelta se detuvieron para contemplarlo más despacio. Sobre el blancor de su superficie se dispersaban numerosas manchas, originadas por los mismos hongos y líquenes oscuros que imprimían en todas las ruinas el signo irrevocable de la decrepitud.

Sin decir nada, Álvaro dejó el camino y comenzó a ascender por la rampa deforme en que se habían convertido las antiguas ruinas. Una fotografía señalaba el momento en que había llegado a la mitad de la rampa. Luego siguió ascendiendo hasta alcanzar una zona plana, y Eva había visto cómo su cuerpo iba quedando oculto según se alejaba de la parte del camino para acercarse a la peña. Cuando solo era posible distinguir su torso, Álvaro se detuvo y a Eva le pareció que el hombre hacía un gesto de sorpresa, sacudiendo los hombros, pero antes de que tuviese tiempo de preguntarle qué pasaba, Álvaro se volvió y regresó deprisa al extremo superior de la rampa.

—Sube, Eva –dijo, con tono apremiante—. Ven.

Ella subió entonces y, al acceder a aquella especie de terraza, descubrió que la gran peña blanca tenía proporciones aún mayores de las que le había parecido apreciar desde el camino.

—Acércate, acércate —decía Álvaro con excitación—, escucha —y cuando estuvo más próxima la agarró de un brazo y la llevó a su lado—. Aquí, aquí, decía.

Mientras se acercaba, Eva iba sintiendo un suave rumor, pero cuando estuvo en el lugar al que Álvaro le había hecho llegar, el rumor se convirtió en un sonido ronco y continuo, que le hizo dar un respingo y mirar a Álvaro con extrañeza. Durante un rato ambos recorrieron el lugar, para intentar comprender las causas del fenómeno.

El rumor, difuso al entrar en la plataforma que se extendía ante la peña, se hacía muy intenso a cuatro o cinco metros de ella, concentrándose de tal manera en un punto que parecía generarse allí mismo, alrededor de la cabeza del oyente. Mas si se aventuraba un paso un poco más hacia la peña, el ruido cesaba de modo brusco. Parecía el sonido de un motor, pero también el de un torrente.

Después de reconocer varias veces aquella sensación acústica, adivinaron que el ruido era el eco del río que recorría el fondo del valle y que, recogido por la peña como una gran pantalla, reverberaba en aquel preciso punto.

—Hay que reconocer que la naturaleza colaboraba con las culturas míticas —dijo Álvaro.

Eva asintió, sin decir nada: aquello debía ser un observatorio, un lugar desde donde, sin necesidad de bajar hasta el río, tan ferozmente separado por la escarpadura brusca y honda del terreno, era posible conocer en todo momento, gracias a la intensidad del eco, el caudal de la corriente.

Justo delante de la base de la peña se abría un gran hueco que Eva fue la primera en encontrar.

—Hay que andar con cuidado —avisó—, aquí hay un agujero enorme, parece como si el suelo hubiese cedido.

Álvaro se acercó y comenzó a observar el socavón con curiosidad, y entonces fue cuando ella sacó aquella otra fotografía, desde el mismo punto en que el ruido del agua conseguía hacerse intenso como un rugido sin fin.

Agrupó las fotos, las guardó en los sobres, las dejó en uno de los cajones de la librería y se fue a acostar. El recuerdo de los días del viaje hacía que se sintiese llena de ternura, pero Álvaro dormía ya, boca abajo y con el brazo alrededor de la almohada, una postura habitual que a Eva siempre le hacía pensar en una actitud infantil. Entró también en la cama, apagó la luz y se dispuso a dormir, tras acariciar levemente la cabeza del hombre, cuando el ruido del helicóptero volvió a surgir a los lejos y se fue acercando, hasta quedar detenido sobre el edificio.

¿Era el ruido del helicóptero o el retumbar del agua? Ella estaba enfocando a Álvaro, de modo que en la fotografía apareciese recortado contra la imponente superficie de la roca, y aquel sonido ronco vibraba dentro de la cabeza, como producido por algún casco sonoro. De pronto Álvaro dio un traspié, y ella vio cómo caía por la oquedad, con los brazos alzados en un ademán de indefensión y sorpresa. Eva se abalanzó sobre el borde de la oquedad y pudo contemplar el cuerpo entre los cascotes del fondo, tres o cuatro metros más abajo.

—¡Álvaro! —gritó—. ¡Álvaro!

El hombre no se movía y ella intentó encontrar un sitio para descender, pero no existía. Entonces echó a correr por el camino y, aunque perdía el resuello, no se detuvo hasta llegar al hotel, donde pidió ayuda. Buscaron unas cuerdas y tres hombres regresaron con ella al lugar de la gran peña blanca.

—Los antiguos lo llamaban la voz del agua –dijo el que parecía más joven, cuando cruzaron el ámbito del eco sonoro.

—Vamos, vamos —exclamó Eva, urgiéndoles.

La explicación del fenómeno acústico le había parecido innecesaria y hasta cruel, mientras Álvaro seguía tirado abajo, sin que hubiese modificado la postura en que había quedado cuando cayó, que Eva identificó con la que solía tener mientras dormía.

Uno de los hombres descendió por la cuerda y ató el cuerpo, y consiguieron irlo alzando poco a poco, con mucho esfuerzo, pero cuando estuvo totalmente izado, desatado ya y colocado boca arriba, la actitud envarada de los hombres hizo saber a Eva que algo iba mal. Al fin Álvaro no volvió en sí. Un dolor lleno de puntas se clavó en todos sus sentidos, mientras ella iba comprendiendo que Álvaro estaba muerto.

Cambió de repente la postura, acercándose al otro cuerpo, y encendió la luz. Álvaro continuaba durmiendo con la misma quietud en que lo había encontrado al entrar en el dormitorio, pero las recientes ensoñaciones la habían desasosegado tanto que se levantó, se puso la bata y fue de nuevo al salón, a fumar un cigarrillo. El helicóptero se había alejado, pero debía de estar recorriendo un circuito próximo, pues seguían escuchándose el ruido de su motor y la rápida sacudida de sus aspas en el aire.

Tomó los sobres de las fotos, sacó otra vez las de aquella excursión desde la fortaleza hasta la Puerta, e intentó ordenarlas conforme a la misma secuencia en que fueron hechas, para reconstruir los sucesos de aquella tarde, pero no era capaz de recordar fielmente todos sus pasos. Buscó entonces los clichés y los observó al trasluz: primero estaban las fotos de la parte alta de la fortaleza, luego varias del valle, luego la de un arbusto del que colgaban líquenes como guirnaldas, la de la línea del camino zigzagueando por la ladera del monte, las de la Puerta, con aquella de Álvaro sudoroso, la fortaleza a sus espaldas, solo leves peldaños en una depresión del horizonte, justo la que le hizo antes de sentarse a su lado y abrazarse a él, y luego otras del valle, la de aquello que Álvaro llamó el fortín, la de la puerta pequeña, y por fin las del gran peñasco blanquecino. Pero después ya no había más fotos, sino solamente la mancha homogénea y oscura del celuloide velado.

Pensó que no era posible. Luego habían regresado al hotel, cenaron, se acostaron pronto, encendidos de deseo, y al día siguiente madrugaron para contemplar el amanecer desde la fortaleza, e hicieron fotos mientras el lugar iba siendo desvelado por la progresiva disolución de la niebla; y a media mañana, cuando llegaba el gentío absorto de los turistas, ellos se habían marchado, habían bajado a la estación en uno de aquellos pequeños autobuses que descendían la cuesta doblando alocadamente las curvas de la carretera.

El helicóptero se había acercado de nuevo, acaso en la calle estaban haciendo alguna redada, y el sonido volvió a rodear su cabeza como un halo y penetró hasta el centro de su sensación, como aquel eco de la voz del agua que la envolvía mientras se preparaba para hacer la foto de Álvaro recortado contra la superficie de la peña, en el borde del abrupto hundimiento.

Aplastó la brasa del cigarrillo en el cenicero y regresó a la habitación, pero no encendió la luz. Dejó a tientas la bata sobre la silla, entró en la cama con cuidado y permaneció en el borde. Tenía miedo de acercarse demasiado al otro lado y de no encontrar el cuerpo de Álvaro. Acurrucada, se propuso dormir, pero el ruido del helicóptero, otra vez lejos aunque manteniendo audible su persistente zumbido, no le permitía liberarse de la sugestión de aquel eco del río.

Era cierto que Álvaro había caído, que ella había buscado ayuda, que al fin sacaron de la oquedad el cadáver de su marido. Recordó con nitidez los agobiantes trámites, el interrogatorio policial, la intervención del juez, los interminables papeleos para conseguir regresar con el cuerpo, empecinada en aquel empeño como si se tratase del rescate de una parte importante y viva de Álvaro, y su desesperada conciencia de pérdida, cuando en el despertar del día siguiente al de su regreso descubrió, a la luz sucia del amanecer, que aquella parte de la cama estaba vacía.

Aunque asumía que en ella se estaba repitiendo una amputación infinitamente cumplida en las experiencias de otros, la obligación de tener que acostumbrarse a sentir aquella ausencia como un elemento más de lo cotidiano la llenaba de repugnancia y se resistía a ceder. Iba a su trabajo como una autómata y daba sus clases como la actriz que repite un texto mil veces declamado, y ostentaba una impasibilidad que también formaba parte del fingimiento, pero el tiempo de la jornada que permanecía dentro de su casa sentía la falta de Álvaro como una oquedad que irradiaba dolor, una cavidad que, a la vez que la apremiaba con su vacío, le daba la señal de un tiempo inmóvil como el de los antiguos, pero no cargado de grandeza, sino de tristeza y pérdida.

Los amigos mantuvieron alrededor de ella un acoso cordial y al fin un día les había invitado a reunirse en su casa.

Entre la apacibilidad de las conversaciones y de las copas, pero celebrando, como en un rito, la memoria del desaparecido, había sacado aquellas fotos y las fue mostrando, y por primera vez en muchos días consiguió no llorar. Pero cuando todos se hubieron ido, y mientras el motor y las aspas del helicóptero recreaban en el salón el eco del agua rumorosa, había repasado las fotografías de aquel viaje, una a una, hasta la última de todas, que mostraba el escorzo de Álvaro sonriente, un poco borroso contra la nitidez de aquel peñasco blanco salpicado de manchas de moho.

Él había caído inmediatamente después de aquel momento, y ella lanzó un grito y se acercó al borde de la hendidura para verlo tirado allí abajo. Buscó un lugar para descender, pero el borde era demasiado escarpado. En su apuro, escogió por fin un punto que le pareció menos inaccesible y comenzó a bajar de espaldas, intentando sujetarse con las manos a la pared, mientras tanteaba con los pies el apoyo de un pedazo de roca que sobresalía, pero cuando por fin consiguió asentarlos allí, la roca cedió, pues acaso era solamente un fragmento incrustado en la tierra. Así, ella había caído también al fondo del hoyo.

Quedó aturdida unos instantes, pero al cabo se levantó y se acercó a Álvaro, que estaba sin conocimiento, con la nuca empapada de sangre. En ese mismo instante fue también consciente de que en aquel lugar se concentraba el eco de las aguas del río aún con mayor intensidad que arriba, en la plataforma frente a la peña blanquecina, resto del techo de una construcción que debía haberse desplomado en el transcurso de una antigüedad sin medida.

Era imposible trepar por las paredes, y tampoco podía encontrar otra salida entre el cúmulo de piedras desperdigadas. Gritó pidiendo ayuda, pero su voz se sumía en el sonido del agua como un eco más. Intentó mantener la serenidad y, acurrucada junto a Álvaro, sujetando una de sus manos, pensó que, excepto por la herida, que había vendado con su pañoleta, no debía preocuparse gravemente porque hubiesen caído en aquel hoyo, ya que, cuando anocheciese, se les echaría en falta en el hotel, y sin duda organizarían algún grupo de búsqueda que, entre los lugares a recorrer en el entorno de la fortaleza, debería seguir el camino de la Puerta.

Transcurrieron la oscuridad de la noche y la claridad de otra jornada. Con el nuevo atardecer, Álvaro ya casi no respiraba. Ronca de gritar pidiendo socorro, ella se había tumbado al lado de Álvaro y apretaba su cuerpo contra el de él. Sentía el eco del agua como si ambos estuviesen inmersos en esa corriente infinita que, probablemente, seguiría manando cuando ni siquiera quedase vestigio de las viejas ruinas inescrutables.

“El helicóptero otra vez”, pensó, mientras acariciaba las espaldas de Álvaro.

Signo y mensaje

Moya encontró a Souto una mañana de principios de otoño, entre los africanos que habían establecido en la plaza de España su mísero campamento. Venía de comprar latas de comida para los gatos y cruzaba la plaza, porque tenía que recoger su reloj de pulsera de un taller de la Torre, cuando distinguió, contrastando con los rostros achocolatados, un rostro rojizo y barbudo.

Souto llevaba largas greñas y estaba sentado indolentemente sobre unos cartones de embalaje, la mirada perdida en el monumento a Cervantes. Moya se acercó más a él y le observó con atención, para cerciorarse de que se trataba del viejo amigo que, tras su brusco abandono del mundo universitario, se había convertido en un vagabundo mítico, protagonista de historias estrafalarias.

—¡Souto! ¡El profesor Souto! —le llamó, alegre por encontrarlo, pero también con la cautela respetuosa de hallarse ante un personaje que había elegido vivir alejado de sus antiguos amigos.

Souto apartó sus ojos del monumento y le miró con fijeza, sin decir nada, antes de mostrar que lo había reconocido.

—El benéfico Moya —dijo al fin, pronunciando lentamente las palabras—. El editor bondadoso.

Moya se sentía avergonzado por aquel aspecto andrajoso y sucio de su interlocutor, en el que se manifestaba la aberrante metamorfosis que había sufrido el pulcro y ordenado doctor del pasado, y decidió llevárselo de la plaza.

—Tú te vas a venir a mi casa, te das un baño, te pones ropa limpia —decía.

El otro, sin alzarse del suelo, rechazó con desdén todas aquellas proposiciones, motejándolas de vanidades y tonterías.

—¿Pero duermes aquí? –preguntó Moya, a quien la situación del otro estaba suscitando una congoja cada vez mayor.

—Yo soy libre como el aire —repuso Souto—. Anoche me acosté aquí, ya veremos dónde despertaré mañana.

—¿Y de comer? ¿Has comido? –quiso saber Moya, sintiéndose avergonzado.

—Eso no —dijo el otro—, hoy todavía no he comido nada.

Entonces Moya lo agarró de un brazo y le hizo levantarse con un fuerte tirón.

—Ahora mismo te vienes conmigo a meter algo en el cuerpo. Y no me digas que no, que no te lo voy a consentir.

Subieron donde Flavio, que observó a Souto con gesto de desagrado. Souto solamente quiso tomar un vaso de leche y un bocadillo de tortilla, pero se mostró un poco menos reservado y distante.

—Pensarás que no tengo aspecto muy próspero y te estarás equivocando – dijo, masticando sin muestras de avidez–. Por dentro estoy muy bien, mucho mejor que nunca. Ya solamente me dedico a la investigación, sin tener que aguantar escuelas ni departamentos.

Bebió de un golpe el vaso de leche y pidió otro más.

—¿Investigación? ¿Qué investigación? —preguntó Moya.

En la mirada del otro hubo un relumbre que debía reflejar la crepitación de sus recuerdos.

—Es muy largo de contar —repuso al fin—. Un día me harté de inventariar fonemas y me puse a analizar los sonidos naturales. Escuché las voces de los animales y los ruidos del agua. Todo tiene sus códigos. Reflexioné también sobre las formas de las rocas, las figuras y muescas que en ellas va dibujando la erosión. Todo son signos, todo mensajes. El quid está en saber encontrar su significado. Esta sociedad abyecta rechaza y persigue cuantos mensajes no sean publicitarios, mercantiles, y con ello cava su propia fosa cada vez más honda. Pero todo sigue lleno de otras señales y de otros signos.

Ante la progresiva animación de Souto, Moya se fue sintiendo más tranquilo.

—¿Y la poesía? ¿No has vuelto a escribir poesía? Aquel libro tuyo era muy bueno. Vendí casi los quinientos ejemplares.

—¡La poesía! —exclamó Souto—. ¡La poesía se ha convertido en una manera más de oscurecer, en vez de iluminar! ¡Nada de luz, aunque presuman de ello esos santones hueros! ¡Todos los poetas auténticos murieron hace cientos de años!

Repiqueteó con los dedos sobre la mesa, como si estuviese contando las sílabas de un soneto, y luego añadió, tajante:

—La llamada palabra poética ha llegado a convertirse en un sumidero de vacuidades. Nunca me volverá a interesar.

Moya consiguió que Souto lo acompañase a la editorial. Cuando el doctor vagabundo se encontró en aquel sótano, miró alrededor con ademán de sorpresa.

—¿Es que ya no te acordabas? —preguntó Moya.

—Cómo no me iba a acordar —repuso el otro—, este es el local de Nueva Ciencia. Muchas veladas antifranquistas se celebraron aquí abajo. Tantas por lo menos como ejecuciones de la Inquisición hubo en estos mismos parajes, en otros tiempos también oscuros.

Los gatos de Moya habían salido de sus escondrijos y lo rodeaban con posturas zalameras, frotándose contra su cuerpo.

—¿Y estos gatos? —preguntó Souto.

Con cierta confusión, Moya explicó que eran pobres bichos abandonados.

—A alguno lo recogí hecho una piltrafa porque alguien lo había machacado, a ese le pasaron por encima con una moto, fue el primero que me traje, luego he ido encontrando a los demás, también ellos tienen derecho a la vida.

Los gatos formaban un orfeón ronroneante, mientras él abría algunas latas.

—¿Lo ves? —dijo Souto, acariciando el lomo de uno de ellos—. El mensaje está claro, hambre, gazuza, carpanta.

—¿Y ahora? –preguntó Moya—. ¿Qué haces ahora?

Por un instante, Souto adquirió su rigidez del momento del encuentro y Moya pensó, desolado, que la progresiva recuperación de confianza había concluido, pero no era así. El otro, tras un silencio, metió la mano en sus harapientas ropas y sacó unos papeles que puso sobre la mesa. En los papeles había gran número de garabatos dibujados con bolígrafo.

—¿No sabes lo que es esto?

Moya hizo un gesto de perplejidad.

—Son copias de las pintadas de las paredes, hombre, esas firmas anónimas que aparecen en cualquier parte. Estoy haciendo un catálogo de las que hay en esta zona. Sigo su evolución y anoto todas las nuevas que van surgiendo. Primero fueron términos ininteligibles, *mira*, *muelle*, *dardo*, *hotline*, *ticher*, y luego empezaron a aparecer ciertos nombres, *tonky*, *juanmanuel*, *isidro*. Pero en un momento que tengo aquí fechado, la primavera del noventa, comenzaron a manifestarse los puros garabatos ilegibles, siguiendo dos pautas: los de forma redondeada y los de forma de sierra. Dentro de ellos podría distinguirse, a su vez, entre los que presentan un trazado de proporciones artísticas, que yo llamaría de diseño, y los torpes o de puro desahogo, pero esto sería muy largo de explicar. Más tarde afloró otro tipo de grafía que me desconcertó, pues en ella se presentaban rasgos y puntos extraños, inéditos hasta entonces, y también era raro el sentido del trazo. No obstante, puedo asegurar que he identificado el origen formal de las pintadas que llamo atípicas: hay unas que recuerdan la escritura sibo o la extinta manchú, otras que reproducen rasgos de la oriya, y también, pero no son las que más se prodigan, algunas que parecen trazadas al modo árabe.

La vida de vagabundo no había conseguido anular en Souto sus capacidades profesorales. Los gatos, que habían comido ya, regresaron a sus reposaderos y le observaban con aire atento, y Moya escuchaba con aplicación de alumno.

—Eso es lo que estoy haciendo ahora —concluyó Souto—. Me he impuesto este otoño como plazo límite para la recogida de información, antes de entrar en materia e intentar interpretar el contenido de todo esto.

—Cuando tengas hecho el estudio, cuenta conmigo como editor —dijo Moya, con intención de animarlo.

—No me interesa publicarlo —repuso Souto con orgullosa viveza—, y ni siquiera creo que vaya a darle forma escrita. Ya te dije que he abandonado para siempre las pompas y las envidias académicas. Yo investigo exclusivamente por interés personal, y el resultado de mis investigaciones no pienso comunicárselo a nadie.

Llamaron al teléfono, y Moya se entretuvo un rato con la llamada. Mientras tanto, Souto había entrado en la otra parte del sótano, donde se almacenan los fondos editoriales. Tras aquella conversación telefónica Moya tuvo que hacer otras llamadas, y más de una hora después seguía entretenido en ello y Souto no había salido aún del almacén.

Moya ponía en orden facturas, albaranes y otros documentos, cuando Souto asomó a la puerta.

—Ya ni me acordaba de lo que había aquí dentro —dijo.

—¿No te acordabas? —repuso Moya jovial—. Más de veinticinco años de cultura de la izquierda. Pura arqueología, tal como van las cosas.

—¿Se siguió algún orden para almacenar todo esto? —preguntó Souto, y Moya lo miró con extrañeza.

—¿Qué orden se iba a seguir? Los propios libros, conforme venían de la imprenta y el sitio que estaba vacío en los anaqueles.

—Pues todo está lleno de curiosas concatenaciones –repuso Souto–, como si hubiese un sentido simbólico en la colocación de los libros, un discurso en el que se han ido enlazando distintas reflexiones sobre la soledad, a lo largo de un eje que enlaza la infancia con el trabajo y la muerte.

—Fue entonces cuando a Moya se le ocurrió la idea. Apartó el carrito de la máquina de escribir y se puso de pie.

—Escucha, Souto, y no me digas que no. Tú vas a dormir aquí, en este mismo sofá, y te tapas con esa manta, si quieres. Hay un retrete al fondo del almacén. Estudias el orden de los libros y lo que te dé la gana. Aquí hay papel, bolígrafos, lápices, rotuladores. No tienes por qué andar tirado por la calle.

—A ver si entiendes de una vez que yo ya no pienso atarme a nada —exclamó Souto—. Todo eso no son más que nuevas tentaciones para la corrupción.

—Pero qué tentaciones ni tentaciones, ese sofá está desvencijado, mira los muelles cómo asoman, y fíjate en qué estado está la manta. Los gatos lo tienen todo hecho un desastre.

—¿Y el cuarto de baño? –preguntó Souto con tono acusatorio.

—Qué cuarto de baño, he dicho un retrete, una taza y un lavabo pequeño, con un grifo de agua fría, pues menuda corrupción, pero por lo menos aquí tienes una mesa para apoyar los papeles cuando trabajes en tus investigaciones.

El gesto de Souto no perdía su expresión de severa requisitoria.

—No me gusta que me hagan favores. Cuando la limosna es grande, hasta el santo desconfía, dicen en América.

—¿Favores? ¡Nada de favores! Tendrás que darles de cenar a los gatos y me ahorraré el paseo diario desde mi casa, que la mayoría de las veces me da pereza.

—Me quedaré esta noche —dijo al fin Souto—, pero no te prometo nada más.

Aquella misma tarde empezó a llover con fuerza y Souto se quedó a dormir esa noche y la siguiente, y una semana después seguía durmiendo allí, aunque Moya apenas lo veía, pues madrugaba mucho y estaba ausente casi toda la jornada, cubriendo sus andrajosas ropas con un abrigo de corte militar que había encontrado entre los cascotes de un contenedor. Una noche, Moya esperó su regreso para charlar con él y saber qué tal le iban las cosas.

Souto llegó a las once y Moya pudo comprobar que los gatos habían establecido con él una segura relación de camaradería.

—No se te ve el pelo —dijo Moya—, estás todo el día fuera, con este tiempo.

—Trabajo de campo —repuso Souto— pero a cubierto, en el metro.

—¿En el metro? —preguntó Moya.

Entonces Souto le contó que, precisamente la mañana siguiente a la noche en que se quedó a dormir en la editorial por primera vez, había encontrado en el pequeño vestíbulo de la cercana estación de Noviciado, en la salida a la calle de los Reyes, una pintada singular, interesantísima, y que en la búsqueda de otras semejantes y en su análisis había pasado todos los días de la semana. Sacó sus papeles y mostró los dibujos de la pintada. El gato de piel rojiza se había subido a la mesa y frotaba su frente contra la mano de Souto.

—Estate quieto, Derri —dijo él, y comenzó a explicarle las características del signo—. Tiene forma circular y está compuesto de dos circunferencias que parecen inscribirse una dentro de la otra, con el trazado interrumpido al menos en dos puntos de su desarrollo. He seguido su pista y he descubierto que el signo se repite en casi todas las estaciones de la línea dos, cerca de la salida, a una altura como de metro y medio del suelo. Te lo voy a enseñar.

Ante su insistencia, Moya tuvo que acompañarlo a la estación. La entrada de los Reyes estaba ya cerrada y se dirigieron a la de la esquina con la calle de Noviciado. Cuando estuvieron en el estrecho vestíbulo, Souto señaló una especie de mancha redondeada, de color negruzco mate, que resaltaba contra los baldosines de la pared.

—Ahí la tienes —dijo Souto—. Acercó luego el rostro al signo, olfateándolo, y lo tocó suavemente con los dedos—. Huele ligeramente a ámbar y tiene una textura aterciopelada, aunque he comprobado que depende de la clase de muro, pues no huele lo mismo ni tiene igual tacto sobre el cemento que sobre la piedra. ¿Qué te parece?

Moya movió los hombros, porque no encontraba nada raro en aquella mancha que ensuciaba la pared con lo que él veía como una manifestación más de la conducta ególatra y antisocial que muestran ciertas personas. Entonces, bajando la voz como si comunicase un secreto, Souto añadió:

—No está pintado con esos pulverizadores, me he fijado bien, es como si fuese la impronta de un sello.

La búsqueda de aquellos signos y su copia entretuvo a Souto durante aquel otoño, y se acostumbró a utilizar la oficina de la editorial como dormitorio, pero también como estudio y centro de sus investigaciones. En el barrio lo conocían como "el poeta", pues aquella condición, antes que la de profesor, era la que le había atribuido Moya al presentárselo al portero del inmueble y advertirle que aquel señor podría entrar libremente, a cualquier hora, en los locales de la editorial. También resultó un puntual y atento cuidador de los gatos, a los que había dado nombres que los animales reconocían.

A finales de diciembre, en una charla que mantuvo con él, Moya encontró en el tozudo profesor un interés casi obsesivo por los signos circulares. Así como en el resto de las pintadas descubría sobre todo rasgos primarios de afirmación individualista, que cumplían la mayor parte del propósito de su autor en el mero hecho de poder ser contempladas por la gente, en aquellas pintadas redondas le parecía ver un mensaje dirigido a un destinatario concreto, con un fin determinado.

Moya lo encontró excesivamente nervioso. A veces le daba algo de comer, porque sospechaba que Souto soportaba largos ayunos, ya que tenía sin tocar siquiera el dinero que, para su ayuda, le dejaba sobre la mesa, hasta que una vez el investigador le dijo que no necesitaba comida, pues compartía la de los gatos.

—Lo que es bueno para otro mamífero por qué no va a ser bueno para mí, además yo necesito muy poco —argumentaba.

Moya comenzó a temer que aquella abstinencia que Souto arrastraba desde hacía tanto tiempo estuviese afectando a sus facultades intelectuales.

—¿Tú sabes lo que es un mandala? —le preguntó Souto, mientras extendía una vez más en las superficies horizontales de la pequeña oficina los pedazos de papel en que había reproducido los numerosos signos circulares que había ido descubriendo en la línea dos del metro—. Un mandala es una ventana abierta al punto en que se juntan lo disperso y lo unitario, lo confuso y lo claro, lo imaginario y lo real —alzó la mirada y en sus ojos había un gesto de triunfo, una alegría solemne—. Esos signos son el corazón del loto, el centro de un mandala que alguien está imprimiendo, no sé con qué medios. Y yo voy a encontrar su sentido profundo, a conocer quién envía el mensaje y quién lo recibe. Ya tengo muchos datos.

Algunos días más tarde, una mañana, después de que Moya hubiese descendido por las empinadas escaleras, al entrar en la oficina de la editorial se encontró a Souto firme en medio de la estancia, mirando al techo con absorta fijeza, con aquel gato al que había denominado Derri subido a sus espaldas.

—Souto —exclamó Moya—, profesor, qué te pasa.

Souto tardó unos instantes en salir de su inmóvil embeleso, pero luego mostró extraordinaria animación.

—Amigo Moya —respondió—, al fin lo he sabido, soy yo, yo mismo, el destinatario del mensaje.

Moya se sentó en su desvencijada silla y contempló preocupado al profesor Souto, que mantenía su postura rígida, casi arrogante. El gato rojo, con suavidad, recorría sus hombros de un extremo a otro y frotaba la cabeza contra sus barbas. Souto, más calmado, continuó hablando.

—Hace unos días, como a las tres de la madrugada, sonó el teléfono, haciendo que me despertase sobresaltado, pero al otro lado del hilo solamente se oyó un rumor sin sentido, una especie de balbuceo gutural. Aunque me inclinaba a pensar que se trataba de alguna llamada errónea, defectuosamente transmitida, también dentro de mí brotó la sospecha de que aquellos sonidos pudiesen ser un mensaje que yo no entendía. La llamada se repitió al día siguiente y sonaron idénticos gorgoteos, un sonido apenas articulado pero que sin duda no procedía de ningún contacto electrónico. Por fin, esta noche lo he comprendido todo.

Souto cogió delicadamente al gato con las dos manos y se lo quitó de las espaldas, dejándolo en el suelo. Luego se alzó otra vez y preguntó la hora.

—Son las diez y veinticinco —dijo Moya—, pero sigue contándome qué pasó anoche, no me dejes a medias.

Souto le señaló con el dedo y habló en tono admonitorio.

—¿Quieres saberlo, eh? Acompáñame hasta un contenedor que han puesto en la calle de Silva y te lo contaré mientras vamos.

Luego, abriendo los brazos como el tenor que va a comenzar la interpretación de alguna romanza, lanzó una larga exclamación resonante.

Hacía mucho frío y Moya se abrigó bien con la bufanda. Souto no volvió a hablar hasta la calle de la Luna. Mientras subían por ella, continuó su narración, jadeando un poco por el esfuerzo. Las exhalaciones de su respiración formaban sucesivos surtidores de vapor.

—Veo que tampoco conoces el primer mantra, el que resume el soplo de la vida. El teléfono sonó otra vez y, aunque no llevo reloj, calculo que sería el principio de la madrugada. Esperaba volver a oír los mismos ruidos guturales pero escuché claramente el sonido del primer mantra. Cinco veces lo repitieron antes de colgar, ooommm, ooommm, cinco veces.

En el contenedor de la calle de Silva no había otra cosa que los maderos deshechos de algunas ventanas y un somier destartalado, pero Souto no manifestó contrariedad.

—Ya han debido de pasar los más madrugadores, en la calle hay que estar a la que salta —señaló con aire filosófico y luego le pidió a Moya que lo invitase a un café con leche—. ¿Comprendes? El primer mantra. Me pareció entender enseguida que aquello era un mensaje que enlazaba con las llamadas guturales de los días anteriores, y luego tuve la intuición de que había también un enlace entre aquel mensaje sonoro y el signo circular. Pensé, felizmente sin error, que al fin estaban empezando a hacer el signo reconocible para mí. Mi incansable búsqueda sobres esas señales circulares había sido un acuse de recibo, una respuesta ciega que alguien esperaba, y al fin me habían localizado, pues el signo circular que había despertado mi atención estaba dispuesto precisamente para eso, y con ello yo había despertado la atención de los mensajeros. En el conjunto de los seres, ¿no es cada uno de nosotros, en cada momento, un signo que debe conjuntarse con los demás para conseguir la universal armonía?, ¿y no provienen todos nuestros males de la falta de equilibrio y ajuste entre los signos que representamos?

—¿De verdad no quieres comer nada, unos churros, unas porras, un bocadillo de sardinas? —preguntó Moya.

—No solo de pan vive el hombre, Moya, no seas pesado, ¿o es que no te das cuenta de que estoy acercándome a la única verdad de mi vida? He comprendido que soy un signo y que he suscitado en alguien misterioso el mismo interés por descifrarme que en mí lo ha hecho el hallazgo de esa doble circunferencia irregular.

Serían aquella noche las cuatro de la madrugada, ese momento de mayor silencio en que ya han pasado casi todos los camiones de recogida de basuras y todavía no han comenzado a moverse los primeros automóviles de la jornada, cuando sonó el teléfono en casa de Moya, que se despertó sobresaltado y salió corriendo a contestar.

—¿Qué pasa? –preguntó su mujer, con susto, cuando Moya regresó.

—No creo que sea nada, mujer, pero voy a ver. Es Souto, ese amigo que duerme en la editorial. Me ha dicho unas cosas muy raras.

"Te llamo para despedirme de ti", le había explicado Souto. "He hablado con los del signo. Acaban de avisarme de que van a pasar a recogerme dentro de un rato. El viaje será tan largo que no nos volveremos a ver".

Pero cómo se puede luchar contra una obstinación así, pensaba Moya mientras conducía su coche por las calles desiertas. Un día se quedará muerto en la calle, de inanición, de una pulmonía, en pleno delirio, y listo. Dejó el coche frente a la travesía y, justo cuando doblaba la esquina de la calle, vio que salía Souto del portal con el gato rojizo en los brazos.

—Souto, espera –le llamó y apretó el paso.

Souto se detuvo en el centro de la calzada y se quedó mirándolo con una sonrisa evidente de despedida, con el último gesto de quien está a punto de alejarse.

Cuando no le separaba de Souto una distancia superior a los cinco pasos, Moya tropezó con una barrera invisible que no le permitió continuar andando. Al tacto, aquel impedimento que no podía ver no era del todo rígido, y por eso el golpe no había sido doloroso, pero como si el aire hubiese alcanzado una densidad similar a la de un cuerpo sólido, a partir de aquel punto era imposible acercarse al profesor.

—Souto, qué sucede, qué ha pasado.

—Adiós, amigo Moya, bondadoso editor. Yo ya he encontrado mi signo y ojalá tú encuentres el tuyo alguna vez. No se te ocurra reeditar mis poesías y gracias por todo. Me llevo a Derri, lo cuidaré bien.

Con asombro creciente, que lo dejó paralizado y sin fuerzas hasta el amanecer, Moya vio cómo el lugar en que se encontraba Souto, en el perímetro de varios metros, iba haciéndose opaco y ocultando su figura, hasta que el espacio quedó sustituido por un gran bloque blanquecino que luego se oscureció hasta transformarse en un enorme bulto alargado de aspecto nebuloso. Moya intentó tantear aquella masa compacta pero no se lo permitió la invisible fuerza disuasoria. Luego, el gran cúmulo oblongo se desplazó lentamente hasta la pared frontera a la de la casa donde estaba la editorial, y fue incrustándose en ella lentamente, hasta desaparecer, dejando la calle vacía.

Sobre el muro en que se había sumido el enorme paralelepípedo brumoso quedó impresa una pintada grande, un signo negro que podía representar dos letras mayúsculas: una *i* griega invertida, con una *u* en posición normal superpuesta a la parte superior del rasgo vertical, formando la figura de un tridente con el extremo inferior bifurcado. Sobre el signo había otro más pequeño que podía recordar la vírgula superior de la eñe si no tuviese un extremo mucho más ancho que el otro. Moya se acercó a la pared y, estirando una mano con cuidado, lo tocó: el trazo sobresalía unos milímetros de la pared y estaba tibio.

Cuando por fin regresó a su casa y se acostó, presa de unos temblores que su mujer atribuyó al enfriamiento por el relente del amanecer, Moya pensó que los absurdos sucesos de que había creído ser testigo pertenecían sin duda al sinsentido de los disparates que se sueñan. Pero al volver a la editorial dos días después, descubrió que el gran signo seguía pintado sobre el muro, y pudo comprobar que ninguno de los esfuerzos que hicieron para borrarlo los porteros del inmueble tuvo resultado aceptable. El signo permanecía, y Moya lo miraba con aflicción y respeto, porque sabía que era el único vestigio de Souto, tras su asombrosa desaparición.

Un día, al entrar en el metro en la estación más cercana a su casa, vio que un operario de la compañía estaba marcando en la pared del vestíbulo, con un pincel, una señal circular semejante a las que habían ocupado los últimos estudios y obsesiones del profesor Souto.

—¿Qué hace usted? –preguntó Moya.

El hombre pasó el pincel por segunda vez, marcando otro círculo deforme, y luego lo dejó sumergirse en el gran bote de pintura que llevaba colgado de la mano.

—Estamos señalando el sitio para la acometida de los bomberos —dijo—. Se va a poner una en todas las estaciones.

El otro camino

Two roads diverged in a yellow wood
And sorry I could not travel both.
[En el bosque amarillo se bifurca el sendero
y siento no poder seguir los dos caminos.]
(Robert Frost, "The Road Not Taken", *Mountain Interval*, 1916)

Para mis alumnos de Dartmouth College,
Alina, Carolina, Chad, David, Gabriela, Jessica, Kevin, Marc,
en otoño de 2007

Me gustaba subir al lugar donde se encuentra la estatua sedente de Robert Frost, apoyarme a su lado en la roca, mirar su figura inmóvil con esa tabla sobre las rodillas que le sirve de escritorio, sujeta a un bastón campestre, mientras aparenta deslizar la punta de la estilográfica sobre una hoja de papel que también el bronce simula. Desde esa cumbre modesta, donde parece condensarse la habitual quietud del campus, vislumbraba a través de los ramajes de los árboles la cercana cúpula del observatorio, las cristaleras del edificio donde se balancea sin cesar un péndulo de Foucault, la torre de la biblioteca Baker, un espacio a mis pies utilizado al parecer en verano para celebraciones al aire libre, el pacífico pero continuo movimiento humano por las sendas que llevan a los lugares académicos.

Estaba muy cerca el tocón, momificado por el metacrilato, que conmemora el más viejo árbol del College, ejemplar totémico destruido por un rayo a finales del siglo xix, y del monumento que diez generaciones sucesivas de estudiantes fueron levantando desde 1885 hasta alcanzar la altura que había tenido el pino fulminado, una torre de la misma piedra grisácea, oscura, que compone el subsuelo del terreno. La torre, que recibió el nombre de Bartlett, tiene la forma de un cilindro estrecho y fino, troncocónico, rematado en lo alto por una caperuza verdosa, como entrada una puerta de hierro negra tras algunos escalones, y sugiere un escenario misterioso, apropiado para cuentos góticos.

Era el principio del otoño y los bosques ofrecían esa multiplicidad colorista, a la vez jubilosa y melancólica, de las hojas en trance de caer, del amarillo al ocre pasando por el rojo entre matices de verde oscuro. También eran mis primeras semanas como profesor invitado, tenía pocas clases y bastante tiempo para leer y pasear, pero desde que uno de los profesores del departamento me había mostrado aquel paraje, muy próximo al edificio donde se hallaban mi despacho y mi aula, no dejaba de visitarlo antes de mis correspondientes clases. Otros colegas advirtieron mi costumbre, y un día una profesora, veterana ya en el College, me dijo, con cierto tono jocoso, que tuviese cuidado con ese lugar.

—Hace años, otro profesor visitante español que lo frecuentaba desapareció.

—¿Otro profesor español? ¿Cómo que desapareció?

—Fue un caso muy extraño. El profesor Eduardo Souto, lingüista. Un día primaveral lo dejamos de ver y no hubo forma de volver a encontrarlo. Se piensa que se perdió en alguno de los bosques de la zona, pero aunque se intentó buscar su rastro con todos los medios posibles, jamás se lo pudo localizar, ni vivo ni muerto. Le gustaba mucho estar donde la estatua de Robert Frost.

La noticia me sacudió íntimamente, porque no solo sabía quién era el profesor Eduardo Souto, sino que he sido alumno suyo, compañero de estudios de Celina Vallejo, que fue su compañera sentimental durante varios años, y lector de algunos de sus ensayos sobre el sentido de la ficción como factor constitutivo de lo humano, y de la relación entre escritura y tiempo, y claro que había tenido noticia de su penosa desaparición mientras permanecía en alguna universidad norteamericana, pero cuando se produjo yo no estaba tampoco en España y no pude conocer los extremos exactos del caso, entre ellos que el lugar en el que había ocurrido el lamentable suceso resultaba ser, precisamente, la universidad donde yo me encontraba en aquellos momentos impartiendo un curso sobre el cuento literario.

En la soledad de aquellos días, un estilo de vida que me parecía reproducir el que debía ser habitual en ciertos monasterios medievales, mucho estudio, rutinas sencillas y muy escasas diversiones, la historia de la desaparición del profesor Souto estimuló mi imaginación, y especulé sobre las diferentes formas en que habría podido producirse, ahogado en alguno de los muchos ríos y lagos que se dispersan por la comarca, devorado por un oso en el bosque, sepultado de repente bajo la copa de alguno de los grandes árboles que a menudo el viento derriba. El caso es que mi evocación de Souto se hizo un poco obsesiva, y un día, hablando con el director de la biblioteca, también español, me contó que aquella no había sido la única desaparición en los anales del College, tras señalarme la fotografía de un hombre con pajarita, grandes patillas y fino cráneo exento de pelo colgada entre otras en la pared del edificio.

—Uno de mis antecesores en este puesto, Faustus Pilgrim, desapareció en 1920, se supone que como consecuencia de la enorme nevada de aquel invierno, que debió alcanzarlo en algún punto sin posible refugio. Pilgrim fue un pionero en la afición al esquí y a las acampadas al aire libre. Y un erudito en aspectos curiosos del campus. Por ejemplo, tiene un estudio muy minucioso de los escritos de Bartlett Tower.

—¿Los escritos de la torre? ¿Qué escritos son esos?

El bibliotecario me contó entonces que, tras la construcción de la torre, y antes de su inauguración, se había forrado de madera el interior del muro, mediante una sucesión de tablas ensambladas donde estaban reproducidos fragmentos de piezas literarias en muchos idiomas.

—Faustus Pilgrim los analizó uno por uno y demostró que forman un único texto, en el que se construye una ficción coherente, una especie de árbol de palabras escritas replicante del árbol real desaparecido.

Mostré mi interés por visitar el interior de Bartlett Tower, pero encontré pocas facilidades. Al parecer, como consecuencia de un accidente grave ocurrido en el pasado y del que había sido víctima una alumna, la torre estaba clausurada desde hacía muchísimo tiempo, y solo una vez al año, cuando había terminado el invierno, entraba en ella el personal de mantenimiento a revisar las condiciones en que se conservaba. Pero el director de mi departamento me prometió que haría las gestiones necesarias para que yo pudiese visitarla.

Aprovechaba los fines de semana y el tiempo libre para hacer excursiones por los alrededores, visitaba los bosques y las riberas pero también las pequeñas poblaciones con sus casas de madera, donde las calabazas y otros adornos anunciaban la cercanía de la fiesta de Halloween, sus pequeñas iglesias de torre rematada por un pináculo piramidal, sus granjas y vetustas estaciones de ferrocarril. Y fue en una de aquellas excursiones cuando me enteré de que, antes de la de Pilgrim y de la de Souto, había habido otra curiosa desaparición.

Una joven profesora, hija de un escritor español amigo mío, me llevó un día a visitar un pequeño museo propiedad de una persona a quien ella conocía, instalado en el pueblecito donde confluyen los ríos White y Connecticut. Entre el proceloso y artístico conjunto de objetos extraños, singulares o absurdos que componen la colección, "una imagen del universo", según el propietario, hay una llave de hierro colocada en un expositor de cristal, ocupando lugar tan destacado que llama la atención, a pesar de ser una de las pocas cosas que no parece extravagante a primera vista.

—Es la llave de salida de Bartlett Tower —nos explicó.

—¿La llave de salida?

—Cuando lo cuento, la gente piensa que es una burla, pero la heredé de mi abuelo, a quien se la había dado su padre, que perteneció a una de las fraternidades que fueron levantando la torre y que aseguraba que la cerradura de la puerta de la torre requiere dos llaves, una para ser utilizada desde fuera y otra desde dentro.

—¿Pero por qué esas precauciones? ¿Quién iba a encerrarse en un sitio tan angosto, que al parecer es una simple escalera de caracol?

—No lo sé, pero mi abuelo decía que, según su padre, la cerradura de la puerta necesita esta llave para poder ser abierta desde el interior. La conservo aquí por su rareza, precisamente. Además, hace años que quise donársela a las autoridades del campus, pero parece que nadie se acuerda de ello ni le da importancia, hasta pensaron que bromeaba.

Luego nos contó que tanto esa cerradura de las dos llaves, como las tablas con poemas y relatos que recubren el interior de los muros, fueron ideas de quien también diseñó el edificio, un tal Ira Adams, del que solamente nuestro anfitrión sabía algo por lo que su abuelo le había contado, pues tras participar con entusiasmo en la construcción de esa torre que, como cosa de estudiantes, se considera en el campus un monumento ante todo pintoresco, desapareció.

—¿Qué quiere decir que desapareció?

Puede entenderse que mi interés contuviese una alarma súbita, tras las noticias de cómo se habían esfumado el profesor Souto y el antiguo bibliotecario.

—Quiero decir que cuando se inauguró la torre debió de perder la atracción por este lugar y sin duda se marchó a otro sitio. Mi abuelo contaba que su padre y sus compañeros se habían extrañado ante aquella forma de desaparecer de un día para otro, sin despedirse de nadie.

—Nos mostró una fotografía de la época, bastante borrosa, de un grupo de jóvenes con gorros estudiantiles y utensilios de construcción ante la torre a medio hacer. Junto al grupo había un tipo alto y flaco, con un gran libro en las manos, que no llevaba cubierta la cabeza, y su pelo relucía muy blanco.

—Este es mi bisabuelo y este es Ira Adams. Lo conocían como Adams el albino. Tampoco sé si era una especie de constructor, pues por lo visto estuvo aquí durante los diez años que se emplearon en levantar la torre, pero su vinculación con el College no debía de ser muy seria, pues su nombre no ha quedado registrado en ningún sitio.

Cuando nos despedimos, el hombre, que colabora también en un centro dedicado al cómic con el que está vinculada la profesora que me acompañaba, me regaló un llavero de metal conmemorativo del museo, una reproducción exacta de aquella llave peculiar, aunque pintada de color rojo.

—Una llave solo para salir, no para entrar. Un obsequio especial del museo para este amigo de Ana -dijo el hombre, y le di las gracias, antes de colocar en él los llavines de mi despacho y de mi apartamento, que tenía atadas con una simple cuerda.

La autorización para visitar la torre Bartlett llegó pocos días después y me acompañó uno de los vigilantes del campus que, cuando llegamos, abrió la puerta, cuyos goznes chirriaron, conectó las bombillas que iluminan el interior y me dijo que durante media hora más o menos la torre sería solo mía, pues él iba a recoger un vehículo en una zona cercana.

Por dentro, la torre da sensación de mayor amplitud que en su vista exterior. Comencé a subir las escaleras de madera, sujetas a un eje central de hierro y cubiertas de excrementos de aves, pero inmediatamente atrajo mi atención el friso colocado sobre la barandilla, que se alarga a lo largo del muro, una sucesión de planchas de madera, aunque bien barnizadas ya muy envejecidas por los años, con textos escritos sobre ellas.

En las lenguas que yo puedo entender o barruntar están reproducidos fragmentos de muchas historias: la de Caín y Abel, la del durmiente despertado, la de Jasón y los argonautas, la del capitán Ahab, la de Ulises, la de Rama y Hanuman, la del Ingenioso Hidalgo, la del asno de oro, la de los caballeros de la Tabla Redonda, la del doctor Jekyll y mister Hyde, la de la dama del perrito, la de los amantes de Verona, la de Ana Karenina, la de Julian Sorel, la de Tom Sawyer, la de Emma

Bovary, la del horror de Dunwich... Innumerables partes de narraciones y de poemas, cuidadosamente manuscritas, revisten continuamente el muro, y mientras subía, deteniéndome a cada paso para identificar una palabra, un nombre, iba apoderándose de mí la confusa sensación de que aquel lugar por el que ascendía no formaba parte de los espacios físicos, sino de los soñados.

Alcancé por fin el escalón que da salida a la estrecha plataforma cubierta por el tejadillo cónico, y pensé que a causa de la lluvia no me era posible distinguir sino muy borrosamente los alrededores de la torre, pero muy pronto comprendí que aquello no era lluvia, sino bruma, y mi sospecha de estar soñando se hizo temerosa cuando pude advertir que la plataforma superior de la supuesta torre estaba al ras del suelo, que debajo de mí no había torre alguna sino que la escalera de caracol provenía de un espacio subterráneo, que en las inmediaciones había desaparecido el tocón momificado y junto a las grandes rocas tampoco se encontraba la escultura de Robert Frost, aunque tras la bruma ciertas formas poco definidas recordaban los edificios habituales del campus. Mas enseguida el temor quedó sustituido por una especie de apática serenidad y eché a andar camino abajo, en un propósito de búsqueda que no podía racionalizar, siguiendo el rastro casi desvanecido de lo que era mi ruta familiar.

Pisaba un suelo al parecer firme, pero ahí concluía toda la solidez del lugar, pues las formas de los edificios eran también evidentes fantasmas, solo sombras evanescentes de sus figuras reales, y todo estaba silencioso y solitario, en una quietud que parecía exigirme también la inmovilidad y el reposo.

En las escaleras de la biblioteca encontré el primer bulto humano: un hombre sentado, los brazos desmadejados a cada lado del cuerpo, cuya cabeza pelada y enormes patillas me recordaron la fotografía de aquel Faustus Pilgrim que el bibliotecario me había mostrado. Me acerqué a él y comprobé que su inmovilidad era absoluta, aunque mantenía abiertos unos ojos que no pestañeaban, y musitaba en voz muy baja una melopea lenta e ininteligible con cierto ritmo y soniquete poético. Le hablé, descubriendo que tenía que hacer un esfuerzo por formar las palabras, pero no me oía.

Cuando estuve seguro de que no podría sacarlo de su abstracción continué andando, aunque me encontraba cada vez más cansado, como aplastado por un peso invisible que quería obligarme a que me detuviese. Descubrí la figura alta y flaca de Adams el albino al otro lado de la plaza, sentado en uno de los bancos de madera, muy cerca del espacio que recordaba vagamente la calzada. Estaba también inmóvil, con las manos en los bolsillos y la cara vuelta hacia el cielo, de sus labios surgía una especie de salmodia interminable que no pude entender, y tampoco mis intentos por sacarlo de su estupefacción, sin embargo tan costosos para mí, tuvieron éxito.

A partir de aquel punto, los fantasmas de los edificios daban paso al fantasma del bosque de manera abrupta, como si la mayor parte de la ciudad se hubiese desvanecido. Había el atisbo de un camino cubierto de desdibujadas hojas secas y lo fui recorriendo cada vez con mayor esfuerzo, hasta encontrar al profesor Souto sentado en el suelo, con la espalda apoyada en uno de aquellos troncos espectrales. Yo sabía que tenía que intentar salir cuanto antes de aquel espacio cada vez más aniquilador de mi voluntad y de mi conciencia, y articulando muy penosamente las palabras me propuse llamar su atención.

—¡Profesor Souto! ¡Profesor Souto! ¡Levántese, tenemos que salir de aquí!

No estaba tan ensimismado como los otros dos, pues tras unos momentos de evidente perplejidad me miró.

—Sin tiempo —repuso, también como si le costase mucho pronunciar cada palabra, pero con tono de admiración—. El lugar sin tiempo.

Aunque mi tacto casi no sentía su volumen conseguí que se alzase, y tras orientar nuestra marcha caminé arrastrándolo, avanzando como dos borrachos tambaleantes. Pero el profesor Souto no pierde sus impulsos pedagógicos en ninguna circunstancia, y continuaba hablando ronca y dificultosamente:

—La palabra escrita posibilita dos caminos, el que conduce a los ámbitos del tiempo fugitivo y el que lleva a los lugares del tiempo detenido.

Yo apenas podía entenderle, pues todo mi empeño estaba en conseguir llegar al lugar de la torre y de la escalera antes de que nuestras fuerzas nos abandonasen del todo y quedásemos postrados en la inmovilidad. Nos fuimos desplazando poco a poco hasta pasar de nuevo junto al albino Ira Adams y más tarde frente al patilludo Faustus Pilgrim. Luego he podido verificar que el oscuro discurso del profesor Souto reproducía el arranque de uno de sus ensayos: La palabra escrita posibilita dos caminos, el que conduce a los ámbitos del tiempo, al ir materializando memoria y por lo tanto historia, y el que lleva a los lugares sin tiempo, del tiempo inmóvil o detenido. La lectura de un clásico, mientras nos permite comprender la dimensión temporal que nos separa de él, nos devuelve paradójicamente al momento de su escritura y al de la lectura de cuantos nos han precedido, consiguiendo detener el tiempo, vencer milagrosamente ese fluir irreversible. Pero entonces mi único objetivo era conseguir llegar al punto de la torre.

Cuando al fin lo logré, descendimos por la escalera de caracol que se hundía en el suelo haciendo también indecible violencia contra la paralización de músculos y pensamiento que cada vez yo sentía más avasalladora. Al final del trayecto encontramos cerrada la puerta de hierro, pero como habrán imaginado ustedes, la llave conmemorativa del museo de objetos raros me permitió abrir la cerradura y recuperar la realidad del tiempo y del espacio de la ciudad, que aparecía cubierta de nieve.

A todo el mundo le desasosegó lo aberrante del caso, que yo apareciese de repente tras cuatro meses de haber ascendido por la escalera de Bartlett Tower aquella mañana de octubre, y que el profesor Souto lo hiciese a los siete años de su desaparición. Hasta Celina Vallejo había cruzado el océano para reencontrarse con él, y ambos reanudaron su relación, aunque a mí el profesor me echó en cara, desde el primer momento, que lo hubiese sacado de aquel lugar:

—Adams estableció la ruta, Pilgrim consiguió descifrar la clave, yo llegué allí por casualidad, como tú. Pero tú me has robado el mejor embeleso, la mejor experiencia de mi vida —me dijo una vez más cuando nos despedimos, y no me ha vuelto a dirigir la palabra.

El caso es que nuestra reaparición había resultado tan inexplicable y desconcertante que se nos dieron toda clase de facilidades oficiales para que regresásemos a España, y aunque los medios de comunicación se hicieron eco de la extraña noticia, nadie quiso reproducir mi declaración sobre lo que de verdad había sucedido, y yo comprendía que no me miraban como si pensasen que estaba mal de la cabeza, sino que, simplemente, no querían aceptar la historia que yo les contaba.

Estoy seguro de que a ustedes les está pasando lo mismo.

Sinara, cúpulas malvas

El hombre pronunciaba primero una palabra, "¡Sinara!", admirativamente, como una interjección, y luego desplegaba los brazos. Enseguida, ahuecando la voz como si comunicase un secreto, exclamaba "¡Sinara, cúpulas malvas!". A veces ya no decía nada más durante el tiempo que permanecía en la taberna. Otras, después de girar las espaldas para apurar el vaso de vino, se volvía de nuevo y entonaba alguna alusión que iba completando la sugerencia de un mundo lejano y misterioso: torres blancas, zócalos azules, carneros de cuernos dorados, los ojos pintados de las niñas.

Sinara, cúpulas malvas. Iba para asegurador, pero aquellas palabras acabaron desviando el camino de su vida y mostrando la señal de un destino, como un mensaje que aquel hombre alto y flaco, de nariz muy roja y pómulos cubiertos de venillas, se hubiera visto obligado a llevar ante él para transmitírselo.

Desde los primeros momentos de su aparición en Los Porrones, todos los parroquianos consideraron que las alusiones del forastero eran fruto de un delirio, y solo la compostura que mostraba hizo que hasta el propio Manolo tardase en descubrir su permanente estado de intoxicación alcohólica. Sin embargo él, frente a la burlona mirada general, a partir de la dolorosa convalecencia de la paliza que había recibido, amoratado todavía el ojo izquierdo, dolorido el torso, los testículos aún muy hinchados y molestándole al caminar, encontró de repente en la exclamación del forastero, ya identificada como un topónimo, no solo un inimaginado esplendor arquitectónico, sino la referencia certera de una orientación, de un rumbo a seguir.

En Los Porrones solían hacer la segunda de las tres estaciones que, cada jornada, interrumpían el largo paseo previo a la cena. La academia estaba en la calle de la Montera, casi en la Red de San Luis. Iba allí todas las tardes con Baudilio y con Alejo, otros dos jóvenes compañeros de trabajo que esperaban, como él, perfeccionar en aquel lugar sus conocimientos mercantiles y contables. Desde sus ventanas se podía contemplar el gran templete de piedra gris, con la marquesina de cristal ya muy sucio por el paso de los años, que servía de entrada al metro.

Al terminar las clases, los tres encaminaban sus pasos hacia el barrio del Refugio, empezando por la calle de la Ballesta, que les ofrecía el espectáculo gratuito del puterío callejero en sus primeros trajines, y hasta algún altercado grotesco. La primera estación estaba en la taberna sin nombre que ellos llamaban de Santa Bárbara, en la calle del mismo nombre, un local lóbrego, con las paredes tan sucias que parecían de madera y, pegados en ellas, unos carteles también cochambrosos que apenas dejaban atisbar los ojos inciertos de los toros que embestían y de los toreros que alzaban el capote.

El tabernero de Santa Bárbara había sido banderillero, estaba en mangas de camisa hasta en los más recios días del invierno y dedicaba una atención mimosa a rellenar y mantener alineadas las frascas que servían para escanciar el vino de la parroquia. Alguien había dicho que aquel tabernero era rojo y, aunque nunca hablaban de política, su solidaridad amistosa hacia Baudilio, a quien los nacionales habían fusilado a un tío, según les contó en una confidencia nunca repetida, les hacía entrar en la taberna con cierto sentimiento de ofrenda y unión trascendente, como los fieles acceden al templo de su culto. El vino de Santa Bárbara era de la comarca del Pardillo, un poco dulce, de color de orines, y lo paladeaban en silencio, como en una comunión.

De la calle de Santa Bárbara, tras girar en la del Espíritu Santo, iban a la de Jesús del Valle. Allí, en la esquina con la de El Escorial, estaba Los Porrones, una taberna que regentaba un sevillano llamado Manolo, que siempre tenía la colilla de un faria entra los dientes y que, a voluntad del cliente, servía su valdepeñas en vasos o en las pequeñas redomas que daban nombre al establecimiento, y acompañaba la bebida con una tapa de aceitunas aromáticas que se ufanaba de haber aliñado él mismo.

La tercera estación estaba mucho más lejos, después de que, calle Pizarro abajo, tras cruzar la del Pez, las calles de la Luna y de Silva les condujesen a la Gran Vía y, desde la plaza del Callao, la de Carmen hasta las callecitas previas a la Puerta del Sol. Para su última libación no solían ser fieles a una sola taberna, y luego se separaban. Alejo y Baudilio se metían en una boca del metro, y él volvía los pasos para caminar hasta su pensión, en la calle de Chinchilla.

Todo lo que le permitía subsistir en Madrid se relacionaba con su tía Amelia: ella, por mediación de un primo, le había colocado en la compañía de seguros en que estaba aprendiendo los secretos del oficio y ganándose los primeros sueldos de su vida, ella pagaba los gastos de la academia donde se preparaba para alcanzar el profesorado mercantil, y ella había conseguido también que doña Crucita, la dueña de la Pensión Manchega, amiga de la infancia, le hiciese un precio muy bueno, aunque lo barato se compensaba con la servidumbre de compartir el hospedaje con los que se llamaban clientes no estables, viajeros que permanecían solo una o dos noches, en una habitación con tres camas niqueladas donde a menudo se instalaba una turca supletoria.

Era una pensión de mucho movimiento, por la que pasaba gente de La Mancha pero también extranjeros, sobre todo portugueses. Los únicos clientes fijos, estables, como le gustaba decir a doña Crucita, eran, con él, un inspector de policía que llevaba una pistola enfundada bajo el sobaco izquierdo, un muchacho oriundo de Herencia que estudiaba Bellas Artes y admiraba mucho la pintura de Dalí, un opositor a Aduanas, y las chicas del ballet de Pepita Purchena.

El policía, al parecer íntimo amigo y protector de doña Crucita, era fornido y de poca estatura, y cuando se quitaba la americana resaltaba entre los tirantes la estrafalaria adiposidad de su arma. Pasaba del abrupto silencio a la generosa verborrea, era capaz de discutir por cualquier cosa, llegaba a mostrarse muy iracundo y, cuando perdía los estribos, echaba mano a la pistola y la empuñaba hasta que los nudillos se le ponían blancos, aunque nunca llegaba a desenfundarla.

Aquélla era una pensión con pretensiones de formalidad y decencia, y a las chicas del ballet, cinco contando a su directora, solamente se las veía aparecer en el comedor a la hora del almuerzo y de la cena.

A mediodía, cuando acababan de levantarse, las chicas, sin maquillaje, parecían muchachas comunes, casi unas adolescentes reunidas para almorzar en torno a su maestra. Pero de noche, aquellas muchachas pálidas, de pelos desordenados y gris desaliño hogareño, se convertían en seres deslumbrantes, mujeres de grandes ojos acaramelados palpitantes de reflejos, de sensuales bocas rojas, que mostraban en sus ceñidas vestiduras redondeces de hembras cumplidas, y que habían cambiado su mortecino silencio de la hora del almuerzo por unos bisbiseos maliciosos, que solían rematar en breves risas abortadas por la seca mirada de aquella especie de maestra, transformada ella también a la hora vespertina en una elegante dama con las piernas enfundadas en medias oscuras que hacían resaltar aún más la piel blanca que cubrían, y en lo alto de la cabeza un moño apretado, terso y brillante como una corona.

Rompían a reír sin trabas cuando, después de cenar, salían al descansillo de la escalera, camino de la sala de fiestas en que actuaban, y sus voces resonaban en el comedor como un eco de la noche bulliciosa de cabarets y bares de alterne cerrada para los estudiantes y los empleados primerizos.

El estudiante de Bellas Artes, que hacía ostentación de la superioridad mundana que se atribuye a los artistas, exclamaba "¡Otra noche loca!" al escuchar aquellas risas que llegaban desde el descansillo, y se echaba a reír él también con una risa torcida, perversa, en la que pretendía transmitir la cifra segura de las ocupaciones de las chicas de Pepita Purchena hasta la madrugada, en que la danza española habría sido solamente la obertura propiciatoria del tráfico de los cuerpos.

Él se sentía incómodo al pensar que aquellas adolescentes del mediodía, aquellas bellezas de musical americano de las noches, fuesen más que nada unas profesionales de lo venéreo, iguales en la intimidad de su labor a las mujeronas que se vendían para cualquier menester sexual en las calle de Echegaray o de la Ballesta. Se sentía incómodo, sobre todo porque había hallado en la mirada de una de ellas un mensaje repetido, que no parecía fácil que pudiese encenderse con tanta espontaneidad en lo que él creía que debían de ser las actitudes ordinarias de aquella clase de mujeres.

En el comedor, los fijos tenían la costumbre de la hora y del sitio. Él almorzaba en el último turno, recién llegado de la compañía de seguros, y era también a esa hora cuando bajaban las chicas del ballet de Pepita Purchena, que ocupaban dos habitaciones en el piso superior. Ellas se sentaban, con su directora, en la mesa redonda del rincón, que un aparador lúgubre aislaba un poco del resto de la estancia. Él, con el estudiante de Bellas

Artes, el policía y el opositor, al otro lado del aparador, junto a una de las dos ventanas cuyo gran tamaño no parecía congruente con el tenebroso paisaje del patio de luces.

Él estaba de espaldas a la ventana. Ella, la de apariencia más joven de todas, de espaldas a la pared frontera. Y en cada almuerzo y en cada cena, fue naciendo entre los dos una comunicación muda y furtiva a través de miradas breves, intensas, repetidas, controladas con tanta destreza, que nadie era capaz de advertirlas, en aquel tiempo en que el lenguaje de los ojos estaba en la práctica común, de modo que cualquier exceso solía ser descubierto con facilidad por el acecho colectivo. La conversación muda de sus miradas fue desarrollándose a lo largo de muchos días, de manera que él comenzó a esperar los momentos del almuerzo y de la cena con el gozoso desasosiego de las citas amorosas.

Su primera comunicación verbal tuvo lugar una madrugada. El estudiante de pintura le había invitado a una especie de guateque que organizaban unos paisanos en el estudio de otros compañeros, y que resultó una destartalada y fría nave de la Ciudad Lineal. Cada participante había llevado una botella de vino o de licor, y la mixtura de bebidas los puso enseguida ebrios y patosos. Aparte de beber y de observar cómo los artistas del estudio mostraban sus obras con mucha palabrería, se cantaron canciones que uno acompañaba a la guitarra.

Ya no funcionaba el metro ni había autobuses cuando el estudiante de pintor y él iniciaron el regreso a la pensión.

Durante mucho tiempo, aturdidos por la bebida, atravesaron sin hablar las calles vacías de la ciudad, entre el silencio que enaltecía la titilación de los semáforos. Llegaron al fin al portal de la pensión en el mismo momento en que Luis, el sereno, un hombre desaseado que manejaba el chuzo con aire de mandoble, como un antiguo guerrero sanguinario a la búsqueda de encuentros mortales, abría la puerta a las chicas del ballet.

No era raro que el decrépito ascensor se averiase, por algún cortocircuito que dejaba también sin luz el portal y las escaleras, y aquella noche hubo que subirlas a pie, conducidos por la linterna del sereno.

A la luz cárdena de los faroles, él había advertido la acogida cálida de la mirada de ella. Luego, al subir las escaleras precedidos por el cuerpo bamboleante y las palabras roncas y confusas del sereno, él se retrasó y pudo percibir que había también en ella una actitud de espera. Fueron los últimos en ascender. Los pasos de todos retumbaban y hacían crujir los peldaños de madera, el pintor respondía con burla a las invectivas obscenas que componían el lenguaje del sereno, y de repente ella buscó la mano de él en la oscuridad y él sintió en aquel apretón la intensidad palpable de las miradas que los habían ido enlazando a lo largo de los meses.

En el segundo descansillo, ella se detuvo, lo empujó contra el marco de una de las puertas, buscó sus labios con su boca, que olía a alcohol, y le dio un beso breve pero profundo, un lengüetazo que entró en su boca como el anuncio de una entrega. Mas enseguida se separó y, sin soltar su mano, continuó subiendo las escaleras. Antes de llegar al tercer descansillo se detuvo otra vez y, en voz muy baja, dijo que se llamaba Albina. "Yo me llamo Víctor", musitó él. Pero ya la comitiva hacía alcanzado el piso en que el pintor y él dormían, y se separaron.

Los domingos, la firme rutina de la pensión se alteraba, se hacía más largo el tiempo de los desayunos, los turnos de comedor, a mediodía, quedaban también difusos porque mucha gente infringía las costumbres de hora y sitio, urdía en los pasillos tertulias perezosas, y doña Crucita aceptaba con resignación aquella anarquía. Era también un día en que los inquilinos, sin prisas, cambiaban de piso en busca del baño vacío, y erraban con familiaridad por pasillos que no eran los suyos.

Fue aquel mismo domingo, el que siguió a la fiesta de la Ciudad Lineal, cuando tuvieron el primero de sus verdaderos abrazos. Era la media mañana y el pasillo olía a camas deshechas, a pan tostado y loción de afeitar, y sonaban algunas radios desperdigadas en las habitaciones, como señales del ocio del día.

Él adivinó que era ella quien estaba en el baño antes de que se abriese la puerta, como si el brillo de sus grandes ojos oscuros hubiese atravesado las rugosidades traslúcidas del vidrio para transmitirle su segura cercanía. Luego, cuando la puerta se abrió con un aliento a vapor jabonoso, se encontraron uno frente al otro, solos en el pasillo. Cubierta por una bata rosada, ella, la adolescente de los mediodías, olía a colonia de limón.

Había junto a aquel baño una pequeña estancia en la que se guardaban los trastos de la limpieza, y la buscaron con rapidez, como un refugio. Allí, reclinados contra una escalera de tijera, entre el aroma a cera y aguarrás, volvieron a besarse, y sus manos se acariciaron, y el impulso de sus cuerpos, que durante tanto tiempo habían ido preparando sus miradas furtivas, pudo encontrar su cauce y su culminación. El abrazo duró muy poco, porque ambos se habían encendido en un deseo que no necesitó preámbulos para consumarse, y porque conocían bien las restricciones y cautelas a que debían estar preparados. Antes de su separación, jadeantes, al despegarse de su beso, ella le prometió que estaría allí otra vez el siguiente domingo, a la misma hora.

Durante otros tres domingos, repitieron aquellos breves encuentros en el trastero, disfrutaron de las caricias austeras de los amantes furtivos e indigentes, que deben economizar su tiempo y aprovechar solamente lo más sustancioso de sus deseos. El olor de la cera se mezclaba con el de la colonia de limón y ponía en aquellas cópulas breves y contundentes una señal doméstica. Luego, los almuerzos y las cenas les permitían las miradas instantáneas, detenidas apenas en su fugacidad, en que se concentraba un fogonazo de pasión compartida, de mutua confianza. El cuarto domingo estaban tan enardecidos, que él pudo ofrecerse dos veces en el escaso tiempo de su escondite.

"Yo quiero irme lejos, lejos —le dijo luego ella—, lejos de esta mierda. Ven conmigo, nos iremos juntos", añadió. Murmuró que tenía un primo que había emigrado y un amigo del pueblo que le ayudaría en lo del pasaporte. Él, mientras atisbaba el pasillo tras ponerse los pantalones del pijama, no contestó nada, pero aquella declaración lo desconcertó, y en las miradas de los ojos negros y grandes que fueron marcando los almuerzos y las cenas de los días sucesivos, le pareció encontrar no solamente el recuerdo de la pasión que, con todo lo precario de sus abrazos, habían conseguido cumplir, sino algo más complejo, la confirmación de aquellas palabras que proponían la huida a un punto lejano, mucho más allá de la compañía de seguros, de la academia, de las tabernas de la tarde, de los trastos olorosos a trapos de limpieza y de los pasillos de la Pensión Manchega.

Una noche, a finales de la misma semana, el policía secreta amigo de doña Crucita se sentó a cenar con unos colegas portugueses que solían visitar la ciudad para lo que la patrona llamaba muy ufana asuntos oficiales. El campeonato de fútbol de la Copa de Europa atravesaba una fase muy emocionante, y en la mesa de los policías la conversación sobre el asunto se iba haciendo riña. El pintor, el opositor y él asistían con cierta perplejidad a la creciente violencia de la discusión, mientras las chicas del ballet de Pepita Purchena terminaban de cenar en su rincón, preparadas para salir hacia su trabajo en su avatar de mujeres cautivadoras.

De pronto, el amigo de doña Crucita levantó su pequeño y ancho cuerpo soltando un juramento y echó mano a la pistola, en aquel gesto que marcaba la crisis final de su exaltación. Sus compañeros de mesa se abalanzaron sobre él para impedir que se completase el movimiento que parecía anunciar aquel gesto, hubo un forcejeo, sonó un disparo y el fornido policía lanzó un ronco grito de dolor.

Pepita Purchena abandonó bruscamente la mesa de las bailarinas, se puso a inspeccionar el daño que, sin salir de la sobaquera, había causado la pistola, y empezó a gritar que era urgente atajar la hemorragia. Los portugueses, al apartarse para dejar actuar a la improvisada enfermera, hicieron caer soperas y jarras de agua de las mesas inmediatas. Todo eran voces, gestos desorientados, y doña Crucita llegó desde su cuarto gimiendo con aire despavorido. En medio del tumulto, ella se acercó a él y murmuró que tenían que hablar, y él la llevó deprisa a su dormitorio, cuya puerta estaba en el otro lado de aquel mismo tramo de pasillo.

Se sentaron en una de las camas, apenas iluminados por la luz que llegaba a través del montante, y ella le dijo que había conseguido sus papeles y que estaba decidida a marcharse, y volvió a pedirle que la acompañase. Le sujetaba las mejillas entre sus manos y le daba besos pequeños, cariñosos, con aquellos labios suyos cargados de pintura en que él encontraba un sabor a mujer de lujo, tan excitante como el espeso olor a perfume que la envolvía.

La muchacha que se le había entregado con tanto ardor aquellas mañanas de domingo, metamorfoseada en una mujer destinada a noches de fiesta que él no podía permitirse, y que le estaba hablando y besando con tanto amor, exacerbó su deseo. En la penumbra oscurísima de la gran alcoba, las tres camas ofrecían la inmovilidad de un cobijo seguro. Atendiendo a las exigencias de sus caricias, ella bajó la cremallera de su vestido, y se abrazaron sin pensar en otra cosa, sintiendo la acogedora blandura de un colchón bajo sus cuerpos.

Luego sabrían que, tras anudar al fin con las cintas de un mandil el muslo del herido, y poner desinfectante en la herida, mientras unos buscaban un médico, otros habían decidido trasladarlo a una de las camas de la pensión. El peso y la envergadura del cuerpo, y la inercia de su transporte, hicieron que los portadores desechasen las habitaciones que se abrían a derecha e izquierda, para buscar la que, al fondo, permitía un acceso sin maniobras. Abrieron la puerta, encendieron la luz, y pudieron ser testigos del íntimo abrazo que ceñía los cuerpos del chico de Tomelloso y de la más joven bailarina del ballet de Pepita Purchena.

Aquella escena, fuera de peligro el policía, fue un escándalo en la pensión. Doña Crucita habló con él no solo para reprocharle la mancha en la honorabilidad del establecimiento, sino para recordarle cómo la tía Amelia lo había cuidado desde el accidente en que fallecieron sus padres y tenía derecho a esperar de él que se labrase un porvenir y no anduviese en enredos con mujeres que no podían darle otra cosa que quebraderos de cabeza, si no arruinaban su salud para siempre. El ballet de Pepita Purchena dejó de coincidir con el turno de comedor al que él asistía, y el domingo siguiente esperó inútilmente en el trastero la llegada de ella.

Una noche, muy avanzada la madrugada, Luis el sereno entró en su habitación para despertarlo con brutales sacudidas. “Vamos, vamos —decía—, despierta de una vez, te llaman abajo”. Y tras apurarlo para que se vistiese, lo condujo agarrado de un antebrazo, como quien lleva a un detenido, hasta depositarlo en el portal, donde estaba ella.

Como si todavía estuviese soñando, escuchó lo que ella le decía, entre murmullos agitados. Había dejado la sala de fiestas al terminar el número, aprovechando el momento de cambiarse. Se marchaba de Madrid y se iría de España. Pero antes había pasado por allí para avisarle. Le dijo el tren, la hora, el destino. Y otra vez le pidió que se fuese con ella y le llamaba Víctor, mi vida, y le decía que estarían siempre juntos queriéndose, ayudándose.

A la luz escasa de las farolas que se colaba por el enrejado de las puertas, en los ojos de ella permanecían los signos de ternura que habían marcado el proceso todo de sus miradas. Repitió que estaría esperándolo en la estación hasta el último momento, y por fin se fue y él la vio irse calle abajo con su gran bolsa colgada del hombro, casi corriendo, mientras Luis se le acercaba, golpeaba con el chuzo en el suelo como si quisiese romperlo y blasfemaba para advertirle que tuviese cuidado con meterse en líos, que las gachises como aquélla solo servían para que los hombres acabasen malamente.

Paseó alrededor de la manzana, asumiendo en el cuerpo mal arropado el fresco de la noche como un estímulo necesario para despertar del todo. Sin embargo, se encontraba amodorrado, como perdido en un sueño de inmovilidad, incapaz de reaccionar. Por un lado, la proposición de ella, su decidida invitación a seguirla en aquella huida aventurera, su promesa de amorosa compañía, lo llenaba de júbilo, consciente de que aquel afecto era el mejor y el más cálido tesoro de su vida. Por otro, sentía un miedo atroz.

Acababa de recibir la tercera de sus pagas mensuales, estaba en condiciones de sacar el billete y de subsistir algunos días, claro que habría modo de cruzar la frontera, pero el cálculo de sus menguados recursos lo amedrentaba aún más. Además, pensaba en su aprendizaje de una profesión, en el señor Ribalta, que le contaba solemnemente sus peripecias a la conquista de pólizas de vida, en el señor Pi, que le señalaba con sabiduría los manejos tortuosos que se ocultaban detrás de muchos incendios al parecer fortuitos. Evocaba con certeza su aspecto de caballeros respetables. Estaba ahorrando para comprarse un terno y unos zapatos nuevos, y tenía el propósito de demostrar a sus amigos, en vacaciones, que empezaba a ser una persona con algo de dinero en el bolsillo. A veces había estado en la cantina de la estación, tomando una caña, y había visto a aquellas gentes desarrapadas que, con sus pobres maletas, iniciaban el camino del extranjero.

Volvió a sentir miedo, pero comprendió que era el frío, que ya le había calado, regresó a la pensión, se acostó y estuvo despierto el resto de la noche, hasta que se sorprendió de encontrarse sentado al lado de ella, en un departamento de un tren que se alejaba. Mas era solo una breve imagen soñada, que lo hizo sobresaltarse y despertar otra vez.

La noche del día siguiente, cuando regresaba de su periplo por las tabernas habituales, antes de que llegase al portal, un par de hombres cuyos rostros apenas pudo ver se le echaron encima, lo agarraron y le exigieron con voz acuciosa que les dijese dónde estaba ella, que no mintiese, que conocían por el sereno la visita de la noche anterior. Dijo que ella se había ido de España y le pegaron, lo tiraron al suelo y siguieron golpeándolo hasta que el retumbar del chuzo en el adoquinado y la voz de Luis pidiendo que lo dejasen interrumpieron la agresión.

Hubo que llevarlo a la Casa de Socorro y luego estuvo hospitalizado casi una semana. Cubierto de hematomas y sintiendo muchos dolores, regresó a la pensión y a la vida habitual. Y fue uno de aquellos días, mientras tomaba su ritual vaso de vino en Los Porrones, cuando en las palabras del hombre alto de pelo gris cortado a cepillo que, tras mirar fijamente a los parroquianos, pronunciaba el nombre de Sinara y extendía lentamente los brazos para repetir "Sinara, cúpulas malvas", le pareció descubrir una significación nunca antes advertida por él.

Su convalecencia, con las molestias de los cardenales y aquellos testículos inflamados y doloridos, le había dejado una aguda conciencia de pérdida, y recordaba la negrura caliente de los ojos de ella, la desesperada energía con que aprovechaba el tiempo de sus abrazos para concentrar en él toda su pasión, su aspecto de frágil adolescente a la luz del día y de mujer rotunda cuando llegaba la noche. Recordó también su propia indecisión y su miedo, y comprendió, a una luz brusca e implacable que marcaba su derrota, que había dejado perder la única riqueza de su vida.

Sinara, sus torres blancas, los ojos pintados de las niñas, los carneros de grandes cuernos dorados. Sinara, la brisa azul del desierto, de tres a seis, los pétalos amarillos, la lluvia de pétalos, de nueve a once. Sinara, cúpulas malvas.

El verano se adelantó mucho aquel año, y una mañana se encontró en una cola de hombres sudorosos, ante una oficina de alistamiento militar. Ya no pensaba en el señor Ribalta, ni en el señor Pi, ni en la pobre tía Amelia. Renunciaba para siempre a conocer como el padrenuestro los prolijos cálculos de las tarifas de las pólizas, dejaba para otros las glorias del ramo de pedrisco, de cristales, de accidentes de trabajo. Deshonrado por el miedo de aquella noche, intentaba rehabilitarse buscando lo que podía haber detrás de aquel nombre, el especio diferente en que pudiese concederse la absolución para una inmovilidad cobarde que ya no tenía remedio.

Cuando se cumplió el plazo de su compromiso, conocía el funcionamiento de muchas armas, tenía en un hombro la cicatriz de un balazo y sabía conducir grandes vehículos. Se quedó en aquellas tierras, acabó siendo dueño de un camión, transportaba mercancía de un lado a otro. El alcohol, el hachís, esa ternura que puede haber también en el sexo mercenario, los peculiares espacios de su trabajo, le daban a su vida el gusto de las aventuras inesperadas. Y transcurrieron más de quince años. Nadie le había podido decir dónde estaba Sinara.

Esta mañana, muy al sur, un viejo conocido, al verlo llegar, se ha quitado el fez y ha agitado un periódico, gritándole que

Franco ha muerto, y muchos recuerdos dispersos se congregan de repente en su memoria, reconocibles y llenos de fulgor.

En sus desplazamientos por lugares desconocidos suele acompañarlo un nativo de la zona, y el que viaja hoy con él es un muchacho moreno, de manos finas. Al doblar una curva, aparece una pequeña ciudad. Tiene torres blancas, un intenso azul marca los zócalos y los marcos de las puertas. Cúpulas malvas coronan las murallas. El muchacho no conoce el nombre del lugar y la palabra Sinara no le dice nada. Aunque no es el destino del viaje, él busca un lugar para detener el camión, deja al joven acompañante a su cuidado y recorre la ciudad en un lento paseo. Las cúpulas malvas brillan a la luz de la tarde.

Cree que los ojos negros de una muchacha que pasa le van a devolver el mensaje de cercanía y calidez de aquellos otros ojos, pero enseguida descubre en ellos la confusión burlona ante el extranjero. Él le pregunta si aquello es Sinara, y ella, cuando es capaz de comprender su chapurreo, sacude la cabeza negativamente, dice otro topónimo, sonríe, echa a andar apresurando el paso. El almuédano llama con su canto a una de las oraciones del día, y él sigue detenido mientras la muchacha se aleja.

Luego piensa que se hace tarde, que estas carreteras son muy malas y que nunca las ha recorrido, de manera que decide reemprender la marcha y se dirige hacia el camión mientras considera, con una amargura sin pena ni nostalgia, que Sinara ha sido solamente un espejismo, una alucinación lejana y ajena, porque Sinara no existe.

Los espíritus de doña Paloma

Como el médico había recomendado que anduviese un poco todos los días, doña Paloma se acostumbró a rezar el rosario dando pequeñas caminatas a lo largo del pasillo. Lo tenía tan entrenado que hacía coincidir el final de las avemarías con la puerta del cuarto de baño y el de los padrenuestros con el recibidor o la puerta de la cocina, sucesiva y alternativamente. A tales correspondencias había ido añadiendo la relación de los diferentes momentos de cada plegaria con las baldosas del pasillo, de modo que el inicio debía coincidir con una baldosa clara y el final con una oscura. Más adelante empezó a evitar las pisadas sobre las innumerables cruces que formaba la confluencia de los ángulos, y con el tiempo su diario rezo se había convertido en un minucioso ritual, el cruce repetido de un tablero a través del único camino correcto, y doña Paloma tenía el recelo de que cualquier alteración o incumplimiento de las reglas que ella misma había ido estableciendo fuese, además de una falta pecaminosa, un augurio de mal signo que pudiera señalar también errores y titubeos en el camino invisible que un día debía llevarla a la eterna salvación.

La llegada de Enedina había completado el ritual, pues doña Paloma convirtió a la indita en concelebrante de su rosario y, como era realmente difícil sincronizar los movimientos de ambas por el pasillo, decidió que Enedina permaneciese de pie en el umbral de la puerta del cuarto de baño, dirigiendo la voz a la parte de la cocina o a la del recibidor, según fuese el tramo que en aquel momento ella estuviese recorriendo. La incorporación de Enedina al rosario de cada día compensaba sutilmente la diaria extrañeza que la mera presencia de la muchacha suscitaba en doña Paloma, pues era un modo de que aquel ser estuviese protegido por el cobijo de la religión y sujeto a sus sagradas obligaciones.

Cuando el primer domingo de la estancia de la indita en su casa bajó la Corredera para escuchar misa en San Antonio, agarrada de un brazo de la muchacha, comprendió la íntima satisfacción que deben de sentir los misioneros que desempeñan su labor entre los reductores de cabezas y las alimañas de la selva, pero la presencia de Enedina en el vano de la puerta del cuarto de baño, volviendo disciplinadamente la cabeza a cada uno de los extremos del pasillo para contestar a sus oraciones con su voz cantarina, era también una manifestación de sumisión y respeto que, con la exaltación de la plegaria cristiana, mostraba las diferentes condiciones de ama y criada que eran el elemento natural de su relación. Y al pasar frente a ella, pendiente de no incumplir ninguna de las pautas del rito, no solo sentía el orgullo que debe corresponder al general cuando hace la revista de sus tropas, sino también el regocijo de que hubiese un testigo humano de la seguridad con que ella iba cubriendo los pasos de aquel recorrido doméstico que pronosticaba la ruta de la gloria celestial.

Antes de Enedina habían servido en su casa cuatro chicas, todas ellas traídas por Adolfo, original causante de aquellas intrusiones después de que una caída suya y la rotura de una pierna lo cargasen de razón para argumentar que necesitaba alguien que la atendiese.

—Si tú no te hubieras ido —objetaba doña Paloma, pero él aducía contundentemente su desacuerdo, sin querer entender la duplicidad de intención que acarreaba el reproche de su madre.

—No digas simplezas, mamá, si yo no me hubiera ido estaríamos igual, yo estoy fuera todo el día, trabajando. Tiene que haber alguien aquí, contigo, haciendo las cosas, y tú a descansar, que bien que te lo mereces.

Ella no dijo nada, no decía nada cuando el hijo volvía a contestar a su reproche con similares respuestas, pero lo miraba con frialdad, en un gesto inequívoco de queja. Pues aunque ya habían pasado casi cinco años desde la boda de él y su marcha de casa para instalarse en su propio piso, seguía sin aceptar aquel brusco corte de una intimidad cotidiana que provenía de muchos años antes, cuando ella se había quedado viuda siendo Adolfo todavía un niño muy pequeño. Las menguadas pensiones fueron su único apoyo para la subsistencia, pero gracias a ellas y otros beneficios de la orfandad pudo el chico estudiar y hacer una carrera, y conseguir luego empleo en la Telefónica, tan cerca de casa.

La unión de los dos, marcada por la larga soledad de tantos años, parecía predestinada a no modificarse: como si repitiese el papel de esposa, que por tan poco tiempo había podido desempeñar, doña Paloma se ocupaba de la alimentación, la ropa y la comodidad de Adolfo. Él era muy casero y pasaban juntos la mayor parte del tiempo en que no estaba trabajando, y aunque a veces ella le contemplaba a hurtadillas, encontrando en las facciones del hombre todos los rasgos superpuestos que se habían ido modificando desde la infancia, y sentía cierta angustia al imaginar que un día quedase solo, sin nadie que supiese cuidarlo como ella lo hacía, por otro lado se alegraba de tenerlo junto a sí como en aquel tiempo de la niñez, y que él hubiese aceptado su compañía y el hogar materno como el mejor de los refugios.

Por eso había llorado tanto, más que cuando murió su marido, al decirle Adolfo que se casaba, pues no lloraba un abandono sobrevenido por un azar desgraciado sino una especie de infidelidad, la ruptura unilateral e injusta de un pacto convertido en ley por el propio transcurso del tiempo.

—¿Y yo? —había preguntado ella—, ¿qué será de mí?

Adolfo la había mirado con aire de sorpresa y desconcierto.

—¿Tú? —preguntó a su vez, perplejo, antes de echarse a reír con una risa cuyo tono crispado denunciaba un oculto desasosiego—. A mí me gustaría seguir viviendo aquí —contestó luego—, y que todo siguiese como antes. Al fin y al cabo, este piso es de sobra grande para tres.

Adolfo había tenido que salir dos meses de la ciudad, para trabajar en ciertas instalaciones de una provincia lejana, y cuando regresó, ella percibió enseguida que había una mujer por medio y que no se trataba de algo pasajero. Muy pronto conoció, sintiendo mucha congoja, que la relación iba encaminada a terminar en boda y quiso pensar que, a pesar de todo, aquella mujer resultaría casi una hija para ella, como le aseguraba Adolfo, una hija que la ayudaría y serviría con afecto, pero a los quince minutos de conocerla supo que su convivencia era imposible: aunque algo más joven que Adolfo, aquella mujer era ya bastante mayor, fumaba mucho y hablaba entre risotadas.

Aquella mujer trabajaba al parecer en la delegación donde Adolfo había cumplido su comisión de trabajo durante aquellos meses de ausencia, y más parecía, por sus gestos y actitudes, un amigote, uno de esos amigotes que, por suerte, Adolfo no había tenido nunca, que una futura esposa. Además, al visitar por primera vez el piso hizo algunos comentarios cargados de intención, que doña Paloma consideró vejatorios, sobre la exigua iluminación eléctrica y lo vetusto de los muebles, repitiendo que aquellos cortinones debían ser un almacén de polvo y dando a entender con sus gestos de asombro burlesco que su presencia en la casa iba a determinar algunos cambios en la decoración. Por eso, cuando aquella noche Adolfo le preguntó, con una solicitud que no podía encubrir un gesto preocupado, qué le había parecido su futura nuera, ella se limitó a contestar:

—Ya veremos si podemos vivir juntos o no, yo ya tengo demasiadas manías —y al día siguiente inició una novena y encargó unas cuantas misas pidiendo al propio Dios, sin intercesión alguna, que la boda no sucediese, por bien de su hijo, al que imaginaba infeliz títere sometido a los caprichos que dejaba barruntar el indiscreto desparpajo de aquella mujer.

Y no había podido vivir con ella. El orden de los espacios que había conseguido construir la soledad de doña Paloma después de tantos años fue inmediatamente perturbado por la irrupción de la nuera, que instaló en la sala un enorme receptor de televisión y llenaba los ceniceros de colillas, el frigorífico de absurdos alimentos y el cuarto de baño de innumerables botes y frascos, y que en los días festivos era aficionada a quedarse en la cama hasta las doce y permitía que fuese Adolfo quien recogiese la mesa después de las comidas o pasase la fregona al cuarto de baño tras los ratos que ella empleaba en su acicalamiento.

Al principio, doña Paloma opuso a tanto desorden la táctica de un silencio adusto y una expresión siempre malhumorada, pero luego pasó a la ofensiva, manifestando su disgusto cada vez con mayor claridad, y seis meses después de que el matrimonio se hubiese instalado en la casa, las fricciones entre doña Paloma y la mujer de Adolfo llegaron a ese límite que, si se traspasa, puede llevar a la agresión física. El incidente que provocó la ruptura fue que, a la semana de haberlo recibido, doña Paloma había convertido en alfombrillas para pisar sobre los suelos encerados el juego de toallas que, con su nombre bordado, le había regalado su nuera por Reyes. Se marcharon por fin y, aunque Adolfo venía a visitarla varias veces a la semana, la relación entre madre e hijo sufrió una mudanza decisiva, porque en aquella comunicación de visita ya no podía revivir la anterior intimidad, alimentada en el sosiego de su antigua y permanente convivencia.

Fueron cambiando bastantes cosas en Adolfo: perdió algunos kilos y se había hecho más atildado, sustituyendo los jerséis que antes solía vestir habitualmente por chaquetas que le daban un aspecto envarado, y se perfumaba con una colonia muy fuerte. Pero también fueron cambiando las costumbres de doña Paloma: una mañana se encontró cansada y decidió dejar de asistir a la misa diaria, limitándose a cumplir con los deberes del precepto. Además, permanentemente irritada por los comentarios de su nuera el primer día que había puesto los pies en su casa, había cambiado todas las bombillas por otras más potentes, y cada quince días repasaba el polvo de las lámparas y las galerías de las cortinas. Haciendo una de aquellas labores periódicas de limpieza se cayó de la escalera de mano y se rompió la pierna.

Como si hubiese sido un suceso venturoso y no una desgracia, durante los días posteriores a su accidente doña Paloma recuperó otra vez al hijo en casa y comprendió que en la pacífica soledad compartida con él durante tantos años se habían condensado los mejores momentos de su vida, unos momentos irrepetibles a partir de la boda de él, pues se veía con claridad que Adolfo se encontraba tenso, nervioso, y su voz, cuando cada una de aquellas noches hablaba por teléfono con su mujer, tenía ese tono de excusa implorante de quien se siente culpable e infeliz. Luego doña Paloma hizo rehabilitación, y fue cuando el médico le aconsejó que se acostumbrase a andar un poco, despacito, todos los días. Y también fue por entonces cuando Adolfo le dijo que iba a contratar una chica que la acompañase y atendiese, y que hiciese las faenas de la casa.

Al principio, doña Paloma había rechazado la propuesta con toda energía, pero él porfiaba y sacaba el tema una y otra vez, en todas sus visitas.

—Pero para qué quiero yo una extraña en mi casa, si además para lo que hay que cocinar, pues menuda renta.

Adolfo tenía argumentos para rebatir cada una de sus objeciones, “en cualquier caso la voy a pagar yo y con mi dinero hago lo que me da la gana”. Al fin doña Paloma había creído comprender que aquella insistencia infatigable debía de ser el eco directo de un acoso tenaz por parte de su nuera: sin duda era essta la que presionaba para que Adolfo convenciese a su madre de que debía aceptar una criada, de modo que los remordimientos del hijo se paliasen y, con ello, acabase espaciando aquellas visitas tan asiduas.

Aceptó pues, atesorando otro motivo de resentimiento. Pero consideraba a las sucesivas muchachas como espías o agentes del enemigo y tal sentimiento de hostilidad, unido a la falta de costumbre de ser servida, la convertía en una patrona insufrible, que las perseguía mientras hacían el aseo de la casa, mientras lavaban y planchaban o preparaban los escuetos guisos, y en su contigua vigilancia encadenaba una regañina también incesante. La primera estuvo en su casa tres semanas, la segunda no llegó tampoco al mes. En octubre habían desfilado dos más. Un viernes a última hora, cuando ya llevaba una semana sin chica, apareció Adolfo con Enedina.

Enedina era menuda y de talla muy pequeña, como algunas imágenes. Llevaba la cabeza cubierta por una pañoleta de colores chillones y cuando la retiró cayó sobre su espalda una larga trenza. Tenía la piel de color muy tostado y los ojos rasgados como los de los orientales. Doña Paloma no había tenido nunca, en el ámbito de su familiaridad, una persona tan exótica, y se llevó una gran sorpresa.

—Enedina viene de América, mamá, de las orillas del Caribe —dijo Adolfo—. Acaba de llegar a España.

—¿Está bautizada? —preguntó doña Paloma—. ¿Sabe leer y escribir?

—Sí, mi señora —contestó la propia muchacha—, me bautizaron y me confirmaron y sé leer y escribir y las cuatro reglas.

Doña Paloma recibió el exotismo de Enedina con una actitud en la que sintió revivir el asombro de la infancia ante lo extraño: su fascinación prevaleció frente a la hostilidad que había mantenido hacia las muchachas que le había ido llevando Adolfo, y su vigilancia se trocó en una permanente curiosidad.

Enedina era paciente y sumisa, y respondía a todas sus preguntas con esa amabilidad ingenua de quienes no han heredado el orgullo ni la mala voluntad. Aprendió enseguida las rutinas de la casa y era muy diligente, hasta el punto de que doña Paloma, siendo madrugadora, tuvo que advertirle que no era necesario que se levantase antes del alba.

Transcurrieron más de tres meses, y cuando llegó el invierno doña Paloma había aceptado a Enedina.

—Esta indita no está mal —le decía a Adolfo, añadiendo enseguida, para que su hijo no alcanzase a tranquilizarse del todo— : Pero seguro que me hace una gorda el día menos pensado.

Enedina permanecía en casa todos los días de la semana, y si salía a la calle para algún recado era muy rápida en regresar. Doña Paloma organizó la vida de su criada con meticulosa previsión, y solamente la libraba de su tutela los domingos por la tarde, de cuatro y media a nueve y media, cuando Enedina se reunía con sus compatriotas en alguna plaza del Madrid antiguo, para volver cargada de noticias menudas de su lejana gente, transmitidas mediante una prolija red oral, que iba luego desmenuzando, en los trajines de la semana, ante el interrogatorio incasable de doña Paloma, para quien, a través de aquellas charlas, el país de Enedina, con su clima suave, sus aguaceros, sus volcanes y sus selvas, era ya más familiar que las propias calles de la ciudad en que vivía.

Un domingo, Enedina regresó bastante antes de lo acostumbrado y, en lugar de entrar en la sala a saludar a doña Paloma, que a aquellas horas hacía labor de ganchillo para una colcha que llevaba tejiendo desde hacía varios años, se fue directamente a su alcoba. Doña Paloma interrumpió su tarea, esperando que Enedina compareciese, pero pasó un rato y la muchacha no se presentó. Entonces doña Paloma dejó el tejido, fue a la alcoba de la chica y la encontró sentada en una silla, con las manos en el regazo y la cabeza desplomada sobre el pecho.

—¿Se puede saber qué te pasa? —preguntó doña Paloma.

La chica volvió sus ojos a ella y, con un sollozo, dijo que su abuelita se había muerto de verdad.

—¿Cómo que tu abuelita se ha muerto de verdad? —inquirió doña Paloma, encontrando en aquella declaración el carácter de las cosas que pertenecían a Enedina y que las hacía tan insólitas y peculiares.

Enedina se había puesto de pie y se secaba las lágrimas con el pico de la pañoleta.

—Mi abuelita se murió hace dos años, pero resucitó al tercer día. Lo habíamos pintado todito de rosa y la dejamos allá en el camposanto, con todo y sus flores y sus luces, y a los tres días unos muchachos que andaban jugando por allá la oyeron gritar y avisaron y cuando sacaron la caja, pues allí estaba ella, muy debilitada pero viva, resucitada. Y ahora me dicen que se ha muerto de verdad, de verdad.

—Bueno, mujer —dijo doña Paloma—, hay que resignarse, anda, cámbiate de ropa y vamos a rezar un poco por ella.

—No puedo —respondió entonces Enedina—, no puedo rezar ni pensar. Tengo los espíritus revueltos.

—¿Los espíritus? —preguntó doña Paloma casi a su pesar, porque intuyó que aquella pregunta podía ser la llave de una puerta que acaso diese entrada a lugares peligrosos—. ¿Qué espíritus? —repitió luego, sin poder reprimirse.

—Mis espíritus —contestó Enedina con naturalidad,

dándose una palmada sobre el pecho—, los espíritus que llevo dentro.

Doña Paloma sospechó otra vez lo improcedente de ahondar en su curiosidad, pero su fascinación era demasiado poderosa.

—¿Que llevas dentro espíritus? ¿Qué espíritus son ésos?

Enedina se había aproximado más a ella y la miraba con atención, sorprendida acaso de la ignorancia de su ama.

—Todos llevamos espíritus —dijo, e hizo algo que impresionó hondamente a doña Paloma: la señaló con el dedo índice de la mano derecha y luego la tocó con la punta del dedo a la altura de la clavícula, con un golpecito casi imperceptible, mientras aseguraba, tuteándola—, tú también tienes tus espíritus, mi señora, tú también los tienes, todos los tenemos.

El golpecito del dedo de Enedina dejó en el pecho de doña Paloma la señal invisible de una ligerísima quemadura y aquella noche tardó en dormirse, dándole vueltas a lo que Enedina le había dicho y sintiendo despertarse en ella la tentación de pensar que acaso la muchacha tenía razón y también en ella bullían unos espíritus misteriosos, los que tantas veces le hacían desasosegarse por no atreverse a dejar libres los pensamientos o los deseos que la educación y la religión le habían obligado a proscribir. Pero al día siguiente, dispuesta a arrancar de raíz todas las supersticiones que sin duda albergaba la credulidad de la indita, inició un interrogatorio prolijo, al hilo de las faenas de la casa, que solo interrumpió para rezar, con especial solemnidad, su rosario paseado.

Así, a lo largo de aquella semana fue teniendo noticias de extraños santos y misteriosas oraciones que, en una mezcolanza que por lo menos debía de ser herética, convivían con los santos y las oraciones auspiciadas por la Santa Madre Iglesia en la ingenua fe de Enedina: "Rodéalo, rodéalo, rodéalo, por tu pico, por tus plumas, por tu sangre que tienes sepultada", recitaba Enedina mostrándole la oración al Pájaro Macuá de la India, "pájaro de la bondad negra, Macuá nacido en el nombre de Dios y de las tres divinas personas de la Santísima Trinidad", y doña Paloma llegaba a sentir una turbación parecida al vértigo, o se dejaba embelesar hasta desorientarse ante la confusión de otras plegarias que rezaban al Ánima Sola, "ánima de cielo y tierra, ánima de cielo y mar, nada te quito, por las entrañas de la Virgen María, por San Juan Alímaco, por los cinco sentidos que Dios te dio".

Doña Paloma escuchaba a la indita con una estupefacción que estaba más allá del escándalo y que nutría una curiosidad que ella notaba dentro de sí como una garganta oculta y sedienta. "Santa Marta, así como entraste al monte Galilea entra donde está el dueño de mi corazón con la serpiente", musitaba Enedina, enseñándole una oración para hechizar a la persona amada, o recitaba la oración de Santa Elena de la Cruz, propicia también a que el ser amado "ni ausente ni presente tenga gusto ni sosiego ni con hombres ni con mujeres y que se acuerde de mí, que gima y llore: santa fuiste y eres, cuando clavaron a Cristo Nuestro Señor los tres clavos le quitaste, uno al mar libraste y otro consagraste a tu hermano, el Emperador de las Batallas".

En la fe de Enedina, un santo llamado Santiago de Gali era destinatario de una plegaria que lo exaltaba como caballero de Jesucristo y le pedía protección ante los enemigos invocando las cinco llagas y los cinco puñales con que al parecer había vencido a cinco mil judíos que azotaban al Señor.

Enedina tenía varias de aquellas oraciones impresas en unas modestísimas imágenes de cartulina donde figuraban los extraños santos de sus advocaciones: una Santa Elena coronada, sujetando una gran cruz, con una leyenda que decía *Suerte, Amor y Dinero*; una Santa Marta con la Biblia en la mano, una antorcha en la otra y un corazón a modo de faltriquera, asustando a un dragón encogido; un Santiago vestido inequívocamente de peregrino, que montaba un caballo blanco.

Absorta en el viaje lleno de maravillas de aquellas confidencias, doña Paloma supo también que el objeto especial de la devoción de Enedina era el doctor Moreno Cañas, un médico benefactor del pueblo que había sido asesinado por un paciente, en un ataque de locura. Y Enedina rebuscó entre sus pobres pertenencias para mostrarle con gesto de piadoso cuidado una figurilla de barro pintado que representaba un hombre con sombrero, traje y corbata negra, que lucía un fino bigote en su rostro de muñeco.

Tantas confesiones hicieron que doña Paloma se olvidase de iniciar la cruzada purificadora que se había propuesto. Además, aquel fin de semana Enedina se puso enferma.

Adolfo, al que doña Paloma llamó enseguida y que, como ella había temido, había hecho menos frecuentes sus visitas cuando la muchacha fue aceptada como un elemento normal en la casa, trajo un médico que dijo que la chica tenía algo de garganta y que era conveniente que guardase cama.

Enedina tuvo mucha fiebre y doña Paloma la atendió con la solicitud que había empleado tantos años antes, en las recurrentes gripes y anginas de Adolfo, pero en el silencio de la casa daba vueltas en su cabeza a aquel extraño panteón de santos misteriosos, y releía una y otra vez, intentando descifrar su significado, las plegarias impresas en las modestas imágenes que le había dejado la indita.

Una noche, después de cenar, mientras permanecía tejiendo su colcha y escuchaba llover en la calle —el sonido de la lluvia solía ponerle a doña Paloma el ánimo a la vez sereno y melancólico— le pareció oír también un ruido inusual en la alcoba de la enferma. Fue hasta allí y, al abrir la puerta, en el instante que medió antes de que, asustada por su visión, moviese el interruptor para encender la luz, le pareció vislumbrar una de aquellas selvas que Enedina le había descrito entre los paisajes de su patria, una selva llena de ecos de gorjeos y crujidos de ramas. Y cuando la luz deshizo aquel espejismo para definir claramente el aspecto inequívoco de la habitación, creyó atisbar que por entre el ramaje del fondo de aquel paisaje entrevisto con tanta brevedad se escurría el bulto de un animal oscuro.

Enedina alzó la cabeza y abrió los ojos desmayadamente.

—Tengo los espíritus muy revueltos —murmuró.

—Duerme, anda —respondió doña Paloma, todavía temblorosa por la impresión de su vislumbre—, lo que tienes que hacer es dormir y sudar.

Cuando Enedina se repuso, la narración de su fiebre sustituyó la de las plegarias y los extraños santos de aquellas devociones de su país. Durante todas sus pesadillas había estado de nuevo en los lugares de su niñez, y los animales terribles con que la asustaban para prevenirla de los peligros de la selva —los lagartos voraces, las grandes serpientes estranguladoras, los insectos peludos cargados de veneno— la rodeaban.

—No me dejaban acercarme a mi abuelita —dijo—, y yo tenía que acercarme, para curarla, pero no podía. Y en una ocasión —y al contar esto abrió mucho sus ojos grandes, que brillaban opalinos en el contraste de la piel color canela—, en una ocasión vi al perro negro —y se santiguó dos veces rápidamente.

Aquella curiosidad que acechaba en doña Paloma se despertó otra vez.

—¿El perro negro? ¿Qué perro es ése? —preguntó.

Enedina bajó la voz y miró de reojo, con gesto consternado.

—¿Quién va a ser, mi señora? —dijo por fin.

Doña Paloma volvió la vista a su labor y sintió los latidos del corazón en las puntas de sus dedos.

—¿También creéis en él? —preguntó.

Enedina apartó la ropa que estaba repasando y miró a su ama con la solemnidad de sus confesiones importantes:

—Y hasta hay quien le reza —dijo—, pero de eso es lo mejor no hablar.

Doña Paloma no puso entonces objeciones, pero un par de días después, cuando habían terminado el rosario y quitaban las hebras de las judías verdes, sentadas una frente a la otra en la mesa de la cocina, le dijo a la muchacha que le hablase del perro negro y la indita, tras un amago de resistencia, acabó haciéndolo y hasta confesando, muy avergonzada, que entre sus cosas guardaba también una estampa con su oración y figura.

—Ay, mi señora —balbuceaba Enedina—, le juro que yo nunca le he rezado, ni se me hubiese pasado por el pensamiento el hacerlo. Fue mi madrina quien me la puso con las otras.

La estampa representaba la silueta negra de un perro con el rabo levantado y al primer vistazo doña Paloma constató quién era el destinatario de la plegaria y el titular verdadero de aquel símbolo, en el que la precariedad de la reproducción incrementaba el aire infausto de la imagen: "Oh, Perro Negro, tú Espíritu Soberano que ambulas por las tinieblas de las más oscuras noches acompañando a tus devotos amigos, siendo yo uno más entre ellos, te suplico me ayudes para que se cumplan mis deseos, esperando poder unir mi humilde poder al tuyo durante el uso de esta oración, en que pongo toda mi fe". El sentido de la invocación y de su receptor era ya explícito en la nota impresa al pie de la plegaria: *"para uso personal durante tres meses, suplicando no entrar a ningún culto con esta oración"*.

—Me quedo con esto —exclamó doña Paloma perentoriamente, y Enedina no replicó.

El siguiente domingo, cuando Enedina se había puesto ya su vestido nuevo, con sus medias, y los zapatos y el bolso a juego, para ir a misa, doña Paloma dijo que se encontraba indispuesta.

—Vete tú sola, anda —añadió—, y compra el pan a la vuelta.

Tampoco rezaron el rosario aquel día, y cuando Enedina le recordó a doña Paloma, el lunes, que era ya la hora de hacerlo, esta guardó silencio y, al cabo de un rato, dijo que no tenía ganas de pasear.

—Podemos rezarlo sentadas, mi señora —propuso Enedina servicial, pero doña Paloma contestó que no, que a partir de entonces cada una rezaría lo que quisiese por su cuenta, y enseguida se puso a hablar de otra cosa.

Llegó el verano y la casa estaba sumida en una penumbra fresca. Enedina había descubierto el placer del punto y en las horas libres de trabajo, que eran muchas, tejía sentada frente a doña Paloma, que también con los hilos y la aguja entre las manos continuaba aplicadamente su labor, aunque a menudo alzaba la vista y permanecía largo rato mirando hacia las rendijas de las contras, con una atención que pudiera hacer imaginar que estaba contemplando algo muy interesante.

Pocos días después de que Adolfo regresase de la playa de Levante donde él, que antes de su matrimonio aborrecía el calor y las playas, pasaba las vacaciones veraniegas con su mujer, esta tuvo un horrible accidente al ir de visita a casa de unos parientes: el ascensor que la transportaba hasta el piso donde vivían se desplomó a la altura del cuarto. Muy malherida, permaneció en coma cinco días antes de morir. Adolfo quedó muy afectado, pero la misma noche en que enterraron a su esposa durmió en casa de su madre, adonde trasladó todas sus cosas en los siguientes días, hasta acabar instalándose allí definitivamente.

Madre e hijo recuperaron su sosegada convivencia de antaño y Enedina los atiende silenciosa y solícita. Doña Paloma ha sustituido sus recorridos cotidianos del pasillo por un paseíto hasta la Gran Vía, del brazo de Enedina y ayudándose con un bastón, y no ha vuelto a ir a misa porque dice que tiene dispensa de edad.

Materiales para la clase

Glosario

Abollar. Producir una depresión en una superficie con un golpe o apretándola.

Acopio. Reunión en cantidad de alguna cosa.

Acribillar. Abrir muchos agujeros en algo.

Acuciar. Estimular, impulsar, dar prisa.

Adoquinado. Suelo empedrado con adoquines, que son piedras de forma rectangular.

Agazapar. Esconderse, ocultarse, estar al acecho.

Ahínco. Eficacia, empeño o diligencia grande con que se hace o solicita algo.

Ajetreo. Gran actividad o movimiento constante.

Albarán. Nota de entrega que firma la persona que recibe una mercancía.

alcoba. Aposento destinado para dormir.

Algarabía. Gritería confusa de varias personas que hablan a un tiempo.

Alimaña. Animal que resulta perjudicial para la caza menor o para la ganadería.

Aliñar. Aderezar, componer, adornar.

Almizclar. Aromatizar con almizcle, el cual es una sustancia de olor intenso.

Almuédano. Musulmán que desde el alminar convoca en voz alta al pueblo para la oración.

Amainar. Dicho del viento: aflojar, perder su fuerza.

Amedrentar. Infundir miedo, atemorizar.

Amodorrado. Soñoliento, adormecido o que tiene modorra.

Andrajosa. Prenda de vestir vieja, rota y sucia.

Añejo. Dicho de una cosa que tiene uno o más años.

Apaciguar. Poner en paz, sosegar, aquietar.

Apelmazar. Hacer que algo se ponga más compacto o espeso.

Apogeo. Punto culminante de un proceso.

APREMIANTE . Que apremia o urge.

ARAÑAZO. Rasgadura ligera hecha en el cutis con las uñas, un alfiler u otra cosa.

ARREMOLINAR. Dicho de la gente o de las aguas que se amontonan sin orden.

ASPA. Conjunto de dos maderos o palos cruzados de modo que formen la figura de una X.

ASTILLAR. Hacer astillas, que son fragmentos irregulares de madera o de un mineral.

ATISBO. Conjetura, vislumbre.

AUGURIO. Presagio, anuncio, indicio de algo futuro.

AULA. En un centro docente, sala destinada a la enseñanza.

BACHE. Hoyo en el pavimento de calles, carreteras o caminos.

BARBILAMPIÑO. Que no tiene barba o le crece muy escasamente.

BARRUNTAR. Prever, conjeturar o presentir por alguna señal o indicio.

BAYETA. Paño para fregar o limpiar una superficie.

BISOÑÉ. Peluca que cubre solo la parte anterior de la cabeza.

BOSCOSO. Abundante en bosques.

BULLICIOSO. Ruidoso, confuso, alborotado.

CAINITA. Vengativo hacia hermanos y familiares.

CALLEJEAR. Andar deambulando de calle en calle.

CANTINELA. Repetición molesta e importuna de algo.

CAÑERÍA. Conducto o tubería por donde circulan o se distribuyen las aguas o el gas.

CAPERUZA. Gorro o tope que termina en punta.

CARCOMER. Corroer, consumir poco a poco.

CÁRDENA. De color morado.

CASCOTE. Fragmento de alguna fábrica derribada o arruinada.

CASTAÑETEO. Sonido que hacen los dientes al chocar entre sí.

CAUDAL. Cantidad de agua de una corriente.

CELERIDAD. Prontitud, rapidez, velocidad.

CERCIORAR. Asegurar a alguien la verdad de algo.

CHALAR. Enloquecer, entontecer.

CHAPARRÓN. Lluvia intensa que dura poco.

CHAPOTEAR. Producir ruido al mover las manos o los pies en el agua o el lodo.

CHAPURREO. Torpeza en el habla del que no domina bien un idioma.

CHINCHETA. Clavo pequeño, metálico, de cabeza circular y chata y punta acerada.

CHIRRIDO. Sonido agudo, continuado y desagradable.

Chiscón. Habitación pequeña o estrecha.

Chisporroteo. Emanación de chispas de un fuego o de un cuerpo encendido.

Chuzo. Palo armado con un pincho de hierro, que se usa para defenderse y atacar.

Cobijo. Refugio, lugar en el que alguien o algo está protegido de la intemperie.

Cochambroso. Lleno de suciedad o porquería.

Cohecho. Delito consistente en sobornar a un juez o a un funcionario.

Cohibido. Tímido, amedrentado.

Colcha. Cobertura de cama que sirve de adorno y abrigo.

Colilla. Resto del cigarro que se queda sin fumar y se tira.

Comarca. Conjunto de poblaciones que forman un territorio separado.

Concatenación. Unión, enlace entre ideas o actos.

Concelebrar. Dicho de varios sacerdotes: celebrar conjuntamente la misa.

Congoja. Desmayo, fatiga, angustia y aflicción del ánimo.

Coraza. Armadura de hierro o acero, compuesta de peto y espaldar.

Crepitar. Producir sonidos repetidos, rápidos y secos, como el de la sal en el fuego.

Cúpula. Bóveda semiesférica con que se cubre un edificio o parte de él.

Desaliño. Descuido, falta de aseo personal.

Desapego. Falta de cariño o interés, alejamiento, frialdad.

Desazonar. Disgustar, enfadar, desabrir el ánimo.

Descascarillar. Quitar la cascarilla o capa externa de algo.

Desmadejado. Dicho de una persona: que se siente con flojedad en el cuerpo.

Desmenuzar. Deshacer algo dividiéndolo en partes menudas.

Desparramar. Esparcir, extender por muchas partes lo que estaba junto.

Despavorido. Lleno de pavor, muerto de miedo.

Desperdigar. Separar, desunir, esparcir.

Destartalado. Aplicado a un lugar cualquiera, desarreglado y desordenado.

Ególatra. Que siente veneración por sí mismo.

Embadurnar. Untar, embarrar, manchar, pintarrajear.

Embeleso. Arrobamiento, éxtasis.

Enardecer. Excitar o avivar una pasión del ánimo, una pugna, una disputa.

ENGARZAR. Trabar algo con otra u otras cosas, formando cadena.

ENHEBRAR. Decir seguidas muchas cosas sin orden ni concierto.

ENSIMISMAMIENTO. Abstracción del mundo concentrándose en los propios pensamientos.

ENTREVERAR. Mezclar, introducir algo entre otras cosas.

ENVARAR. Mostrar un comportamiento o una actitud arrogante y soberbia.

EREMITORIO. Paraje donde hay una o más ermitas.

ERMITA. Capilla o santuario, generalmente pequeño, situado por lo común en despoblado.

ESBOZO. Proyecto, plan, cosa que puede alcanzar mayor desarrollo y extensión.

ESCAMOTEAR. Hacer desaparecer de un modo arbitrario o ilusorio algún asunto.

ESCAÑO. Banco con respaldo en el que pueden sentarse tres o más personas.

ESCARAMUZA. Riña, pelea de poca importancia.

ESGRIMIR. Usar una cosa o medio como arma para lograr algún intento.

ESGUINCE. Torcedura violenta y dolorosa de una articulación.

ESQUILA. Campana pequeña para convocar a los actos de comunidad.

ESTANCAR. Suspender, detener el curso de una dependencia, asunto, negocio.

ESTERTOR. Respiración, generalmente ronca o silbante, propia de la agonía y del coma.

ESTILOGRÁFICA. Pluma de una punta metálica que escribe con tinta.

ESTOCADA. Golpe que se tira de punta con la espada o el estoque.

ESTRAFALARIA. Extravagante en el modo de pensar o en las acciones.

ESTRAMBÓTICO. Extravagante, irregular y sin orden.

ESTRIDENCIA. Violencia de la expresión o de la acción.

ESTROPEAR. Echar a perder, malograr cualquier asunto o proyecto.

FAENA. Un quehacer o tarea.

FALTRIQUERA. Bolsillo que se ata a la cintura y que se lleva colgando debajo del vestido.

FARIA. Cigarro barato peninsular de hebra larga.

FAROL. Caja de vidrio u otra materia transparente, dentro de la cual se pone una luz.

FRUSLERÍA. Cosa de poco valor o entidad.

FURGONETA. Vehículo, más pequeño que el camión, destinado al reparto de mercancías.

GABARDINA. Prenda ligera de abrigo hecha de tela impermeable.

GAZUZA. Hambre.

GENTÍO. Una gran concurrencia o afluencia de personas en un mismo lugar.

GIMOTEAR. Hacer los gestos y suspiros del llanto sin llegar a él.

GORGOTEO. Ruido producido por un líquido o un gas en el interior de una cavidad.

GORJEO. Canto o voz de algunos pájaros.

GOTERO. Utensilio dispuesto para verter un líquido gota a gota.

GOZNE. Herraje articulado con que se fijan las hojas de las puertas y ventanas.

GREÑA. Cabellera revuelta y mal compuesta.

GRIETA. Abertura o quiebra que surge de forma natural en alguna superficie.

GUARECER. Refugiarse para librarse de un daño o de las inclemencias del tiempo.

GUATEQUE. Fiesta casera, generalmente de gente joven, en que se merienda y se baila.

GUIJARRO. Piedra pequeña, redondeada y lisa formada por erosión del agua.

GUIRNALDA. Corona abierta, tejida de flores, hierbas o ramas, con que se ciñe la cabeza.

GUISO. Alimento rehogado y cocido en salsa junto con verduras o patatas.

HALAGO. Demostración de afecto o alabanza.

HARAPIENTA. Vestido de ropa desgastada.

HEDOR. Olor desagradable que proviene de la descomposición de sustancias orgánicas.

HOSCO. Dicho del tiempo, de un lugar o de un ambiente. Poco acogedor, desagradable.

HOZ. Paso estrecho en un valle profundo o en el paso de un río entre dos sierras.

HULE. Tela pintada al óleo y barnizada por un solo lado, dotada de impermeabilidad.

INANICIÓN. Debilidad grande por falta de alimento o por otras causas.

INCÓLUME. Sano, sin lesión ni daño.

IRRISORIA. Insignificante por pequeña.

IZAR. Hacer subir algo tirando de la cuerda de que está colgado.

JADEAR. Respirar con dificultad, generalmente por efecto del cansancio.

JALEO. Alboroto, tumulto.

JOCOSO. Gracioso, chistoso, festivo.

LAGARTOS. Nombre común de diversos reptiles escamosos.

LIMO. Lodo, cieno.

LÓBREGO. Oscuro, tenebroso.

LONA. Tela fuerte de algodón o cáñamo, para velas de navío, toldos y tiendas de campaña.

MAGULLAR. Causar a un tejido orgánico contusión, pero no herida.

MAJADERA. Torpe, molesta, grosera.

MALVA. De color morado tirando a rosa.

MANDIL. Prenda de vestir que se ata a la cintura.

MANSEDUMBRE. Cualidad de manso, tranquilidad.

MAÑA. Destreza, habilidad.

MARQUESINA. Cubierta en una entrada, parada de autobús que resguarda de la lluvia.

MATIZAR. Graduar con delicadeza sonidos o expresiones conceptuales.

MATUTINO. Perteneciente o relativo a las horas de la mañana.

MECHÓN. Porción de pelos, hebras o hilos, separada de un conjunto de la misma clase.

MELENA. Cabello largo y suelto.

MENGUADO. Tonto, falto de juicio.

MENOSCABAR. Disminuir algo en valor, importancia o prestigio.

MILANO. Ave rapaz

MODORRA. Somnolencia, sopor profundo.

MOHÍNO. Triste, melancólico, disgustado.

MOÑO. Rodete que se hace con el cabello para tenerlo recogido o por adorno.

MOTEJAR. Censurar las acciones de una persona a través de un mote o apodo.

MOZALBETE. Muchacho de pocos años.

MUSITAR. Susurrar o hablar entre dientes.

NAUFRAGIO. Pérdida o ruina de la embarcación en el mar o en el río.

NEFRÍTICO. De los riñones o relativo a ellos.

OQUEDAD. Espacio que en un cuerpo sólido queda vacío, natural o artificialmente.

ORFEÓN. Sociedad de cantantes en coro, sin instrumentos que los acompañen.

OSADÍA. Atrevimiento, audacia, resolución.

OTERO. Cerro aislado que domina un llano.

PALADEAR. Mantener un alimento en la boca para apreciar su sabor y, generalmente, disfrutar, recrearse con algo.

PAÑOLETA. Prenda triangular, a modo de pañuelo, que se pone al cuello.

PARAJE. Lugar, sitio, sobre todo si está alejado o aislado.

PARCHE. Pedazo de tela o papel que se pega a algo para tapar un agujero.

PASAMONTAÑAS. Gorro que puede cubrir toda la cabeza salvo los ojos y la nariz.

PASMADO. Persona alelada, absorta o distraída.

PATOSO. Persona que sin serlo, presume de chistosa y aguda.

PEANA. Basa, apoyo o pie para colocar encima una figura u otra cosa.

PELDAÑO. Cada una de las partes de un tramo de escalera que sirven para subir o bajar.

PEÑASCO. Piedra grande y elevada, sin labrar, según la produce la naturaleza.

PERIPLO. Viaje o recorrido, por lo común con regreso al punto de partida.

PESQUISA. Indagación que se hace de algo para averiguar la realidad o sus circunstancias.

PEZUÑA. El conjunto de los dedos, cubierto con su uña, de los animales de pata hendida.

PILTRAFA. Parte de carne flaca, que casi no tiene más que el pellejo.

PINGAR. Dicho de lo que está empapado en algún líquido: gotear.

PLACENTERO. Agradable, apacible, alegre.

PÓLIZA. Documento justificativo del contrato de seguros o similar.

PÓMULO. Hueso y prominencia de cada una de las mejillas.

PREGÓN. Anuncio que en voz alta se hace en los sitios públicos.

PUERILIDAD. Lo que se considera propio de un niño.

PUGNA. Pelea, contienda.

PULULAR. Dicho de las personas, animales o cosas: abundar y bullir en un lugar.

RÁFAGA. Conjunto de proyectiles que en sucesión rapidísima lanza un arma automática.

RAIGÓN. Raíz de las muelas y de los dientes.

RECADO. Encargo o gestión que debe hacer una persona.

RECELO. Desconfianza, sospecha, temor.

REDOMA. Vasija de vidrio ancha en su fondo que va estrechándose hacia la boca.

REGENTAR. Dirigir un negocio.

REGUERO. Señal continuada que deja una cosa que se va derramando, sea líquida o no.

RENDIJA. Hendidura o abertura larga y estrecha en un objeto sólido.

REPIQUETEAR. Hacer ruido golpeando repetidamente sobre algo.

RESUELLO. Aliento o respiración, especialmente la violenta.

REVOLTIJO. Conjunto o compuesto de muchas cosas, sin orden ni método.

REYERTA. Disputa, lucha, enfrentamiento violento.

ROER. Dicho de un animal: cortar menudamente con los dientes el alimento.

RONRONEAR. Dicho del gato: producir una especie de ronquido.

ROTULADOR. Instrumento semejante a un bolígrafo o a una estilográfica.

RUGOSIDAD. Arruga, pliegue de una superficie.

SALMODIA. Canto monótono, sin gracia ni expresión.

SAÑA. Furor, enojo ciego.

SENECTUD. Último periodo natural de la vida humana, vejez.

SOBAQUERA. Estuche de cuero para las armas de fuego puesto bajo la axila o sobaco.

SOFLAMA. Discurso, especialmente los que se pronuncian con ánimo de enardecer.

SOLLOZAR. Respirar de manera profunda y entrecortada a causa del llanto.

SOMIER. Soporte de muelles, láminas de madera, etc., sobre el que se pone el colchón.

SORNA. Tono irónico con que se dice algo.

SOSLAYAR. Pasar por alto o de largo, dejando de lado alguna dificultad.

SUPLETORIO. Que suple una falta o complementa a otra cosa, suplementario.

TACHAR. Borrar lo escrito haciendo unos trazos encima.

TAJANTE. Concluyente, terminante, que no admite discusión.

TALUD. Inclinación del paramento de un muro o de un terreno.

TAMBALEAR. Moverse una cosa a un lado y a otro por falta de estabilidad o equilibrio.

TAMBORILEAR. Hacer son con los dedos imitando el ruido del tambor.

TANTEAR. Andar a tientas, guiándose con el tacto al moverse en la oscuridad.

TEBEO. Revista infantil de historietas cuyo asunto se desarrolla en series de dibujos.

TERCIAR. Interponerse y mediar para componer algún ajuste, disputa o discordia.

TERNO. Conjunto de pantalón, chaleco y chaqueta hechos de una misma tela.

TERTULIA. Reunión de personas que se juntan habitualmente para conversar o recrearse.

TOCÓN. Parte del tronco de un árbol que queda unida a la raíz cuando lo cortan por el pie.

TOZUDO. Obstinado, testarudo.

TRAJINAR. Andar y tornar de un sitio a otro con cualquier diligencia u ocupación.

Trocar. Alterar, producir cambios.

Tropel. Muchedumbre que se mueve en desorden ruidoso.

Truchero. Dicho de un río o de otra corriente de agua en que abundan las truchas.

Tupido. Que tiene sus elementos muy juntos o apretados.

Ufanarse. Engreírse, jactarse, estar orgulloso.

Urdir. Maquinar y disponer cautelosamente algo contra alguien.

Vajilla. Conjunto de los platos, fuentes y demás utensilios para el servicio de la mesa.

Valdepeñas. Vino tinto procedente de Valdepeñas, en la provincia de Ciudad Real.

Veraniega. Perteneciente o relativo al verano.

Vespertina. Perteneciente o relativo a la tarde.

Vetusto. Extremadamente viejo, anticuado.

Vislumbrar. Conocer imperfectamente o conjeturar por leves indicios algo inmaterial.

Zaguán. Espacio situado dentro de una casa que sirve de entrada a ella desde la calle.

Zalamera. Que hace demostraciones de cariño exageradas o empalagosas.

Zancada. Paso largo que se da con movimiento acelerado o por tener las piernas largas.

Zozobra. Inquietud que no deja sosegar a causa de la ansiedad o de miedo.

Propuestas de trabajo en clase

"El viajero perdido"

- Analizar el papel del viajero y el misterio de su identidad.
- ¿Cómo entra la ficción en la realidad y de qué modo la realidad se va impregnando de elemento ficcional?
- El final inconcluso permite especular sobre cómo termina la historia. Elaborar este aspecto.

"Un personaje absorto"

- Analizar la dimensión política del relato, en particular los motivos para el desencanto frente al compromiso con el cambio social.
- ¿Por qué se le da tanta importancia al número de páginas que va escribiendo el autor de la novela?
- Comparar el final de la novela que escribe el protagonista con el final del relato de Merino. Diferencias y semejanzas.

"Los valedores"

- La ambientación misteriosa y de terror del cuento. ¿Qué función tiene?

- ¿Es este el relato de un perturbado mental que imagina sucesos imposibles u ocurren los acontecimientos de verdad dentro de la lógica del cuento?
- Estudiar quién es cada santo o imagen religiosa mencionados y cuál es su significado en el contexto del relato.
- Examinar cuál es el efecto en la narración del uso de un narrador en segunda persona.

"El desertor"

- Explorar el ambiente social y político sobre el que se ambienta el relato.
- ¿Cómo se caracteriza al fantasma en este cuento en relación a otros fantasmas o espectros de novelas o películas que conozcas?
- Estudia la relevancia y sentido simbólico de la "noche de San Juan".
- Interpretación del final del cuento.

"La costumbre de casa"

- Analizar la reacción de los familiares ante la muerte del padre. ¿Cómo evolucionan progresivamente sus sentimientos?
- La ausencia del miedo como característica peculiar de este "cuento de aparecidos".
- ¿Cómo se presenta la dimensión fantástica en el relato? ¿Es una historia creíble o verosímil?

"Mundo Baldería"

- Examinar los rasgos físicos y características más notables del planeta lejano.
- Contexto histórico en el que la historia principal se desarrolla. ¿A qué hechos históricos se hace referencia y cómo funcionan en el cuento?
- Según la definición de utopía y distopía, reflexionar sobre si este relato de ciencia ficción es utópico o distópico.

"El caso del traductor infiel"

- ¿Qué sentido tiene el dicho de origen italiano *traduttore traditore* que se menciona en el cuento?
- Examinar los diferentes niveles de ficción según las ideas de lo metaficcional a las que este estudio se refiere.
- ¿Cuál es la trama de la novela "El caso del traductor infiel" de Kathleen Crossfield y en qué se diferencia de la historia de Lugán?
- Interpretación del final del cuento.

"Expiación"

- El tema de la culpa y sus repercusiones en cada personaje.
- Explorar la idea del cainismo en este relato y en otras obras literarias que conozcas.

"La voz del agua"

- Interpretar el título del cuento considerando la continua referencia al ruido del agua.
- ¿Cuál es el papel de la fotografía en el relato? ¿Demuestran las fotos la veracidad de los sucesos?
- Espacio y temporalidad legendaria y mítica frente a la realidad cotidiana.

"Signo y mensaje"

- ¿Cuáles son las razones que han conducido a Souto a convertirse en un vagabundo o mendigo?
- El significado del título. ¿Cuál es el mensaje que transmiten los diferentes signos de la historia?
- Examinar la verosimilitud de la metamorfosis de Souto en signo. ¿Hay un sentido simbólico en ello?

"El otro camino"

- Examinar la duplicación de un espacio real en su doble fantasmal en relación al campus universitario de la historia.
- ¿A qué obras literarias y autores pertenecen los fragmentos de las tablas que cubren el interior de la torre Bartlett? ¿Por qué se eligen dichas obras?
- Reflexionar sobre la idea de que la lectura de los clásicos tiene el poder de "detener el tiempo".

"Sinara, cúpulas malvas"

- ¿Cómo aparece evocado en el texto ese lugar exótico llamado Sinara?

- Examinar la ambientación realista del Madrid de los años cincuenta del siglo pasado, así como los personajes y lugares propios de esa época.
- ¿Por qué considera Víctor que Albina era "la única riqueza de su vida" y qué consecuencias tiene el darse cuenta tarde de ello?

"Los espíritus de doña Paloma"

- Examinar la relación que se da entre ama y criada.
- ¿Resulta verosímil en el relato la idea del poder sobrenatural que se puede adquirir mediante el rezo o la apelación a fuerzas del más allá?
- La presencia de los inmigrantes y su adaptación a la sociedad española contemporánea, ¿cómo influyen a su vez en esa sociedad?

Preguntas generales

- ¿Por qué son frecuentes en los cuentos de Merino los finales en donde los personajes se enfrentan a una muerte inminente que no se materializa?
- El desencanto o pérdida de las ilusiones juveniles parece ser un lugar común en la narrativa de Merino. Explorar el tema en los diferentes cuentos.
- La dimensión utópica en los relatos. ¿Cómo toma forma y qué sentido tiene?
- ¿Cómo afecta la presencia de una dimensión fantástica a la representación realista del mundo contemporáneo que se encuentra en la narrativa de Merino?

- La aparición de personajes protagonista que son escritores o investigadores es bastante frecuente. Analizar el efecto de este significativo rasgo en el modo en que se desarrollan las historias.
- El concepto del amor, según aparece plasmado en los diferentes relatos, ¿es una motivación fundamental en la vida de los protagonista o solo secundaria?
- Examinar el papel de la literatura como tema y asunto central en la narrativa de José María Merino.

Bibliografía*

Obras de José María Merino (por año de publicación)

Sitio de Tarifa (1972). Madrid: Helios.

Cumpleaños lejos de casa (1973). León: Col. Provincia.

Novela de Andrés Choz (1976). Madrid: Magisterio Español.

Los caminos del Esla (1980). León: Everest. En colaboración con Juan Pedro Aparicio.

El caldero de oro (1981). Madrid: Alfaguara.

Cuentos del reino secreto (1982). Madrid: Alfaguara.

Mírame medusa y otros poemas (1984). Madrid: Ayuso.

La orilla oscura (1985). Madrid: Alfaguara. Reeditada en Madrid: Cátedra (2011). Ed. de Ángeles Encinar.

El oro de los sueños (1986). Madrid: Alfaguara.

Cumpleaños lejos de casa. Obra poética completa (1988). Madrid: Endymión.

Las lágrimas del sol (1989). Madrid: Alfaguara.

El centro del aire (1991). Madrid: Alfaguara.

* Incluyo en la sección bibliográfica solo los textos mencionados en este estudio. El lector interesado puede encontrar bibliografías recientes más exhaustivas y completas en los estudios introductorios a *La orilla oscura* de Ángeles Encinar, 71-81, y al *El heredero* de Fernando Valls, 59-71.

Las crónicas mestizas (1992). Madrid: Alfaguara.

Los trenes del verano / No soy un libro (1994). Madrid: Siruela.

Cuentos del Barrio del Refugio (1994). Madrid: Alfaguara.

Las visiones de Lucrecia y la ruina de la Nueva Restauración (1996). Madrid: Alfaguara.

El cuaderno de hojas blancas (1996). Madrid: Anaya.

50 cuentos y una fábula. Obra breve, 1982-1997 (1997). Madrid: Alfaguara.

Regreso al cuaderno de hojas blancas (1997). Madrid: Anaya.

Cien años de cuentos (1898-1998). Antología de cuentos españoles en castellano (1998). Madrid: Alfaguara.

Los mejores cuentos españoles del siglo XX (1998). Madrid: Alfaguara juvenil.

Intramuros (1998). León: Edilesa.

Adiós al cuaderno de hojas blancas (1998). Madrid: Anaya.

Cuatro nocturnos (1999). Madrid: Alfaguara.

Los invisibles (2000). Madrid: Espasa Calpe. Reeditada en Madrid: Cátedra (2012). Ed. de Santos Alonso.

Días imaginarios (2002). Barcelona: Seix Barral.

El heredero (2003). Madrid: Alfaguara. Reeditada en Madrid: Castalia (2011). Ed. de Fernando Valls.

Ficción continua (2004). Barcelona: Seix Barral.

Cuentos del libro de la noche (2005). Madrid: Alfaguara.

Tres semanas de mal dormir (2006). Barcelona: Seix Barral.

El lugar sin culpa. Los espacios naturales (2007). Madrid: Alfaguara.

La glorieta de los fugitivos. Minificción completa (2007). Madrid: Páginas de Espuma.

Las puertas de lo posible. Cuentos de pasado mañana (2008). Madrid: Páginas de Espuma.

Ficción de verdad (2009). Madrid: Real Academia Española.

La sima (2009). Barcelona: Seix Barral.

Historias del otro lugar. Cuentos reunidos (1982-2004) (2010). Madrid: Alfaguara.

El libro de las horas contadas (2011). Madrid: Alfaguara.

La realidad quebradiza. Antología de cuentos de José María Merino (2012). Madrid: Páginas de Espuma. Ed. de Juan Jacinto Muñoz Rengel.

El río del Edén (2012). Madrid: Alfaguara.

Bibliografía crítica

Alazraki, Jaime: "¿Qué es lo neofantástico?". En: Roas 2001, 265-282.

Albadalejo Mayordomo, Tomás (1986): *Teoría de los mundos posibles y macroestructura narrativa*. Alicante: Universidad de Alicante.

Alonso, Santos (ed.) (2000): "Introducción". En: José María Merino: *Cuentos*. Madrid: Castalia, 8-45.

—— (2012): "Introducción". En: José María Merino: *Los invisibles*. Madrid: Cátedra.

Anderson Imbert, Enrique (1996): *Teoría y técnica del cuento*. Barcelona: Ariel.

Ardavín, Carlos X. y José Marí (eds.) (2011): *Ventanas sobre el Atlántico: Estados Unidos-España durante el postfranquismo (1975-2008)*. Valencia: Universidad Politécnica de Valencia.

ANDRES-SUÁREZ, Irene y Ana CASAS (eds.) (2001): *José María Merino, Cuadernos de narrativa*. Neuchâtel: Universidad de Neuchâtel.

BEILIN, Katarzyna Olga (2004). "José María Merino: El mar interior —sobre el poder de la imaginación". En: *Conversaciones literarias con novelistas contemporáneos*. Woodbridge, Suffolk: Tamesis, 81-99.

BORGES, Jorge Luis, Silvina OCAMPO y Adolfo BIOY CASARES (eds.) (1940): *Antología de la literatura fantástica*. Buenos Aires: Editorial Sudamericana.

BRETNOR, Reginald (ed.) (1974): *Science Fiction, Today and Tomorrow*. New York: Harper & Row.

—— "Science Fiction in the Age of Space". En: Bretnor 1974, 150-179.

CAILLOIS, Roger (1965): *Au coeur du fantastique*. Paris: Gallimard.

CAMBRA, Rosalba: "Lo fantástico: una isotopía de la transgresión". En: Roas 2001, 153-191.

CANDAU, Antonio (1992): *La obra narrativa de José María Merino*. León: Diputación Provincial de León.

CASTRO DÍEZ, Asunción (2002): "Una biografía para Sabino Ordás". En: Juan Pedro Aparicio, Luis Mateo Díez y José María Merino: *Las cenizas del Fénix, de Sabino Ordás*. Madrid: Calambur, 21-57.

ENCINAR, Ángeles (2011): "Introducción". En: José María Merino: *La orilla oscura*. Madrid: Cátedra, 9-68.

—— y Kathleen GLENN (eds.) (2000): *Aproximaciones críticas al mundo narrativo de José María Merino*. León: Edilesa.

DÄLLENBACH, Lucien (1977): *Le récit spéculaire: essai sur la mise en abyme*. Paris: Seuil.

DOLEŽEL, Ludomír (1999): *Heterocósmica: Ficción y mundos posibles.* Trad. del inglés por Félix Rodríguez. Madrid: Arco Libros.

GARCÍA, Carlos Javier (1995): *La invención del grupo leonés. Estudios y entrevistas*. Madrid: Júcar.

GLENN, Kathleen. "Cartografía de *Cuentos del Barrio del Refugio*". En: Encinar y Glenn 2000, 143-158.

GÓMEZ DOMINGO, Francisco Manuel (2009): "José María Merino: El 'Realismo Fantástico'". En: *Ínsula* 756 (diciembre): 37-40.

LAGMANOVICH, David (2006): *El microrrelato: teoría e historia*. Palencia: Menoscuarto Ediciones.

LAREQUI GARCÍA, Eduardo M. (1988): "Sueño, imaginación, ficción. Los límites de la realidad en la narrativa de José María Merino". En: *Anales de la Literatura Española Contemporánea*, 13. 3, 225-247.

—— "*La sima* de José María Merino". En: <http://www.labitacoradeltigre.com/2009/06/11/la-sima-de-jose-maria-merino/>.

LEE, Cheng Chan (2005): *Metaficción y mundos posibles en la narrativa de José María Merino*. Valladolid: Universidad de Valladolid.

LEM, Stanislaw (1971): "Robots in Science Fiction". En: Thomas D., Clareson (ed.): *The Other Side of Realism. Essays on Modern Fantasy and Science Fiction.* Bowling Green, OH: Bowling Green University Popular Press, 307-325.

McHALE, Brian (1987): *Postmodernist Fictions*. New York/ London: Methuen.

RISCO, Antonio (1982): *Literatura y fantasía*. Madrid: Taurus.

—— (1987): *Literatura fantástica de lengua española: Teoría y aplicaciones*. Madrid: Taurus.

ROAS, David (ed.) (2001): *Teorías de lo fantástico*. Madrid: Arco Libros.

—— (2001): "La amenaza de lo fantástico". En: Roas 2001, 7-44.

SOBEJANO-MORÁN, Antonio (2000): "Del caos a la creación en Novela de Andrés Choz". En: Encinar y Glenn 2000, 21-34.

SOBEJANO, Gonzalo (1988): "La novela ensimismada (1980-1985)". En: *España Contemporánea* 1.1 (invierno), 9-26.

—— (2000): "El retorno a la realidad en la narrativa de José María Merino". En: Encinar y Glenn 2000, 245-255.

SOLDEVILA DURANTE, Ignacio (1999): "Introducción". En: José María Merino: *La casa de los dos portales y otros cuentos*. Barcelona: Octaedro, 7-60.

VALLS, Fernando (2011): "Edición, Introducción y Notas". En: José María Merino: *El heredero*. Madrid: Castalia, 9-71.

VELASCO MARCOS, Emilia (2000): "La literatura no es la vida…, pero *La orilla oscura*". En: Encinar y Glenn 2000, 35-51.

WAUGH, Patricia (1984): *Metafiction: the theory and practice of self-conscious fiction*. London/New York: Methuen.

Otros títulos de la colección

Miguel Delibes: **Viejas historias de Castilla la Vieja. La mortaja. La partida. Edición, introducción y guía de lectura: Antonio Candau.** 2007, 276 p. ISBN: 9788484893547

Lourdes Ortiz: **Voces de mujer. Edición, introducción y guía de lectura Nuria Morgado.** 2007, 206 p. ISBN: 9788484893530

Luis Mateo Díez: **El espíritu del páramo. Edición, introducción y guía de lectura Carlos Javier García.** 2008, 240 p. ISBN: 9788484894285

Jorge Carrión (comp.): **Madrid/Barcelona. Literatura y ciudad (1995-2010).** 2009, 280 p. ISBN: 9788484894667

Rosa Chacel: **Memorias de Leticia Valle. Edición, introducción y guía de lectura de Carmen Morán Rodríguez.** 2010, 328 p. ISBN: 9788484894582

Ana Rueda (ed.): **El retorno/el reencuentro. La inmigración en la literatura hispano-marroquí.** 2010, 323 p. ISBN: 9788484895046

Otros títulos de la colección

Miguel Delibes: **Viejas historias de Castilla la Vieja. La mortaja. La partida. Edición, introducción y guía de lectura: Antonio Candau.** 2007, 276 p. ISBN: 9788484893547

Lourdes Ortiz: **Voces de mujer. Edición, introducción y guía de lectura Nuria Morgado.** 2007, 206 p. ISBN: 9788484893530

Luis Mateo Díez: **El espíritu del páramo. Edición, introducción y guía de lectura Carlos Javier García.** 2008, 240 p. ISBN: 9788484894285

Jorge Carrión (comp.): **Madrid/Barcelona. Literatura y ciudad (1995-2010).** 2009, 280 p. ISBN: 9788484894667

Rosa Chacel: **Memorias de Leticia Valle. Edición, introducción y guía de lectura de Carmen Morán Rodríguez.** 2010, 328 p. ISBN: 9788484894582

Ana Rueda (ed.): **El retorno/el reencuentro. La inmigración en la literatura hispano-marroquí.** 2010, 323 p. ISBN: 9788484895046